浙江财经大学 | 法学文库

本书系国家社科重大项目
"刑事诉讼中的财产权保护系统研究（18ZDA144）"的研究成果

刑事诉讼中的财产权保护问题研究

A Research on the Protection of Property Rights in Criminal Procedure

冯 姣／著

法律出版社 LAW PRESS·CHINA | 北京

图书在版编目(CIP)数据

刑事诉讼中的财产权保护问题研究 / 冯姣著. -- 北京:法律出版社,2023

(浙江财经大学法学文库)

ISBN 978-7-5197-7623-7

Ⅰ.①刑… Ⅱ.①冯… Ⅲ.①刑事诉讼-财产权-研究-中国 Ⅳ.①D925.204

中国国家版本馆 CIP 数据核字(2023)第 035193 号

浙江财经大学法学文库	**刑事诉讼中的财产权保护问题研究** **XINGSHI SUSONG ZHONG DE CAICHANQUAN BAOHU WENTI YANJIU**	冯 姣 著	策划编辑 薛 晗 田 浩 责任编辑 薛 晗 田 浩 装帧设计 贾丹丹

出版发行 法律出版社
编辑统筹 法商出版分社
责任校对 裴 黎 张翼羽
责任印制 胡晓雅
经　　销 新华书店

开本 710 毫米×1000 毫米 1/16
印张 13.25 **字数** 185 千
版本 2023 年 6 月第 1 版
印次 2023 年 6 月第 1 次印刷
印刷 唐山玺诚印务有限公司

地址:北京市丰台区莲花池西里 7 号(100073)
网址:www.lawpress.com.cn
投稿邮箱:info@lawpress.com.cn
举报盗版邮箱:jbwq@lawpress.com.cn

销售电话:010-83938349
客服电话:010-83938350
咨询电话:010-63939796

书号:ISBN 978-7-5197-7623-7　　**定价**:58.00 元

凡购买本社图书,如有印装错误,我社负责退换。电话:010-83938349

总　　序

法治昌明离不开法学兴盛，法学兴盛离不开法律学人的砥砺前行。浙江财经大学法学文库即是浙江财经大学法律学人耕耘于法学领域成果的结晶。

浙江财经大学法学院成立于2002年，2010年获得法学一级学科硕士学位授予权。现有法学理论、宪法与行政法学、民商法学、经济法学和国际法学5个学术硕士学位点和法律硕士学位点。学院法学研究力量雄厚，目前共有法学专业教师52人，教授14人，副教授15人，其中博士生导师2人，硕士生导师26人，浙江省高校中青年学科带头人2人，浙江省“151人才工程”人才4人，浙江省高校领军人才2人。

学院坚持实施科研强院战略，鼓励教师从事高水平的学术研究，激发了广大教师从事学术研究的积极性，整体学术水平有较快提升，取得了一系列重要的科研成果。近5年，学院教师先后获得省部级以上科研项目54项，其中国家社科基金重大项目1项、一般项目和青年项目14项。教师在《法学研究》《中国法学》《政治学研究》《民族研究》《管理世界》等刊物发表学术论文300余篇，出版专著和各类教材近60部，获得省部级科研和教学成果奖30余项。

为展现浙江财经大学法律学人在法学研究领域辛勤耕耘取得的成果，扩大学术影响，助力法学人才的成长，浙江财经大学法学院与法律出版社协商一致，设立浙江财经大学法学文库出版项目，集中出版浙江财经大学法学院教师在法学研究领域取得的专著类优秀学术成果。浙江财经大学法学院与法律出版社本着鼓励学术创新、打造学术精品的追求，对申报列入文库出版计划的书稿精心选择，潜心打磨，以期展现浙江财经大学法律学人研究的最高水准。

孔子云：人能弘道，非道弘人。周敦颐亦言：文以载道。我国的法治建设方兴未艾。弘法治之道在法律人，法律人弘道在法学论著。期盼浙江财经大学法学文库的出版能够为浙江财经大学法律学人弘扬法治之道开辟新的天地。

浙江财经大学副校长

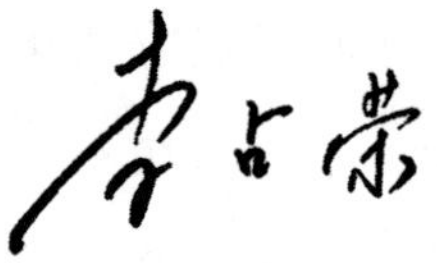

序

欣闻冯姣博士的博士后出站报告“刑事诉讼中的财产权保护问题研究”即将在法律出版社出版，应其之邀为之作序。

冯姣博士是我入职浙江大学法学院之后招收的第一个博士后。在两年博士后期间，冯姣博士协助我进行了大量的课题研究，其中包括国家社科重大项目“刑事诉讼中的财产权保护系统研究”和国家社科重点项目“刑事诉讼中的财产权保护问题研究”等。本书就是“刑事诉讼中的财产权保护系统研究”这一国家社科重大项目的研究成果。

本书以“刑事诉讼中的财产权保护问题”为研究对象，从概念、理论基础、现存问题、问题原因、域外模式及对策路径等方面，对该问题展开论述，体系完备，思路清晰。在步入“财产社会”的背景下，该主题的研究极具时代意义。本书的价值在于：一方面系统地对刑事诉讼中财产权保护的程序和规范进行了梳理；另一方面基于对典型案例的分析，剖析了刑事司法实践中财产权保护的问题，并进一步探究问题背后的原因。值得一提的是，本书还对美国和德国两个代表性国家的财产权保护模式进行探究；基于对共性的梳理，进而提炼出我国相关制度建构过程中可借鉴之处。财产权保护这一问题的研究，涉及刑事诉讼法学、刑法学、民事诉讼法学等多个学科，处理起来有一定的难度。但从最终呈现的文本来看，冯姣博士克服了这些困难，交出了一份优秀的答卷。

冯姣博士从本科开始就在浙江大学求学，博士毕业后入职浙江财经大学。冯姣博士为人低调努力，法学理论功底扎实。在博士毕业后的几年内，冯姣博士相继主持了多项国家级和省部级项目，并在《国家检察官学院学报》、International Journal of Law，Crime and Justice 等国内外核心刊物发表论文多篇。本书的出版只是起点，希望冯姣博士不忘初心，不断努力，勇攀高峰。

是为序。

王敏远*

2022 年 12 月 16 日于浙江大学求是村

---

* 王敏远，浙江大学光华法学院教授、博士生导师。

目　录

Contents

引　言

一、写作背景

本书写作的出发点是我国刑事诉讼中的财产权保护在立法、司法和理论研究中存在的问题。自党的十八大以来，中央反复强调加强对财产权的保护，尤其是对民企的财产权保护。在关于刑事诉讼中对财产权保护问题重要性日趋突出的时候，在相关规定虽有发布但仍不足以解决问题的当下，理论界对刑事诉讼中财产权保护问题的研究仍存在不足，应当进一步深入研究。刑事诉讼中的财产权保护，不仅需要建构完整的理论体系，而且应当设置系统的保护方案，以积极促进实践的完善，并适应时代发展的需要。

（一）顶层设计者对财产权保护问题的不断重视与强调

自党的十八大以来，财产权保护问题，特别是民营企业的财产权保护问题，日益受到制度顶层设计者的重视。2013 年，《中共中央关于全面深化改革若干重大问题的决定》明确提出“完善产权保护制度”的时代命题，强调“公有制经济财产权不可侵犯，非公有制经济财产权同样不可侵犯”。2016 年，《中共中央、国务院关于完善产权保护制度依法保护产权的意见》进一步明确提出推进产权保护法治化，坚持对产权的平等、全面、依法保护。该意见为产权保护的落地提供了宏观层面的制度设计和框架结构。

在此背景下，最高人民法院、最高人民检察院纷纷出台司法解释，如最高人民法院于2016年11月28日发布《关于充分发挥审判职能作用切实加强产权司法保护的意见》，最高人民检察院于2017年1月6日发布《关于充分履行检察职能加强产权司法保护的意见》，以探究产权保护司法化的路径。2021年5月20日发布的《中共中央、国务院关于支持浙江高质量发展建设共同富裕示范区的意见》再次突出强调“完善产权保护制度”“持续优化市场化法治化国际化营商环境”，将激发各类市场主体活力作为夯实共同富裕物质基础的重要抓手。

随着社会的发展，人们物质财富的不断增长以及民企生存和发展对社会的积极意义日趋突出，新时代特别需要强调对财产权的保护，而财产权保护的实践尤其是刑事诉讼中的财产权保护需要予以特别的关注。

（二）民营企业犯罪问题突出

随着市场经济的不断发展，企业尤其是民营企业犯罪问题日益突出。统计数据显示，2017年至2021年，全国检察机关共起诉单位犯罪1.4万件4.7万人，涉及单位3.9万个；其中非国有公司、企事业单位3.2万个，占82%。[①] 从企业犯罪的罪名来看，大多涉及虚开增值税专用发票罪、非法吸收公众存款罪、行贿罪等破坏社会主义市场经济秩序类犯罪和贪污贿赂类犯罪。以浙江省为例，作为民营经济发展大省，民营企业内部腐败犯罪案件频发。从司法实践来看，该类案件呈现一系列的特点，包括涉案罪名集中、普遍企业内部处理、经营风险集聚、小微企业居多、行为样态趋同、涉案人员庞杂等。[②]

民营企业犯罪问题突出，其背后有一系列立法、司法等制度层面的原因。从立法层面来看，民营企业在注册成立、生产经营等各个方面均存在大量的

---

① 参见中华人民共和国最高人民检察院网上发布厅：《单位犯罪起诉数量从逐年递增到明显下降 涉案企业合规改革试点成效初显》，载中华人民共和国最高人民检察院网：https://www.spp.gov.cn/xwfbh/wsfbt/202207/t20220726_567535.shtml#1，最后访问日期：2022年7月26日。

② 参见贾宇：《民营企业内部腐败犯罪治理的体系性建构——以〈刑法修正案（十一）〉的相关修改为契机》，载《法学》2021年第5期，第73页。

刑事风险，如非法吸收公众存款罪、非法经营罪、集资诈骗罪等罪名几乎成为口袋罪名。囿于民营企业融资的现实困境，上述罪名亦在一定程度上成为民营企业的专属罪名。从实践层面来看，大量民营企业在经营过程中缺乏风险防范意识和法治观念，内部合规体系尚不健全，致使其日常的经营行为触碰到法律的“红线”，并由此制约了民营企业的进一步发展。此外，基于政商之间关系的复杂性，亲清政商关系并未完全构建，民营企业因为权钱交易导致的腐败等问题仍然较为突出。① 大量的民营企业犯罪案件进入刑事司法体系，客观上导致大量的涉案财物进入刑事司法领域，进一步凸显刑事诉讼中财产权保护的重要性。

（三）刑事诉讼中财产权不断被侵害的现实

从实践层面来看，在刑事司法实践中存在不少公民财产权利被公权力机关侵犯的案例。如在西藏马占奎案中，当事人重达 58 千克的黄金被扣押 18 年，而后当事人获得 1100 万元的国家赔偿。② 该案是典型的公权力机关对涉案财物进行非法处置的案件。在该案中，那曲公安部门在相关涉案人员被取保候审之时，就将当事人的涉案黄金全部予以变卖，且在扣押之时，未出具任何的法律文书，属于严重的程序违法。在另一个典型案例“吴英案”中，从公安机关开始，执法者没有依法随案移送被扣押的涉案财产，检察机关也没有紧跟着将涉案财产移送给法院，以至于一个刑事案件历经 7 年才走完司法程序，涉案财产却一直还被控制在案发地的公安机关手中。③ 在该案中，一方面，自案发时起，吴英及其控制公司下的资产，除极少数被处置外，大部分不动产仍处于查封之中，历经多年风雨仍无人能动，致使大量债权人的合法权益无法得到保障；另一方面，财产处置方面的无序问题亦极为突出，且在处置过程中未对公民的个人财产和企业财产加以区分。

---

① 参见张远煌等：《中国企业家腐败犯罪报告（2014—2018）》，载《犯罪研究》2020 年第 6 期，第 2 页。

② 参见谢煜楠、王景烁：《58 公斤黄金被扣 18 年 当事人获 1100 万元国家赔偿》，载《中国青年报》2017 年 8 月 17 日，第 4 版。

③ 参见万茵：《对吴英案财产处置的三点思考》，载《华夏时报》2014 年 5 月 29 日，第 18 版。

事实上，刑事诉讼中的财产权保护问题，由来已久。无论是媒体曝光的刑事涉案财物处置过程中的无序，抑或是公权力对私主体之间经济纠纷的恣意介入，实则都反映出刑事诉讼中财产权保护的缺失和不足。从后果层面来看，在我国快速步入“财产社会”的背景之下，刑事诉讼中发生的诸多侵犯公民与企业财产权的行为，在对公民、民营企业权益造成侵害的同时，也对地方经济发展和社会稳定造成了一定的负面影响，还易于动摇民众对政府和法治的信心，导致对公正司法的不良影响，对我国的经济发展和法治建设十分不利，应该引起高度重视，尽快妥善解决。

然而，从现有研究来看，相比于刑事诉讼中人身权保护论著的汗牛充栋，刑事诉讼中财产权保护的研究备受冷落。对于司法实践中刑事诉讼财产权保护出现的问题，理论界的应对稍显不足；故此，有必要对这一问题进行系统梳理和研究。本书以司法实践中的典型案例为切入点，对刑事诉讼中财产权保护存在的问题进行考量，揭示问题的根由并提出可能的应对措施，为我国刑事诉讼财产权保护制度的建构和完善提供参考，具有极强的现实意义。

二、文献综述

从现有研究来看，国内外学者对于刑事诉讼中财产权保护的问题，主要从以下四个方面展开：

（一）刑事诉讼中财产权的范畴

财产权在人类社会生活中扮演着极其重要的作用，但要对其进行界定却极为困难。财产权的构成要素至少包括三个方面的内容：物品、物品所有权的归属以及能够对物品所有者提供实质性利益的使用权。[①] 财产权的范畴随着经济社会的发展不断变迁，总体上基于个体对财产控制的强化呈现扩

---

① See Emily Sherwin, *Three Reasons Why Even Good Property Rights Cause Moral Anxiety*, 48 Wm. & Mary L. Rev. 1927 (2007).

张的趋势。[①] 从客体层面来看，刑事诉讼中的财产权样态极为丰富。熊秋红教授认为，刑事涉案财物呈现多样性的特点，包括作为证据的财物、附带民事诉讼中保全的财物、作为犯罪工具和犯罪收益的财物以及违禁品等。[②] 闫永黎博士认为，"具有财产价值的私权利"是刑事诉讼中财产权客体的传统和主要样态，主要包括动产、不动产和知识产权；"新财产"是刑事诉讼中财产权客体的新样态，主要是指具有财产权性质的职业（营业）资格、许可权。[③] 在 Bennis v. Michigan 案件中，法院将刑事涉案财物分为三种，即单纯的违禁品、犯罪交易的工具以及犯罪活动的收益。[④]

从主体层面来看，刑事诉讼中的财产权，不仅包括刑事被告人的财产权，还包括被害人和利害关系人的财产权。如朱拥政博士认为，我国刑事诉讼中的财产权保障，包括被追诉人的财产权保障和被害人的财产权保障；[⑤] 叶巍博士认为，刑事诉讼中的财产权保障的主体，包括被追诉人、被害人和第三人；[⑥] 戴长林教授以涉案财物处理程序为切入点，认为涉案财物处理程序中，既包括犯罪嫌疑人、被告人的权利保障，也包括利害关系人、被害人的权利保障。[⑦] 其中，利害关系人是指刑事诉讼当事人及其他诉讼参与人以外的与涉案的特定物品存在某种直接或间接联系的人。[⑧]

概念是思维的重要工具。对概念的明确界定，系一切研究的前提和基础。从现有研究成果来看，理论界对于财产权范围的界定，尚缺乏系统性的综合研究。理论的匮乏与立法的模糊，极易引发实践中的混乱。本书在研究过程

---

① See Robert P. Merges, *A Transactional View of Property Rights*, 20 Berkeley Tech. L. J. 1477 (2005).

② 参见熊秋红：《刑事诉讼涉案财物处置程序检视》，载《人民检察》2015 年第 13 期，第 32 页。

③ 参见闫永黎：《刑事诉讼中的财产权考辨》，载《湖南警察学院学报》2013 年第 5 期，第 17 页。

④ See 516 U. S. 442, 116 S. Ct. 994, 1004, 134 L. ed. 2d 68 (1996).

⑤ 参见朱拥政：《刑事诉讼中的财产权保障》，中国人民公安大学出版社 2009 年版，第 214 - 243 页。

⑥ 参见叶巍：《刑事诉讼中的私有财产权保障》，法律出版社 2009 年版，第 251 页。

⑦ 参见戴长林主编：《刑事案件涉案财物处理程序：以违法所得特别没收程序为重点的分析》，法律出版社 2014 年版，第 138 - 166 页。

⑧ 参见叶巍：《刑事诉讼中的私有财产权保障》，法律出版社 2009 年版，第 205 - 206 页。

中，将综合现有的法律规范和理论成果，根据时代发展的需要，对刑事诉讼中财产权的概念、主体、客体、范围等加以界定。

（二）刑事诉讼中财产权保护的理论基础与基本原则

从思想层面来看，朱拥政博士认为，财产权保障的思想基础包括权利契约化、权利正当化、权利源于天赋等思想。财产权是人类天赋的自然结晶，任何人不得侵犯，剥夺财产权须通过契约加以实现。[①] 从英美法系的观念来看，衡平法保护财产权的观念已经深入人心。[②] 关于财产权保护的起源，主要有三种理论：一是洛克在1690年提出的劳动理论；二是哈罗德·德姆塞茨在1967年提出的交易成本理论；三是刘易斯和萨格登等人在1969年和1986年等分别提出的制度理论。[③]

从宪法层面来看，左卫民教授认为，财产权利作为一项基本人权的观点已经得到域外法治发达国家与国际社会的广泛认可，以人权保障为主要价值取向之一的刑事诉讼法对财产权利的着重保护是当然之举。[④] Maureen E. Brady教授认为，稳定的财产权有助于促进投资和经济的增长，宪法层面的保护是促进新型财产权稳定的重要机制设置。[⑤]

从现实层面来看，中国社会的整体发展已经提出了在当前强化被追诉人财产权保护的客观要求。陈学权教授认为，加强被追诉人的财产权保护，是贯彻落实国际人权公约的需要，是维护宪法权威的需要，是实现和完成刑事诉讼法任务的需要，是发展社会主义市场经济和建设社会主义法治国家的需要，是遏制司法腐败的需要，是减少犯罪的需要。[⑥] 在刑事诉讼领域，对公

---

① 参见朱拥政：《刑事诉讼中的财产权保障》，中国人民公安大学出版社2009年版，第13－19页。

② See Note, *Declaratory Relief in the Criminal Law*, 80 Harv. L. Rev. 1490 (1967).

③ See F. E. Guerra-Pujol, *On the Origin of Property Rights*, 47 Rev. Der P. R. 1 (2007).

④ 参见左卫民：《刑事诉讼法再修改与被追诉人财产权的保护》，载《现代法学》2012年第1期，第143页。

⑤ See Maureen E. Brady, *Penn Central Squared: What the Many Factors of Murr v. Wisconsin Mean for Property Federalism*, 166 U. PA. L. Rev. Online 53 (2017).

⑥ 参见陈学权：《论刑事诉讼中被追诉人的财产权保护》，载《学术研究》2005年第12期，第70－72页。

民财产权的限制，涉及对公民基本宪法权利的侵犯，由此现有法律需要进一步反思打击犯罪过程中付出的代价。①

关于财产权保障的基本原则，学者之间的争议相对较小。一般认为，刑事诉讼中财产权保障的基本原则包括正当法律程序原则、权利救济原则、比例原则、司法审查原则。如向燕博士认为，刑事司法中对公民财产权的限制与剥夺，要符合法定原则和比例原则。法定原则在实体法领域体现为罪刑法定原则，在程序法领域则体现为程序法定原则；比例原则包含妥当性原则（合目的性原则）、必要性原则（最小干预原则）和狭义比例原则（均衡原则）。② 万毅教授认为，刑事诉讼中被告人财产权保障的基本程序原则，除程序法定、正当程序和比例原则外，还包括司法审查原则。其中，司法审查原则是指法院充分发挥司法的能动作用，对国家强制权的合法性进行审查，以保障个人的权益，防止国家强制权的违法侵害。③ 正当程序原则要求在涉及刑事没收时，起诉书本身要鉴别被没收的财产；且在审判过程中，被告人不仅有权出席针对其定罪的审判，而且有权出席针对其个人财产没收的审判。④

上述研究从理念、法律和现实层面展开，对刑事诉讼中财产权保障的基础进行了全面深入的探讨，并以此为基础，明确了刑事诉讼中财产权保障的基本原则，从而为本书研究的展开提供了理论框架的基本边界。当然，理论基础还需要进一步拓展，例如，被害人、利害关系人等的财产权保障，也需要纳入研究的范畴。

（三）刑事诉讼中财产权保障的现状与问题

1. 从规范层面来看，现有法律条文存在不少缺失和模糊之处，有待进

---

① See Douglas Kim, *Asset Forfeiture: Giving Up Your Constitutional Rights*, 19 Campbell L. Rev. 527 (1997).

② 参见向燕：《刑事经济性处分研究》，经济管理出版社2012年版，第23－25页。

③ 参见周伟、万毅等：《刑事被告人、被害人权利保障研究》，中国人民大学出版社2009年版，第175页。

④ See David Pimentel, *Forfeiture Procedure in Federal Court: An Overview*, 183 F. R. D. 1 (1999).

一步完善。就违法所得没收程序而言，王敏远教授等认为，相关机关对“违法所得及其他涉案财产”的解释仍不够明确、具体。对于犯罪分子将违法所得用于投资所获得财产以及犯罪分子将违法所得直接或购买其他物品而赠予他人是否应该纳入没收的范围，各机关的解释并未予以明确规定。① 施鹏鹏教授认为，“利害关系人”是指对申请没收的财产主张所有权的人。但现有的违法所得没收程序，存在对利害关系人的保障性规定缺位。对犯罪嫌疑人、被告人享有正当债权，需要以申请没收的财产得到偿还的人，是否应赋予其申请参加诉讼的权利？对要没收的财物享有正当的物权利益的人，是否应赋予其申请参加诉讼的权利？法条规定“对于没收犯罪嫌疑人、被告人财产确有错误的，应当予以返还”，但确有错误时第三人的权益如何保障？如何对其权利予以救济？对于上述问题，相关法律及司法解释均未作出规定。② 从域外情形来看，立法的模糊性引发的实践层面的混乱，亦受到广泛诟病。如在美国，基于各州立法的不同，一些州可以在审判前对涉案财物进行控制，另一些州即便在审判后亦无权对涉案财物进行处置。③

就对物的扣押制度而言，张栋教授认为，我国缺乏保全性扣押制度。我国搜查、检查或勘验等程序的规定较为疏漏，扣押除任意性地从相关人处调取证据材料外，其他均依附于勘验或搜查程序或者直接与上述程序相关。无论是依附于勘验、搜查的扣押，还是独立性的扣押，启动标准均是“根据侦查犯罪的需要”，这就使司法实践中非法搜查泛滥，进而影响到扣押程序的运行。根据我国《刑事诉讼法》的规定，在侦查活动中发现的可用以证明犯罪嫌疑人有罪或者无罪的各种财物、文件，应当查封、扣押；与案件无关的

---

① 参见王敏远等：《刑事诉讼法修改后的司法解释研究》，中国法制出版社2016年版，第455页。

② 参见施鹏鹏、尚晶：《违法所得特别没收程序的构造与完善》，载《人民检察》2014年第7期，第20页。

③ See Heather J. Garretson, *Federal Criminal Forfeiture: A Royal Pain in the Assets*, 18 S. Cal. Rev. L. & Soc. Just. 45 (2008).

物品、文件，不得查封、扣押。但扣押程序没有对扣押客体范围进行明确限制，导致非法扣押较为普遍。①

2. 从实践层面来看，存在部门利益与财产权保护之间的冲突。我国现行刑事涉案财物管理制度具有两个特点：办案部门自行分诉讼阶段管理涉案财物和属于案件证据的涉案财物按诉讼环节随案移送。这种管理制度导致了司法实践中的诸多问题，导致涉案财物易贬值折损。② 关于涉案财物的处置，司法实务中审前扣押、冻结的范围呈现扩大化的倾向，且“一扣到底”的问题较为突出。刑事没收及其审前保全措施在司法实务中出现的扩大化趋势，除受到被害人保护中心主义的影响外，还受到了经济利益的驱动。尽管财政部已经多次重申要实行“收支两条线”，但在一些地方，地方财政仍将公安司法机关的罚没款收入以各种名目和形式予以返还。在该规则仍然活跃的地方，公安司法机关在处理涉案财物时享有较大的经济利益。③ 我国“流水作业”式的纵向构造以及“罚没款返还”的财政制度则是体制性根源。④ 在美国的一些州，没收的财产亦直接进入侦查机关的账户。若在财产没收过程中，检察人员有相应的费用支出，则该费用从没收财产中支出。对于没收的财产，侦查人员通过将其变卖使用其收益，但若特定的财产是机动车等，则侦查人员亦会选择直接使用该财产。⑤

3. 刑民交叉案件中刑民优先性问题。多年来，我国司法实践中一直沿用“先刑后民”原则处理刑民交叉案件；但是“先刑后民”原则，逐步凸显其

---

① 参见张栋：《刑事诉讼法中对物的强制措施之构建》，载《政治与法律》2012 年第 1 期，第 29－32 页。

② 参见葛琳：《刑事涉案财物管理制度改革》，载《国家检察官学院学报》2016 年第 6 期，第 122 页。

③ 参见向燕：《刑事涉案财物处置的实证考察》，载《江苏行政学院学报》2015 年第 6 期，第 130 页。

④ 参见方柏兴：《刑事涉案财物的先行处置》，载《国家检察官学院学报》2018 年第 3 期，第 127 页。

⑤ See Marc L. Miller & Ronald F. Wright, *Criminal Procedure: Cases, Statutes, and Executive Materials*, Aspen Law & Business, 1998, p. 1142.

法理层面的困境。"先刑后民"原则剥夺了当事人的选择权，体现了公权张扬、私权压抑，不符合现代司法理念；过分强调"先刑后民"原则的刚性，将导致在个别案件中，因刑事追究迟迟不能发动，私权无法寻求及时救济。① 张卫平教授则认为，刑民交叉案件的处理，不能一概而论，而应区分不同的语境，有针对性地进行论述。刑事附带民事诉讼的语境中的"先刑后民"，实则仅是指责任实现的优先性问题，而非何种诉讼应当先行的问题。② 纪格非教授亦持刑事诉讼有限优先性的观点。其认为，如果使刑民案件发生关联的事实属于必须通过刑事诉讼程序认定的基础性事实，通常是指犯罪主体的事实、关于犯罪构成要件的事实时，刑事案件就具备优先审理的必要；相反，刑事案件就不具备优先审理的必要。③

4. 财产权保护与企业刑事合规。合规是指组织采取的政策和控制体系，其一方面用于防止组织对法律的违反，另一方面向外部机构表明其采取步骤防止违反的决心。④ 基于对民营企业保护的现实需要，近年来，我国检察系统启动了合规不起诉制度改革的试点。企业合规具有内在的道德性，主要表现为合规可以促使企业尊重道德义务，并承担必要的社会责任。⑤ 在合规不起诉的改革中，我国的合规不起诉采用双重控制模式，即以对民营企业的保护为合规不起诉制度适用的内部条件，以第三方监督评估机制与合规听证为外部监督机制。⑥ 刑事合规制度运作过程中，一个重要的问题是单位责任与个人责任的区分；对单位犯罪进行刑事归责，应当考虑部分放弃罪责主义。⑦

---

① 参见万毅：《"先刑后民"原则的实践困境及其理论破解》，载《上海交通大学学报（哲学社会科学版）》2007 年第 2 期，第 19 页。

② 参见张卫平：《民刑交叉诉讼关系处理的规则与法理》，载《法学研究》2018 年第 3 期，第 103 页。

③ 参见纪格非：《刑民交叉案件的诉讼问题》，载《法律适用》2019 年第 16 期，第 12 页。

④ See Miriam Hechler Baer, *Governing Corporate Compliance*, 50 B. C. L. Rev. 949 (2009).

⑤ 参见陈瑞华：《论企业合规的基本价值》，载《法学论坛》2021 年第 6 期，第 5 页。

⑥ 参见唐彬彬：《检察机关合规不起诉裁量权限制的三种模式》，载《法制与社会发展》2022 年第 1 期，第 40 页。

⑦ 参见时延安：《合规计划实施与单位的刑事归责》，载《法学杂志》2019 年第 9 期，第 20 页。

但从总体上来看，刑事合规不起诉制度并未得到刑事诉讼立法层面的认可，各地刑事合规的实践经验有待进一步提炼，合规不起诉的适用条件有待进一步细化，有效合规的标准有待进一步明确。

5. 刑事财产权保护与国家赔偿。从现有的司法实践来看，公民因为人身权被侵犯请求国家赔偿并受到支持的案件较多，但公民因财产权受到侵犯要求国家赔偿并被支持的案件相对较少。从刑事诉讼中因侵犯财产权而启动国家赔偿的情况来看，存在如下问题：被追诉人获得赔偿的比例很小，满足被追诉人赔偿要求的比例更小；对于撤销案件、决定不起诉案件中财产权如何确认及是否应予国家赔偿的问题存在很大争议；人民法院在有罪判决或无罪判决中，对涉案财物未予认定是否直接赔偿或返回被追诉人的问题，各赔偿义务机关做法不一致，当事人的财产权得不到应有的保障。①现有国家赔偿制度规定的原则性，致使公民的财产权被侵犯后，司法救济路径不顺畅。

关于该部分的研究，首先，固然刑法具有谦抑性和最后保护性的特征，但将刑事诉讼中的涉案财产交由民事程序加以处理，仍然欠缺立法层面的正当性；其次，关于刑事合规问题的研究，虽然越来越得到刑事法学者的青睐，但仍存在不少理论和实践问题有待解决，立法规范的缺失致使其在实践中的适用缺乏统一性；最后，从研究方法来看，现有研究虽关注刑事诉讼中财产权保障的现状，但现有的研究基本基于对法条和理论的阐释，尚缺乏深入的案例分析和大规模的实证研究。由此，采用实证研究的方法，通过调查问卷、案例透视、个案访谈等方式检视我国刑事司法实践中财产权保障的问题，系本研究又一重要立足点。

（四）刑事诉讼中财产权保障机制的重构

1. 从立法层面来看，就违法所得没收程序而言，首先，需要明确权利

---

① 参见朱拥政：《刑事诉讼中的财产权保障》，中国人民公安大学出版社 2009 年版，第 222－228 页。

主体的认定标准。陈卫东教授等认为，特别没收程序应充分重视利害关系人在程序中的作用，合理确定利害关系人资格，保障利害关系人程序上与实体上的参与权。法律上的利害关系不仅包括以所有权为代表的物权，至少还应包括债权。[①] 其次，需要明确涉案财物的认定标准。温小洁博士认为，对于涉案财物中“违法所得”和“供犯罪所用之物”范围的确定，需要遵循相当性和关联性标准，确立实体上的实质联系原则，禁止过分严苛或者显失均衡的处分。[②] 最后，需要进一步明确刑事特别没收的证明标准。杨立新博士认为，刑事没收的标准跟所采用的诉讼程序有关，跟没收的性质有关：如果采民事诉讼程序对违法所得予以没收则采用优势证明标准；如果采刑事诉讼程序对违法所得进行没收，当没收为刑罚之一时，则采用严格的证明标准。[③]

从程序层面来看，建立更为精细的涉案财物处置程序已经成为学者的共识。David Pimentel 教授认为，就联邦法院而言，需要建立更为多元化的财产没收程序，在上述程序中程序性要件需要反映多元化甚至互相冲突的政策性目标。[④] 在中国，就搜查扣押制度而言，吴宏耀教授认为，在搜查扣押领域，当我们在谈论“证据”时，我们不应当仅仅关注该物品所具有的“证明犯罪嫌疑人有罪或者无罪”的证明价值，而且还必须意识到，该物品有可能是某个人依法占有的“私人财产”。在立法层面上，搜查扣押制度的构建必须在个人私人财产利益与追诉犯罪利益之间进行价值权衡，而不是为了追诉犯罪一味地忽视、牺牲个人的财产权益，需要为个人私有财产不受不合理干预设

---

① 参见陈卫东、李响：《论违法所得没收特别程序中的利害关系人》，载《政法论坛》2015 年第 1 期，第 76 页。

② 参见温小洁：《我国刑事涉案财物处理之完善——以公民财产权保障为视角》，载《法律适用》2017 年第 13 期，第 34 页。

③ 参见杨立新：《我国刑事特别没收程序的司法适用及其完善》，载《江苏行政学院学报》2013 年第 6 期，第 120 页。

④ See David Pimentel, *Forfeitures Revisited: Bringing Principle to Practice in Federal Court*, 13 Nev. L. J. 1 (2012).

定底线。[①] 田圣斌等认为，刑事搜查、查封、扣押、冻结等已经具备了刑事强制措施的基本特征，应当重新对其定位，将其纳入强制措施体系并加以严格规制。故此，有必要增设对物的强制措施规定，将财产性强制措施的决定权、执行权、保管权、处理权、申诉受理权分离，确立财产性强制措施的司法审查制度。[②]

2. 从部门利益的切断层面来看，涉案财物处置与部门利益之间存在千丝万缕的关系。对此，在借助制度性安排的基础上，还应当借助现代科技的功能实现利益的切割，保障司法机关的中立性。有学者认为，以遏制管理腐败为目的，可探索建立跨部门的涉案财物信息管理平台。[③] 从理论层面来看，将涉案财物管理的部分职权从侦查权、检察权、审判权中剥离出来是必要和可行的。独立统一的涉案财物管理中心不仅具有基本的保管功能，还具有对涉案财物进行保值增值以及在法律处置后进行具体实施的功能。[④] 但若要从根本上去除办案机关先行处置涉案财物的利益驱动因素，还需要转变涉案财物上缴和财政返还机制。[⑤]

3. 从刑民优先性的层面来看，在处理刑民交叉案件时，刑民优先性问题不能一概而论。有学者认为，在具体处理刑民交叉诉讼时，应当首先考虑彼此之间是否有先决关系。在相互之间存在先决关系时，作为前提的诉讼可先行，另一诉讼应予以中止，等待前提诉讼的审结。但先决原则不是绝对的，诉讼效率也是民事诉讼所追求的重要价值之一，不可以因为具有先决关系的

---

① 参见吴宏耀：《刑事搜查扣押与私有财产权利保障——美国博伊德案的启示》，载《东方法学》2010年第3期，第142页。

② 参见田圣斌等：《完善我国财产性强制措施立法的思考》，载《理论月刊》2014年第4期，第100页。

③ 参见葛琳：《刑事涉案财物管理制度改革》，载《国家检察官学院学报》2016年第6期，第122页。

④ 参见李玉华：《论独立统一涉案财物管理中心的建立》，载《法制与社会发展》2016年第3期，第70页。

⑤ 参见方柏兴：《刑事涉案财物的先行处置》，载《国家检察官学院学报》2018年第3期，第127页。

前提诉讼迟延而使另一诉讼受到过分迟延。[①]“前置法定性与刑事法定量相统一”的分析框架，既适用于刑法与行政法规范关系的理解，也适用于刑法与民法规范关系的把握。[②]

4. 从刑事合规制度的进一步完善来看，需要从合规不起诉的适用、认罪认罚从宽制度与合规不起诉制度的结合等方面展开。在合规不起诉制度的构建中，存在单位责任与个人责任的区分、合规不起诉的合法性争议等问题。就责任的区分而言，在实体层面，企业独立意志是认定企业刑事责任的首要标准；在程序层面，应将涉案企业与相关人员分案处理。[③] 在认罪认罚领域，企业合规从宽制度的构建，需要从企业认罪认罚的方式、从宽的种类、认罪认罚有效性审查及配套机制等方面展开。[④] 就不起诉制度的适用而言，企业犯罪并不适用附条件不起诉制度（暂缓起诉协议制度），部分地方试行企业犯罪暂缓起诉的做法应当予以禁止，但其功能性优势不能否认。[⑤]在暂缓起诉协议等具体运作过程中，法院的司法审查权限的范围需要进一步厘清。[⑥]

5. 就救济层面而言，李长坤法官认为，建立刑事涉案财物处理的救济制度，主要包括赋予被告人、利害关系人充分的救济机会，且加强刑事涉案财物处理的监督制约。检察机关应将追缴、没收作为法律监督的一项内容；法院发现生效的涉案财物处理措施确有错误的，应当通过审判监督程序或执行

---

① 参见张卫平：《民刑交叉诉讼关系处理的规则与法理》，载《法学研究》2018 年第 3 期，第 102 页。

② 参见田宏杰：《刑民交叉问题的实体法立场与分析方法》，载《政治与法律》2021 年第 12 期，第 39 页。

③ 参见李玉华：《企业合规本土化中的“双不起诉”》，载《法制与社会发展》2022 年第 1 期，第 35 页。

④ 参见孔令勇：《刑事合规与认罪认罚从宽的融合　企业合规从宽制度研究》，载《中外法学》2022 年第 3 期，第 764 页。

⑤ 参见李本灿：《刑事合规制度改革试点的阶段性考察》，载《国家检察官学院学报》2022 年第 1 期，第 34 页。

⑥ See Barr Benyamin, *Get Your Hands Off My Dpa! The Proper Scope of the Judicial Supervisory Power in Deferred Prosecution Agreements*, 54 Am. Crim. L. Rev. 571 (2017).

回转程序加以纠正。[①] 此外，相关的救济措施还包含非法证据排除规则的设立，以及国家赔偿和被害人国家补偿制度的完善等。张新宇博士认为，因涉案财物灭失确定刑事赔偿标准时，需要全面确立“有利于受害人”的原则，让赔偿申请人在相应的法律条文之间有更大的选择空间，在法律允许的范围内获得更多的赔偿，而非仅以一时一地的价格为确定赔偿金的唯一标准。[②] 就赔偿义务机关如何确定这一问题而言，白雅丽法官认为，一般根据“谁侵权，谁赔偿”的原则确定赔偿义务机关，具体情况具体分析。如果查封、扣押、冻结的财产在刑事判决生效后依据财产性判项予以执行，则作出生效判决的机关为赔偿义务机关。如果查封、扣押、冻结的财产并没有按照判决以罚金、没收财产的形式被实际执行，或者判决之前就被处置，原查封、扣押、冻结机关应作为赔偿义务机关，有义务将财产返还权利人。[③] 陈瑞华教授提出了刑事对物之诉设立的建议，其认为，在被告人到场案件中引入对物之诉机制，不仅可以有效地限制法院在涉案财物追缴方面的自由裁量权，为被告人、被害人及其他利害关系人参与诉讼活动创造条件，而且符合审判中心主义改革的理念，可以提高司法裁判的公信力。[④]

该部分研究中提出的对涉案财物采取强制性措施过程中采用司法审查，虽有利于实现控辩双方的力量均衡和保障犯罪嫌疑人、被告人的财产权，但其与我国目前的刑事诉讼框架存在龃龉之处，治安法官制度尚未在我国构建；而涉案财物信息管理平台的建立，虽能在一定程度上缓解涉案财物流转不畅，促使涉案财物管理的规范化，但其本身所具有的缺陷问题，如涉案财物管理主体的确立、涉案财物处置过程中监督权的行使等问题，学者却少有问津；

---

① 参见李长坤：《刑事涉案财物处理制度研究》，上海交通大学出版社2012年版，第158－159页。

② 参见张新宇：《涉案财物灭失刑事赔偿标准的法律认定》，载《行政法学研究》2017年第5期，第132－133页。

③ 参见白雅丽：《侵犯财产权的刑事赔偿问题探析》，载《法律适用》2015年第9期，第12页。

④ 参见陈瑞华：《刑事对物之诉的初步研究》，载《中国法学》2019年第1期，第204页。

刑事对物之诉的构建仍较多地停留在理论层面，实务操作中并不多见。如何在现有的刑事诉讼框架之内，全面系统构建刑事诉讼中财产权保护方案，系本书另一关注焦点所在。

从总体上来看，在财产权为基本人权的观念逐步深入人心的前提下，刑事诉讼法学者均意识到应当以正当程序理念为基础，构建刑事诉讼中财产权程序性保护机制。在此共识之下，无论是对物的强制性措施的精细化改造，还是对特别没收程序的进一步完善，抑或是对涉案财物处置程序本身的公开化、信息化程度的提高，以及对刑事合规制度改革的不断探索，均属于在正当法律程序原则、权利救济原则、比例原则、司法审查原则等原则指导下的具体制度层面的改良。在基本共识确立的前提之下，学者从各个角度出发，对刑事诉讼中财产权保障的问题进行论述，并产出了不少有分量的研究成果。

但现阶段相关研究的主要问题是：首先，从研究内容来看，学界还缺乏对刑事财产保全、涉案财物保管以及监察制度中财产权保护与刑事诉讼财产权保护衔接等问题的研究，现有的研究内容仍稍显单薄。其次，从研究视角来看，现有研究缺乏刑事一体化视角下切入的成果。刑事实体法中的没收财产刑、罚金刑等经济处分，与刑事诉讼中的搜查、扣押等刑事程序性经济处分密不可分。但在现实中，刑事实体法与刑事程序法研究领域的人为剥离，使得程序法的研究难以回应刑事实体法层面的需求。最后，从研究方法来看，现有的研究大多基于比较法层面的论述以及对法条的教义学研究，实证研究较为缺乏，由此导致现有的研究成果对实践的回应稍显不足。另外，囿于民事法律知识背景的缺失，刑事诉讼中的财产权保护问题与民事法律制度（尤其是民事诉讼法律制度）的关联问题，长期被忽视。两者割裂的现状，需要通过联合两个学科的努力，才能予以解决。对先前判决的既判力及刑民优先性问题的研究，仍需进一步深化。

三、本书创新点

产权制度是社会主义市场经济的基石，保护产权是坚持社会主义基本经济制度的必然要求。从刑事诉讼层面来看，利用公权力侵害私有产权、违法处置民营企业财产等现象时有发生，民营企业的财产权得不到合法的保障，进而影响了民营经济的创新。学术界缺乏对该问题的系统研究。本书从刑民界分、刑民优先性厘清、涉案财物处置、刑事合规不起诉等问题切入，对该课题进行系统性研究。本书的创新点可以概括为以下几个方面：

（一）学术思想创新：明确同等重视人身权与财产权的观念

在我国快速步入“财产社会”的背景之下，与时俱进，重视公民、法人的财产权，有利于提升刑事诉讼财产权保障的理论广度和深度。在以往的刑事诉讼研究领域中，学界普遍偏重人身权的保护而轻视对财产权的保障，而公民的财产权同样是受到宪法保障的权利，是公民权利重要的组成部分；并且随着社会的发展，人们物质财富的不断增长以及民企生存和发展对社会的积极意义日趋突出，新时代特别需要强调对财产权的保护。本书对于财产权问题的关注，有助于拓宽人权保障研究的深度，并为刑事司法中对财产保障问题的研究提供坚实的理论依据。此外，广义上的财产权保护，涉及各个领域和诸多方面。通常情况下，实务层面主要通过民事诉讼对公民的财产权进行保护；在特定情况之下，行政诉讼也有其特定的使命。但刑事诉讼中的财产权保障，有其特殊性：不仅因为目前较为不受司法制约的侦查权力（刑事诉讼中的各类侦查措施包括查封、扣押、冻结财产等）会危害公民与企业的财产权，甚至由于事后不可诉的特性，使被侵害的财产权难以得到应有的救济；而且，目前的刑事诉讼程序设计，在诉讼的各个阶段均显示了对财产权保护不够重视的问题。

（二）研究方法创新：在实证研究的基础上探索符合我国实际的刑事诉讼财产权保障路径

本书试图改变过去对该问题研究的片面性和孤立性，做到理论联系实际，以求在实践基础上发现刑事诉讼中财产权保障的问题，并提出针对性的完善建议。刑事诉讼中的财产权保护问题研究，对我国刑事诉讼的立法和司法实践具有重要的现实意义。在我国快速步入“财产社会”的背景之下，刑事诉讼中发生的诸多侵犯公民与企业财产权的行为，在对公民人权、民企造成侵害的同时，也对地方经济发展和社会稳定造成了很大的负面影响，也易于动摇民众对政府和法治的信心，导致对公正司法的不良影响，对我国的经济发展和法治建设十分不利。这一问题应该引起高度重视，尽快妥善解决。本书从刑事诉讼中财产权保护的规范分析入手，对刑事财产权保护的司法现状进行实证研究，有利于从实践中提炼出问题，进而反哺于理论。完善刑事诉讼中财产权保护制度是法治发展的必然要求，有助于保障公民等权利主体的财产权，对司法实践有重要的指导意义。此外，民事诉讼有不少保护产权的典型案例（甚至是指导性案件），行政诉讼中也有一批因强拆违法而赔偿的保护产权的典型案例，但是刑事诉讼中关于财产权保护的典型案例相对偏少，亟须加强和重视。

（三）学术观点创新：强调刑事诉讼中财产权保护的系统性

基于刑事诉讼从立案开始到执行阶段再到救济阶段的各个程序环节均有可能发生财产权保护的问题以及财产权保护问题产生原因的复杂性、多样性，本书在研究过程中，将突出对财产权保护的系统性，以契合刑事诉讼中的财产权保护之有效性依靠系统性的特点。具体而言，本书不仅分析刑事诉讼各个阶段在财产权保护领域存在的问题，并分析其背后可能的原因；还基于对原因的透彻分析，进而对症下药，针对刑事诉讼各个阶段的特点提供可能的应对措施。此外，刑事诉讼中财产权保护“系统性”的体现，还涉及《刑事诉讼法》与《民事诉讼法》、《行政诉讼法》以及《监察法》等的衔接问题。故本书在研究过程中，还将重点研究刑民优先性、行政执法与刑事立法的衔接，《监察法》与《刑事诉讼法》的衔接等问题，以实现刑事诉讼中财产权的全面和系统保护。

（四）学术视域的创新：刑民交叉的多学科研究进路

本书虽重点研究刑事诉讼中的财产权保护问题，但本书的视域并不局限于刑事诉讼本身。刑事诉讼中的财产权保护，还涉及刑民交叉、行刑交叉等一系列的问题，故本书的视域相对开阔，涉及多个学科。就刑民交叉案件的处置问题而言，本书认为，刑事和民事审判的立法和司法解释都从不同角度出发，作出相应的规定和解释，导致目前立法和解释的内容不一的问题。立法和司法解释的平衡性和协调性是当前解决刑民交叉迫在眉睫的问题。对刑事涉案财物的处置，应当由司法机关审查并决定适用相关措施，审批时要考虑措施的必要性、及时性、妥当性和最小损害性。涉案财物统一管理平台的推广，以及财政返还机制的变更，系解决涉案财物处置中乱象、产权案件纠错困难的有效路径；涉案财物统一管理平台的适用，还涉及科技与司法之间的融合。刑事合规制度的建构，涉及检察机关、行政机关以及第三方监督机构之间的互动，需要多个领域和多个主体的介入，以形成有效合力。

四、研究方法与文章结构

（一）研究方法

1. 以文献综述与比较研究为基础。在前期大量阅读的基础上，本书将对国内外刑事诉讼中财产权保障问题的研究情况加以整合，对典型国家如美国、德国、日本等，就刑事诉讼财产权保护问题的资料加以研读和整理，便于站在现有的研究基础上，以开阔的视野开始本书的研究。与此同时，基于对域外经验和教训的总结和提炼，更好地扬长避短，并结合我国的实践特点，构建符合中国国情的刑事诉讼财产权保护样态。

2. 以实证研究与经验分析为主要方法。本书在研究过程中，将选取北京、上海、浙江、广东等省市开展实证调查，深入采集和认识司法实践中的新情况、新问题和解决问题的新方法，从逻辑实证分析和经验实证分析入手，引入社会科学方法，对典型案例进行深入分析和研究。案例研习，涉及事实行为认定与其法律定性之间的相互渗透，涉及在上位规范与生活事实间来回穿梭观察。[1] 借助典型个案研究和群案分析，更为形象地勾勒出刑事司法实践中财产权保护的现状及存在的问题，以便为后续理论的展开提供实然层面的依据。基于实践与理论的不断往复，更好地弥补实然与应然之间的嫌隙。

3. 语境论和法哲学的分析进路。本书以法律制度和规则为中心，力求语境化地理解关于刑事诉讼中的财产权保护长期存在的法律制度、规则的历史正当性和合理性。"先刑后民"原则、民营企业和国有企业的不平等保护，均有其特定的历史背景；但随着财产社会的来临和新问题的出现，相关规则和制度均需与时俱进。本书在对刑事诉讼财产权保护的案例进行分析时，强调用历史的眼光看待历史的案件，同时借助一般的法哲学原理，对制度的应然构建提出可能的设想方案。

4. 以问题为导向的刑事诉讼法学研究范式。本书注重程序法理、实证分析与体系化解释之间，理想模式与现实路径之间的交互对应，为刑事诉讼中财产权保障程序的精细化和科学化作出贡献。本书以清晰的问题意识为指引，关注现实问题，不拘泥于对法律进行解释和提出对策；而是从刑事诉讼财产权保障在社会实际运行存在的问题中寻找抓手，深入、系统地进行研究。本书突出强调以司法实践中的问题为抓手，从而更好地实现本书的现实价值。

（二）文章结构

本书的总体研究框架是在对刑事诉讼财产权的范畴加以界定的基础上，明确刑事诉讼中财产权保护的理论基础和基本原则；然后对我国司法现状进行分析，揭示刑事诉讼中财产权保护存在的问题及其原因；基于对域外经验

---

① 参见王泽鉴：《民法思维》，北京大学出版社2009年版，第30页。

的借鉴和总结，从而针对现有的问题提出提升我国刑事诉讼财产权保障的基本路径。本书的具体研究思路如图 1 所示：

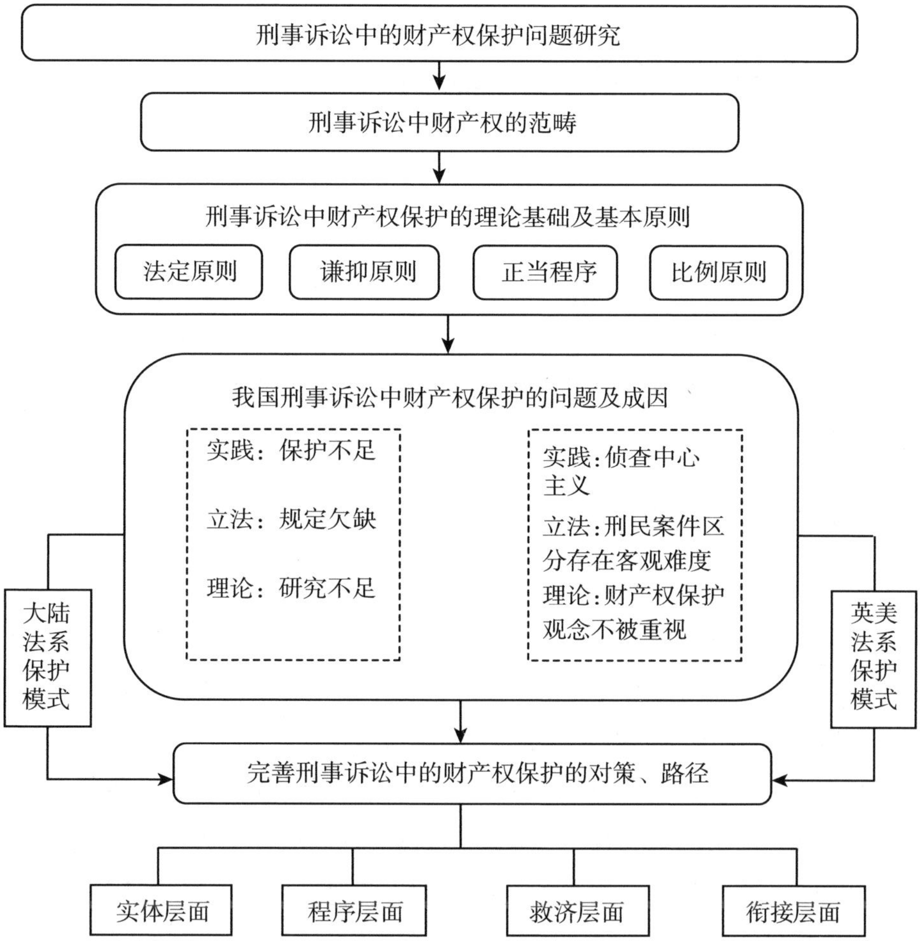

图 1　本书结构

第一章
刑事诉讼中财产权的范畴

在本部分，笔者先对刑事诉讼中财产权的内涵和外延、财产权保障的主体以及涉及财产权保障的程序等基础问题加以梳理，为后续研究的开展奠定概念层面的共识。

一、刑事诉讼中财产权的内涵和外延

（一）一般财产权的内涵和界定

对于何为财产和财产权，古往今来，论著颇丰。从《牛津法律大辞典》的界定来看，财产权是指存在于任何客体之中或之上的完全的权利：可以存在于有形财产之中，如建筑、动物；也可以存在于无形财产之中，如版权、损害赔偿请求权等。[①] 根据《布莱克法律词典》的界定，财产是指占有、使用和享有确定的物的权利及所有权。[②] 从以上权威法律词典对财产权的定义中可以看出，财产权的范围极为广泛，对财产权的限定不在于其形态特征，事实上一切具有经济利益的权利，都可以归于财产权的范畴。

不同学者基于各自的专业背景，对何为财产权作出了相应的解读。民商法代表性学者的观点认为，广义财产权，包括狭义财产权（物权、无形财产

---

① 参见［英］戴维·M. 沃克：《牛津法律大辞典》，李双元等译，法律出版社2003年版，第913页。

② See Bryan A. Garner，*Black's Law Dictionary*，West Group，1999，p. 1232.

权）和债权，狭义财产权属于绝对权，债权属于相对权。[①] 与此同时，也有学者认为，随着经济社会的不断发展，需要对现有的财产权制度和财产概念加以不断整合。未来的私法财产权体系，应当包含三大体系性内容：以所有权为核心的有形财产权，以知识产权为主体的无形财产权，以债权、继承权等为内容的其他财产权。[②] 考虑到社会现实的持续发展，知识财产、资信财产和服务财产等非物质形态财产，开始进入学者研究的视域。[③] 在公法学者看来，宪法意义上的财产权是指财产所有人对其财产享有不受国家、其他组织和个人限制、剥夺或侵占的权利。宪法上的财产权与民法上的财产权的本质区别反映在同一客体上的不同主体之间的关系。含有经济利益内容的私法权利，允许公民进行经济活动的行政许可以及部分社会保障权利，构成宪法财产权的保护范围。[④] 在行政法上，财产权还涉及企业经营自主权、公平竞争权等。[⑤] 各类型的行政行为，如收取税费、征收、征用、行政处罚、查封等，均可能涉及对公民财产权的侵犯。

从学者对财产权的不同界定可以看出，作为调整私主体之间权利义务关系的民法，着眼于对财产权范围的限定，以更好地界定私主体的权利界限。在此过程中，基于经济社会的发展，学者大多秉持扩张性解释的进路，将知识产权等无形财产纳入私法财产权的范畴。而公法对于财产权范围的界定，是在私法界定的基础上，附之以具有公法特性的财产性要素；其目的在于划定公权力行为的界限，以更好地实现对行政相对人财产权的保障。故此，私法和公法对于财产权的限定，不仅范围有别，且目的和侧重点不一。

（二）刑事诉讼中的财产权范畴

结合我国的《刑法》、《刑事诉讼法》及相关司法解释，对刑事诉讼中的

---

① 参见王卫国：《现代财产法的理论建构》，载《中国社会科学》2012 年第 1 期，第 162 页。

② 参见吴汉东：《无形财产权基本问题研究》，中国人民大学出版社 2013 年版，第 181 页。

③ 参见周俊强：《无形财产权的类型化与体系化研究》，北京大学出版社 2018 年版，第 1 页。

④ 参见谢立斌：《论宪法财产权的保护范围》，载《中国法学》2014 年第 4 期，第 131 页。

⑤ 参见何海波：《行政诉讼法》，法律出版社 2022 年版，第 184 页。

财产权进行明确界定是研究刑事诉讼中财产权保护问题的基础。从规范意义来看，我国《刑事诉讼法》并未对财产权的内涵作出明确限定，其仅以“财产权利”一词加以笼统概括。对于“财产权利”的具体内涵，立法层面语焉不详，学界和实务界也尚未就此达成共识。

从范围上来看，财产权的具体表现样态极为丰富。根据《刑事诉讼法》第144条的规定，存款、汇款、债券、股票、基金份额等均属于财产的具体呈现样态。从现有的规定来看，《刑事诉讼法》对财产权的认定仍持相对保守的立场。事实上，财产权不仅限于传统意义上的物权，而且债权、营业资格等都应纳入财产权的范畴。如根据《中共中央、国务院关于完善产权保护制度依法保护产权的意见》的规定，产权不仅包括物权、债权、股权，也包括知识产权及其他各种无形财产权。

刑事诉讼，涉及国家权力对公民权利的干预，故此其具有天然的公法属性；刑事诉讼中的财产权保护，大多涉及公民个人及企业的私有财产，故该论题兼具私法之面向。是以，本书结合现有法律规定及代表性的学术观点，认为刑事诉讼中的财产权，是指含有经济利益内容的一切权益。在此背景下，本书所指的刑事诉讼财产权保护，还需要从另外两个维度加以限缩和理解：

一是相对于人身权利，保护广义上的财产权利。对公民财产权利的保护是刑事诉讼的一项基本任务。但相较于刑事诉讼对人身权利保护的强调，刑事诉讼对财产权利的保障及相应的制度设置显得过于单薄，在强制性措施的审批、救济权的设置等方面两者均存在显著的差异。无论是在理论研究还是在司法实践中，对于财产权的保护都较为不足。故此，本书在对相关的问题进行论述之时，会将刑事诉讼中对人身权利的保障机制作为一个参考基点，以期在刑事诉讼中实现对财产权问题的同等保障，使得相关的制度设置符合最基本的正当程序原理。

二是相对于国有企业，对民营企业家财产权利的保护。在现实的环境下，相较于对国有企业财产权的保护，民营企业的财产权保护问题，更需要被呼吁，更值得被重视。一方面，在罪与非罪的模糊地带，民营企业更易遭受不公正的待遇，一些地方甚至出现公权力直接插手干预民事纠纷的情形；另一方面，相较于国有企业负责人的可替代性，在一些中小型民营企业中，民营企业家构成该企业的核心，一旦民营企业家入罪，则意味着该民营企业的彻底垮台，由此会导致大量人员失业，上下游关联企业受到波及，进而影响当地的经济发展。故而，对民营企业财产权保障的强调，是基于民营企业在刑事诉讼中被不断侵害的事实。当然，在民营企业保护过程中，涉及刑事案件与民事案件的界分、刑事案件与行政案件的界分等问题。

二、刑事诉讼中财产权保障的主体

从刑事诉讼的一般理论来看，刑事诉讼中的主体包括国家专门机关和诉讼参与人。根据《刑事诉讼法》第 108 条的规定，诉讼参与人包括当事人、法定代理人、诉讼代理人、辩护人、证人、鉴定人和翻译人员。但就财产权的保护这一问题而言，国家专门机关、证人、鉴定人等主体的财产权保护，不属于本书研究的范围。在本书的研究中，刑事诉讼中财产权保障的主体，除刑事被追诉人和被害人之外，还涉及其他利害关系人。

（一）刑事被追诉人

刑事被追诉人，是指因实施犯罪行为而被国家启动刑事追诉的主体。对刑事被追诉人刑事责任的确定，系刑事诉讼的目的之一。在此过程中，无论是财产刑的执行，抑或是对其财产强制性措施的施加，均属于对被追诉人财产权利的限制。具体而言，在刑事诉讼中，公权力对刑事被追诉人的财产权干预，主要涉及对物的强制性处分，包括搜查、查封、扣押、冻结等一系列侦查行为引发的对被追诉人财产权的限制，以及后续的对涉案财物等的实体性处置。但由于法律层面规定的欠缺与模糊，刑事被追诉人的财产一旦被侵害，缺乏相应的救济渠道。

现有大量的案例暴露出的问题就集中于公安司法机关对刑事被追诉人财产权的漠视及由此导致的对涉案财物处置的恣意性，如甘肃陈一超案件涉及对涉案财物扣押的合比例性问题，西藏马占奎案涉及侦查机关对涉案财物不当的先行处置，吴英案涉及个人财产与企业财产的杂糅。诸如此类，不一而足。故此，如何在刑事诉讼中对被追诉人财产权进行保障，系本书重点关注的内容之一。

（二）被害人

“被害人是指其人身、财产或其他权益遭受犯罪行为侵害因而与案件处理结果具有直接利害关系的诉讼当事人。”① 刑事诉讼中，附带民事诉讼制度的设置，就是为弥补被害人因犯罪行为引起的物质损失。从现有立法来看，虽然我国刑事诉讼赋予被害人当事人的诉讼地位，但被害人在刑事诉讼中享有的诉讼权利，相较于刑事被追诉人，仍然存在较大的差距。

从司法实践来看，被害人财产权利被侵犯的形态各异。在经济类犯罪如非法吸收公众存款、集资诈骗等案件中，司法判决对财产的处置问题直接影响被害人的财产权能否得到保障。囿于长期以来刑事诉讼中对被害人权利保障的忽视，被害人财产返还、被害人财产国家补偿等机制，在我国尚未得到确立。被害人在刑事诉讼中的财产权保障问题，仍有较大的提升空间，其亦将被纳入本研究的对象。

（三）利害关系人

在此，利害关系人财产权的保障是比较有争议的问题。从各国不同的立法来看，在刑事诉讼中，对于利害关系人，尤其是善意第三人的财产权保障，已经成为各国的共识。例如，《联合国反腐败公约》第 31 条第 9 款明确规定：“不得对本条的规定作损害善意第三人权利的解释。”在我国，从立法层面来看，在犯罪嫌疑人、被告人逃匿、死亡案件违法所得的没收程序中，《刑事诉讼法》明确规定利害关系人有权申请参加诉讼，也可以对人民法院作出的裁定提出上诉。但需要明确的是，这一程序的适用范围是有限的。

此外，除这一特别程序外，在其他涉案财物处置程序中，利害关系人的权利保障和诉讼地位问题，鲜被提及和规制。即便偶有涉及，规范层面亦未

---

① 胡铭：《刑事诉讼法学》，法律出版社 2016 年版，第 63 页。

对利害关系人的权利保障问题作出细致的规范。如根据《最高人民法院关于适用〈中华人民共和国刑事诉讼法〉的解释》（以下简称《最高法解释》）第279条的规定，案外人对查封、扣押、冻结的财物及其孳息提出权属异议的，人民法院应当审查并依法处理。但在上述情形中，案外人应当如何确定？其是否有权参与诉讼？若其对于人民法院的处理结果存有异议，其是否有相应的救济途径？对于上述问题，从规范层面来看，有待进一步明确。

从理论上来看，代表性的观点认为，法律上的利害关系不仅包括以所有权为代表的物权，至少还应包括债权。[①] 利害关系的确定，乃是基于特定人员与诉讼中财产的关系；该种关系，可以是所有权，亦可为请求权，或任何其他权属关系如担保关系等。从司法实践来看，在涉众型非法集资案件中，既有出借人，也有担保人。出借人一般被认定为被害人，当然，有些法院也会将其认定为证人；[②] 但若将担保人认定为被害人，难免过于牵强，而其显然与诉讼结果具有某种经济上的利害关系。事实上，无论是普通刑事案件还是特别没收案件，对涉案财物包括违法所得的处理，都可能涉及利害关系人的财产权利。[③] 故此，有必要将利害关系人的财产权保护问题，纳入刑事诉讼财产权保护研究的范畴；而对于利害关系人的认定，宜采用较为宽松的标准，即证明其与涉诉财产具有最低限度的直接联系。

三、刑事诉讼中涉及财产权保障的程序

刑事诉讼中涉及财产权保障的程序，包括立案阶段的刑民、行刑区分，起诉阶段的合规不起诉，诉讼阶段的涉案财物处置，以及救济阶段的国家赔偿等程序。具体而言，涉案财物处置程序又包括普通刑事案件中的涉案财物

---

① 参见陈卫东、李响：《论违法所得没收特别程序中的利害关系人》，载《政法论坛》2015年第1期，第76页。

② 参见冯姣：《非法集资案件中集资参与人的诉讼地位认定》，载《金融理论与实践》2018年第5期，第83页。

③ 参见戴长林主编：《刑事案件涉案财物处理程序：以违法所得特别没收程序为重点的分析》，法律出版社2014年版，第166页。

处置程序、附带民事诉讼中的涉案财物处置程序和特别没收中的涉案财物处置程序。在每一个具体的涉案财物处置程序中，均涉及查封、扣押、冻结、保管、救济、处置等程序。

（一）立案阶段的刑民、行刑区分程序

在传统部门法的框架中，不同法律部门基于调整对象的不同而作出界分，各个部门法的学者亦习惯着眼于各自的部门法进行研究。但随着经济社会的发展，越来越多的案件属性难以准确厘定，大量的案件涉及刑民交叉、行刑交叉问题。案件属性区分的模糊化，导致刑事诉讼中对财产权的保护存在前提性障碍。

1. 实体区分：刑民交叉与行刑交叉

在涉产权类的案件中，尤其是在民间借贷、非法集资等财产类纠纷案件中，涉及大量的刑民交叉问题。2019 年 7 月，最高人民法院发布了刑民交叉六大典型案件，显示出制度设计者对该类型案件的高度关注。对于刑民交叉案件的界定和区分，典型案件发展出如下几条规则：（1）根据俸旗公司诉辽宁储运公司、谷物公司等借款合同纠纷案，同一公民、法人或其他经济组织因不同的法律事实，分别涉及经济纠纷和经济犯罪嫌疑的，经济纠纷案件和经济犯罪嫌疑案件应当分开审理；（2）根据李某诉温某擎、邢某等财产损害赔偿纠纷案，如果刑事裁判退赔、追缴不明确，加之经过退赔、追缴仍不能弥补全部损失，被害人可以提起民事诉讼；（3）根据潘某与金某民间借贷纠纷抗诉案，如果人民法院作为民事纠纷受理的案件，经审理认为不属于民事纠纷而有犯罪嫌疑的，应当裁定驳回起诉；（4）根据叶某宇、毛某林等涉嫌骗取贷款案，如果特定案件可以通过民事途径予以妥善处理，则刑事手段就不应轻易介入。

根据上述四个典型案例，可以大致解读出人民法院对于刑民交叉案件的立场：第一，以法律事实作为刑民案件区分的标准。在特定的案件中，即便主体一致，若涉及不同的法律事实，则刑民案件应分开审理。第二，若刑民

纠纷相对独立，则刑事案件和民事案件分开审理。第三，遵守刑法谦抑性原则，若特定的案件可以通过民事手段予以解决，则刑事手段不介入。上述典型案例对刑民交叉案件的审理规则进行了初步探索，但仍有一系列问题有待探究；如对于“同一法律事实”如何认定，“同一法律事实”与“同一法律关系”等如何区分，均有待进一步厘清和阐明。

行刑交叉的涉产权案件，既涉及违反行政管理法规，又涉嫌刑事犯罪，是行政法律关系与刑事法律关系相互交织的案件。此种类型的案件，在涉及税务、不动产登记等案件中较为常见，这就涉及行刑案件的衔接和转换的问题。从立法层面来看，《行政执法机关移送涉嫌犯罪案件的规定》对于行政执法机关如何处理行刑交叉的案件作出了初步的探索。如根据该规定，行政执法机关在依法查处违法行为过程中，发现特定行为涉嫌犯罪，依法需要追究刑事责任的，则必须向公安机关移送；行政执法机关对公安机关决定不予立案的案件，应当依法作出处理。但需要明确的是，上述规定所处理的案件类型，仍仅限于同一行为引发的法律后果，且行政执法机关与公安机关的分歧主要限于对行为违法程度的认识不一。但对于复杂案件事实中的行刑交叉问题，我国现阶段仍存在规范层面的阙如。

在特殊的情形中，还涉及刑事案件、民事案件和行政案件三种不同类型案件的糅合，当然，此种类型的案件更为复杂。如在贪污贿赂、挪用公款等类型的犯罪案件中，就可能涉及刑事案件的涉案财物处置、民事案件的合同纠纷及善意第三人认定、行政诉讼股权变更登记确认无效等不同样态的诉讼。需要说明的是，本书以刑事诉讼中的财产权保护作为研究的主题，不同诉讼形态的交叉以及后续程序选择均会影响刑事诉讼中财产权归属及保护；但为使本书的研究主题更为突出，本书在阐述立案阶段可能产生的不同法律关系交织的诉讼形态时，将以刑民交叉的案件作为后续论述的重点。

2. 诉讼程序：刑民优先性问题

在从实体上对案件的属性进行区分后，就涉及程序层面的优先性问题。在此又涉及两个问题：其一，如何确定刑事诉讼和民事诉讼的优先性问题；

其二，在优先性明确后，先诉对于后诉的判决具有何种效力。

从最高人民法院发布的案例来看，在洪某聪诉曹某林、杨某龙等民间借贷纠纷案中，法院认为，若在民事案件审理过程中发现存在犯罪嫌疑，且对特定事项的认定必须依赖刑事案件的处理结果，则应当对民事案件裁定驳回起诉；在徐某诉中国建设银行股份有限公司、中国建设银行股份有限公司北京市分行信用卡纠纷案中，法院认为，涉嫌刑事犯罪的事实与民商事案件虽有关联但不是同一事实的，如果民商事案件基本事实的认定不以刑事案件的审理结果为前提，则民商事案件可以继续审理。从最高人民法院的立场来看，在处理刑事诉讼与民事诉讼的优先性时，以民事案件是否需要依赖刑事案件的审理结果作为确定刑民优先性的准则；而在这种情形下，刑事案件的审理结果，对于民事案件的审理，具有先决效力。但需要注意的是，从现有的典型案例来看，最高人民法院对于这一问题的处理仍是有待细化的。如在刑事案件中，特定事实的认定有赖于民事案件的处理结果，则是否需要遵循民事优先的原则？在此种情形下，民事案件的判决对于刑事案件的判决，是否具有先决效力？

（二）刑事合规不起诉程序

近年来，企业合规制度越来越受到顶层的关注。涉案企业合规，就是检察机关在落实“少捕慎诉慎押”刑事司法政策的同时，敦促涉案企业作出合规承诺并积极整改的一项新的探索。[①] 自 2017 年起，国家各监管部门相继发布《合规管理体系指南》《中央企业合规管理指引（试行）》《企业境外经营合规管理指引》；2021 年 6 月，最高人民检察院、司法部、财政部等印发《关于建立涉案企业合规第三方监督评估机制的指导意见（试行）》；2021 年 10 月，浙江 23 家单位会签《关于建立涉案企业合规第三方监督评估工作机制的意见（试行）》。制度层面规范性文件的出台，为刑事合规制度的运作奠定了良好的框架基础。

---

① 参见童建明主编：《检察改革面面观（2018—2021）》，中国检察出版社 2022 年版，第 100 页。

根据现有的立法规定，刑事诉讼中的不起诉主要有五种类型，即绝对不起诉、相对不起诉、证据不足不起诉、特殊的裁量不起诉以及附条件不起诉。其中，附条件不起诉制度仅适用于未成年人刑事诉讼特别程序，即对于特定刑期的轻微刑事案件，符合起诉条件但未成年人有悔罪表现的，人民检察院可以作出附条件不起诉的决定。在刑事不起诉制度运作过程中，检察机关发挥了积极的主导作用。就不起诉制度的功能而言，它的法律效力在于不将案件交付人民法院审判，从而在审查起诉阶段终止刑事诉讼；对于犯罪嫌疑人而言，不起诉决定意味着其行为在法律上是无罪的。[①] 在刑事合规不起诉制度运作中，囿于现有制度层面的规定，人民检察院较多采用相对不起诉制度，以实现企业基于合规出罪的目的。

最高人民检察院在 2021 年 6 月发布了 4 起刑事合规不起诉的案件。在张家港市 L 公司、张某甲等人污染环境案中，检察机关对 L 公司作出不起诉处理，并依法向生态环境部门提出对该公司给予行政处罚的检察意见。在王某某等对非国家工作人员行贿案中，检察机关对王某某依据《刑事诉讼法》的规定作出酌定不起诉决定，对林某某等作出绝对不起诉决定；与此同时，检察机关与公司签署合规监管协议，协助企业开展合规建设。

在司法实践中，检察机关在作出不起诉决定时，往往将不起诉决定与检察建议、认罪认罚从宽、检察听证等制度相结合。检察机关在对涉罪企业作出不起诉决定的同时，辅之以合规检察建议，这有利于在挽救企业的同时，促进企业依法依规开展经营。在此，需要注意的是，合规不起诉制度并未在《刑事诉讼法》层面得以确认，其在司法实践中的适用仍局限于各地零星的探索实践。从各地的司法实践来看，检察机关大多将合规不起诉与现有的酌定不起诉制度相结合。在后续的立法中，合规不起诉制度能否在《刑事诉讼法》中得以确立，合规不起诉的条件如何进一步细化，均有待立法的进一步完善。

---

① 参见陈光中主编：《刑事诉讼法》，北京大学出版社 2021 年版，第 348 页。

（三）涉案财物处置程序

“涉案财物的处置”是指在刑事诉讼过程中职权机关对案件所涉及的财物采取的查封、扣押、冻结等强制性措施以及对相应财物进行变卖、收缴等处理。具体而言，处置包括两个方面的内容：一是诉讼过程中职权机关对涉案财物采取的强制性措施，如查封、扣押、冻结等预防性措施。当然，这里所说的强制性措施不同于刑事诉讼中关于人身自由的强制措施。二是诉讼过程中以及诉讼终结后职权机关对涉案财物所进行的处理，如拍卖、收缴、返还等。其中，有的处理只能在诉讼终结之后，如收缴、返还等；有的处理却既可以在诉讼终结之后（根据法院的裁判），也可以在诉讼的过程中（因为涉案财物易变质）。所谓涉案财物的处置程序，是指《刑事诉讼法》对涉案财物进行处置的程序主体、程序规范等要求，包括处置涉案财物的相关职权主体以及其在诉讼的不同阶段的不同职权，涉案财物相关权利主体的实体性权利和程序性权利等。

1. 普通刑事案件中的涉案财物处置程序

根据《公安机关涉案财物管理若干规定》第 2 条的规定，涉案财物主要包括四种类型：违法犯罪所得及其孳息；用于实施违法犯罪行为的工具；非法持有的淫秽物品、毒品等违禁品；其他可以证明违法犯罪行为发生、违法犯罪行为情节轻重的物品和文件。从该界定可以看出，公安机关对于涉案财物的认定，有两个显著的特点：第一，侧重于对涉案财物证明价值的关注，而忽视对于关联财产的保全。第二，侧重于对有形财产的规制；对于知识产权等无形财产，是否属于涉案财物的范畴，则需要解释。

从程序的目的来看，普通刑事案件中的涉案财物处置，主要包括作为证据的涉案财物处置程序及为确保刑罚目的实现而对特定涉案财物进行的保全。两种程序目的不同，故相应的程序性规制亦各异。

（1）作为证据的涉案财物处置程序

作为证据的涉案财物处置程序，是司法实践中最为常见的涉案财物处置程序。作为证据的涉案财物处置程序，主要涉及三个问题：第一，由谁来决定特定涉案财物是否属于证据的范畴；第二，作为证据的涉案财物是否需要随案移送；第三，对于该类型的涉案财物，应当如何处理。

首先，谁是涉案财物是否属于证据的决定者及认定标准。在刑事诉讼中，作为门槛性的限制，立案程序决定了特定的案件是否能进入刑事诉讼程序。在此过程中，公安机关具备天然的先决权，对特定财物是否属于涉案财物加以认定。而根据《刑事诉讼法》中对于证据的界定，可以用于证明案件事实的材料，都是证据。故此，在确定特定的财物是否属于涉案财物的范畴时，需要明确其承载的信息，是否与待证事实具有最低限度的联系，能否有助于对案件事实的证明。

其次是涉案财物的随案移送问题。从现有的立法规范来看，对于作为证据的涉案财物，法律层面采取“以移送为原则，以不移送为例外”的立场。如根据《公安机关涉案财物管理若干规定》第 18 条的规定，对刑事案件中作为证据使用的涉案财物，应当随案移送；对于危险品、大宗大型物品以及容易腐烂变质等不宜随案移送的物品，应当移送相关清单、照片或者其他证明文件。《人民检察院刑事诉讼涉案财物管理规定》亦对不同部门之间的涉案财物移送问题作出了规定，同样是以随案移送作为原则。①

从司法实践来看，对于作为证据的涉案财物的移送，各地采用不同的模式：一种是建立统一的涉案财物处理中心对涉案财物进行管理。以浙江省衢州市为例，该地在 2017 年就设立了统一的涉案财物管理中心，运用现代科技，由第三方对涉案财物的流转实施统一化的管理。该地涉案财物管理中心实行“分类保管、分案存放、责任到人”的管理原则，对涉案财物进行统一编码，实现对其的可视化管理。在刑事诉讼中，案卷随着刑事程序流转，但涉案财物却始终留于涉案财物管理中心。在法庭开庭过程中，若涉及对涉案财物的鉴别问题，则借由远程视频系统，由法官和诉讼参与人远程对其进行鉴别。该种模式基于规范化的运作流程，可最大限度地避免涉案财物在不同

① 参见《人民检察院刑事诉讼涉案财物管理规定》第 13 条。

机关流转过程中可能导致的毁损、灭失。但上述模式的有效运作，需要最大限度地整合和协调不同部门之间的资源和利益。另一种则是传统的涉案财物随案移送的模式。在该种模式中，涉案财物随卷在不同机关流转，各个机关的涉案财物管理人员与办案人员相分离，以实现内部制约。但“由于我国没有建立系统的证据保管链制度，实践中证据保管存在不少问题，因管理不善导致证据发生变化、被污染，甚至灭失的现象屡屡发生”。①

最后，是涉案财物的处置程序。从具体的程序来看，在刑事诉讼中，对于作为证据的涉案财物处置，主要涉及以下几个环节：一是对涉案财物的搜查和扣押。根据现有《刑事诉讼法》的规定，对涉案财物的强制性措施，主要包括搜查、扣押、查封等侦查行为。该类型的侦查行为涉及对公民财产权的侵害，事实上属于对物强制措施的范畴。从体系性框架来看，对物强制性措施属于刑事强制措施的下位概念，理应受到一系列的程序性规制。然而可惜的是，在现有的立法层面，强制措施仅包括拘传、取保候审、监视居住、拘留和逮捕五种涉及人身性的强制措施。对财产处置的体系性定位不同，导致对其的保障，相较于人身性的强制措施，因缺乏中立的第三方的介入，存在先天性的不足。

二是对涉案财物的鉴定。2016 年，《中共中央、国务院关于完善产权保护制度依法保护产权的意见》明确提出要完善涉案财物保管、鉴定、估价、拍卖、变卖制度。在特定的经济类犯罪案件中，对涉案财物价值的准确认定，直接关系到对被追诉人的定罪量刑问题。但从我国现有的立法来看，涉案财物鉴定并不属于普通的司法鉴定的范围，其在鉴定主体的资格、鉴定的依据、鉴定程序以及鉴定意见的审查方面，均存在不同于普通司法鉴定的特点；故对这一制度，仍需要进行理性的审视和反思。

三是对涉案财物的最终处置。基于该类型涉案财物主要是作为证据使用，故在判决确定后，需要对其及时进行处置。根据《公安机关涉案财物管理若

---

① 陈永生：《证据保管链制度研究》，载《法学研究》2014 年第 5 期，第 183 页。

干规定》《人民检察院刑事诉讼涉案财物管理规定》等司法文件的规定，人民法院的生效判决应当明确对涉案财物的处理方式。人民法院的判决没有明确涉案财物是如何处理的，公安机关、检察机关等应当征求人民法院意见。对于该类型涉案财物的处理，可基于对一般证据的处理原则和方式加以处理。

（2）为确保刑罚目的实现的涉案财物处置程序

这种类型的涉案财物处置程序，主要包括三个方面的内容：第一，刑事诉讼中财产的保全程序。作为一种诉讼保障措施，刑事诉讼中财产保全程序的设置，是为了防止特定人员对财产的处分，从而避免出现刑事判决财产刑难以执行的尴尬局面。有学者明确指出，我国刑事空判问题突出，最重要的原因是在于刑事诉讼财产保全制度存在诸多问题。[①] 从我国《刑事诉讼法》的规定来看，对于刑事诉讼中的财产强制性措施，其主要规定了查封、扣押、冻结三种措施，且该三种措施属于侦查行为的体系之下。但需要注意的是，“查封”、“扣押”与“冻结”涉及的对象并不一致。根据《刑事诉讼法》第141条的规定，在侦查活动中发现的可用以证明犯罪嫌疑人有罪或者无罪的各种财物、文件，应当查封、扣押；与案件无关的财物、文件，不得查封、扣押。故此，从立法者的视角来看，查封、扣押涉及的对象主要是具有证据价值的财物。为确保财产刑、附带民事赔偿等实现的特定财物，并不受到查封、扣押两类侦查行为的规制；当然，两者重合的情形除外。根据《刑事诉讼法》第144条的规定，人民检察院、公安机关根据侦查犯罪的需要，可以依照规定查询、冻结犯罪嫌疑人的存款、汇款、债券、股票、基金份额等财产。从冻结行为的目的来看，其着眼于服务犯罪侦查，而非聚焦于财产保全。从冻结的对象来看，涉及犯罪嫌疑人的财产；对于其他人员的财产，即便事实上最终会影响财产刑的实施，也不能采取冻结行为。综上，在我国《刑事诉讼法》层面，出于诉讼保障目的的财产保全程序，存在规范层面的阙如。

---

① 参见吴光升：《刑事诉讼财产保全制度论要》，载《中国刑事法杂志》2016年第4期，第81页。

但《最高法解释》对该问题作出了突破性的规定。根据《最高法解释》第 342 条的规定，为保证判决的执行，人民法院可以先行查封、扣押、冻结被告单位的财产，或者由被告单位提出担保。在该司法解释中，为实现判决执行目的的财产保全程序开始受到立法者的关注，但其主体局限于犯罪单位，尚未涉及个体层面。故此，就财产保全问题而言，《最高法解释》仅是有限的进步。

第二，涉案财物的先行处置程序。根据《关于进一步规范刑事诉讼涉案财物处置工作的意见》的规定，对易损毁、灭失、变质等不宜长期保存的物品，易贬值的汽车、船艇等物品，或者市场价格波动大的债券、股票、基金份额等财产，有效期即将届满的汇票、本票、支票等，经权利人同意或者申请，并经县级以上公安机关、国家安全机关、人民检察院或者人民法院主要负责人批准，可以依法出售、变现或者先行变卖、拍卖。从该规定中可以看出，涉案财物的先行处置，需要满足三个要件，其一，该种类型的涉案财物范围特定；其典型特点在于物理形态易发生变化，抑或是市场价格波动大。其二，在该程序中，需要保障权利人的知悉权和程序选择权，该程序的运作是为了更好地保障权利人的财产权利。且在该程序中，权利人占据主导权；但对于权利人的范围，现有规定有待进一步明确。其三，需要履行审批手续，经过各部门负责人的审批，涉案财物先行处置程序才能启动。上述程序性规定的设置，是为了最大限度地遏制涉案财物先行处置过程中的乱象。

第三，是对涉案财物的审前返还程序。关于涉案财物的审前返还，《关于进一步规范刑事诉讼涉案财物处置工作的意见》、《公安机关涉案财物管理若干规定》和《人民检察院刑事诉讼涉案财物管理规定》均作出了规定。虽具体表述不一，但其实质性要件基本一致。具体而言，对于涉案财物的先行返还，需要满足三个要件：其一，权属明确的特定主体的财产。从对象层面来看，《关于进一步规范刑事诉讼涉案财物处置工作的意见》和《人民检察院刑事诉讼涉案财物管理规定》将对象限定为被害人合法财产；而《公安机关涉案财物管理若干规定》将对象进行了扩展，将对象扩大至被害人、被侵害人合法财产及其孳息。其二，对于涉案财物的返还，不损害其他被害人或利害关系人的利益。但对于“利益”一词，应当如何界定，间接利益是否属于这一范畴，立法层面并未明确。其三，对于涉案财物的返还，不影响诉讼的正常进行。上述规定从表面上来看对涉案财物的先行返还程序作出了详细的规定，但对上述条文进行进一步研读，可以发现上述条文仍然存在不少模糊之处，可操作性有待进一步增强。首先，对于特定事项的证明责任，现有规定语焉不详。如特定财产是否属于被害人的合法财产，对于财产的返还是否会损害利害关系人的合法权益，是否会影响诉讼的正常进行等问题，应当由谁承担举证责任？其次，规范的用语过于抽象，有待进一步解释。如对于是否损害利害关系人的利益的判定，影响诉讼正常进行的判定，事实上均缺乏可操作性的规范。大量裁量空间的存在，极有可能架空上述规则，导致审前返还程序成为事实上的摆设。

2. 附带民事诉讼中的涉案财物处置程序

从立法目的来看，附带民事诉讼旨在解决被害人因被告人的犯罪侵害遭受的物质损失问题。从规范层面来看，根据《最高法解释》第 175 条的规定，被害人因人身权利受到犯罪侵犯或者财物被犯罪分子毁坏而遭受物质损失的，有权在刑事诉讼过程中提起附带民事诉讼。从附带民事诉讼的类型来看，主要包括两种：其一，被害人因人身权利受侵犯而遭受物质损失；其二，被害人因财物被犯罪分子毁坏而遭受物质损失。第一种类型属于间接的物质损失的范畴，第二种类型则属于直接的物质损失的范畴。基于本书的研究主题，本书对附带民事诉讼中的财产权保护问题进行限缩。在特定的刑事案件中，若被害人的财物被犯罪分子毁坏并因而遭受物质损失，该类型的案件就涉及本书所指的对被害人的财产权保护问题。

但值得注意的是，并非所有因被告人的犯罪行为遭受物质损失的被害人均可提起附带民事诉讼。根据现有的条文规定，至少有两种类型的被害人，其提起的附带民事诉讼，不为法院所受理：其一，被害人的财产为被告人非法占有、处置。在这种类型的案件中，法院可以对相应的财产依法予以追缴或者责令退赔，但被害人不得因此提起附带民事诉讼。结合《最高法解释》第175条的规定，“处置”不同于“毁坏”，两者会引发截然不同的法律效果。根据立法层面对于救济手段的规范，毁坏属于财产功能性的缺失，而处置则意味着财产本身的消灭。其二，根据《最高法解释》第177条的规定，国家机关工作人员在行使职权时，侵犯他人人身、财产权利构成犯罪，被害人或者其法定代理人、近亲属提起附带民事诉讼的，人民法院不予受理，但应当告知其可以依法申请国家赔偿。故此，若侵犯被害人财产权利的主体属于国家机关工作人员，且侵犯行为发生在行使职权过程中，则对于被害人财产权利的救济，不属于刑事附带民事诉讼规制的范围。

此外，值得一提的是，现有的《刑事诉讼法》还对刑事附带民事诉讼中财产的保全问题作出了规定。《刑事诉讼法》第102条规定，人民法院在必要的时候，可以采取保全措施，查封、扣押或者冻结被告人的财产。附带民事诉讼原告人或者人民检察院可以申请人民法院采取保全措施。人民法院采取保全措施，适用民事诉讼法的有关规定。就采取保全措施的主体而言，在刑事附带民事诉讼中，采取保全措施的主体仅限于人民法院；从具体的程序来看，根据《最高法解释》的规定，“必要的时候”是指因被告人的行为或者其他原因，使附带民事判决难以执行；从保全的范围来看，根据《民事诉讼法》第105条的规定，保全限于请求的范围，或者与本案有关的财物；从救济层面来看，对于财产纠纷案件，若被申请人提供担保，人民法院应当裁定解除保全，且如果申请有错误，申请人应当赔偿被申请人因保全所遭受的损失。[①] 基于对《民事诉讼法》中相应保全规则的适用，相较于一般刑事诉讼中的财产保全，刑事附带民事诉讼中的保全，事实上已经建立起了涉及主体、范围、程序、后果等一系列相对明确且具备操作性的规则。

3. 犯罪嫌疑人、被告人逃匿、死亡案件违法所得的没收程序

2012年《刑事诉讼法》的修改，新增“违法所得没收程序”这一特别

---

① 参见《民事诉讼法》第107条和第108条。

程序。从立法动因来看，该程序主要是针对外逃贪官的追赃问题，也是为了履行相关国际公约规定的成员国义务。[①] 从法条规定的内容来看，立法层面对违法所得没收程序的适用条件及诉讼程序等问题作出了规定。大体而言，违法所得没收程序的特殊性，主要体现在以下几个方面：第一，案件范围的特定性，即“贪污贿赂犯罪、恐怖活动犯罪等重大犯罪案件，犯罪嫌疑人、被告人逃匿，在通缉一年后不能到案，或者犯罪嫌疑人、被告人死亡，依照刑法规定应当追缴其违法所得及其他涉案财产的”。根据司法解释的规定，“重大犯罪案件”主要包括两种类型：一是案件在省、自治区、直辖市或者全国范围内具有较大影响的；二是犯罪嫌疑人、被告人逃匿境外。[②] 而后，根据《最高人民法院、最高人民检察院、公安部、国家安全部、司法部、全国人大常委会法制工作委员会关于实施刑事诉讼法若干问题的规定》，被告人死亡或者脱逃的案件，人民检察院可以依法另行向人民法院提出没收违法所得的申请。[③] 即便依据现有的规定，违法所得没收程序的适用范围较为广泛，但事实上仍有大量案件中的涉案财物处置，无法纳入违法所得没收程序的适用范围。

第二，审理对象的特殊性。“违法所得没收程序是以适用保安处分措施为目的的特别刑事诉讼程序。”[④] 区别于传统刑事诉讼以被追诉人刑责的确定作为审理对象，违法所得没收程序仅对被追诉人的财产问题作出裁定，故其属于典型的对物之诉的范畴。从刑事对物之诉的界定来看，代表性学者认为其是指检察机关代表国家对被告人违法犯罪所得提起的追缴之诉，其具有独特的诉讼构造模式并适用民事诉讼的证明机制。[⑤] 故此，基于审理对象的特殊性，违法所得没收程序中的证明对象、证明责任、证明标准等均存在异于

---

① 参见戴长林主编：《刑事案件涉案财物处理程序：以违法所得特别没收程序为重点的分析》，法律出版社 2014 年版，第 2 页。

② 参见《最高法解释》第 610 条。

③ 参见《最高人民法院、最高人民检察院、公安部、国家安全部、司法部、全国人大常委会法制工作委员会关于实施刑事诉讼法若干问题的规定》第 38 条。

④ 朱孝清：《违法所得没收程序的几个问题》，载《人民检察》2014 年第 15 期，第 7 页。

⑤ 参见陈瑞华：《刑事对物之诉的初步研究》，载《中国法学》2019 年第 1 期，第 206－209 页。

一般刑事诉讼程序的特性。如就证明标准而言，根据《最高人民法院、最高人民检察院关于适用犯罪嫌疑人、被告人逃匿、死亡案件违法所得没收程序若干问题的规定》第17条的规定，申请没收的财产具有高度可能属于违法所得及其他涉案财产的，应当认定为“申请没收的财产属于违法所得及其他涉案财产”。在该种情况下，对于涉案财产等的认定，采用高度可能性这一民事诉讼的标准。

第三，对审前的财产保全问题作出规定。根据《最高法解释》第613条的规定，人民检察院尚未查封、扣押、冻结申请没收的财产或者查封、扣押、冻结期限即将届满，涉案财产有被隐匿、转移，或者毁损、灭失危险的，人民法院可以查封、扣押、冻结申请没收的财产。在该程序的语境下，人民法院对财产的查封、扣押和冻结措施，将对象扩展至“有隐匿、转移、毁损或灭失危险的涉案财产”，而非仅着眼于财产的证明价值，故其具有典型的财产保全的特性。

第四，对于法律救济的特殊规定。从法条层面来看，违法所得没收程序除对犯罪嫌疑人、被告人的权利保障作出规定外，还对被害人和利害关系人的权利保障作出设计。就犯罪嫌疑人、被告人的权利保障而言，根据《最高法解释》的规定，一方面，犯罪嫌疑人、被告人的近亲属有权申请参加诉讼，且对没收违法所得或者驳回申请的裁定有权提出上诉；另一方面，在审理申请没收违法所得的案件过程中，在逃的犯罪嫌疑人、被告人到案的，人民法院应当裁定终止审理。若没收违法所得裁定生效后，犯罪嫌疑人、被告人到案并对没收裁定提出异议，则人民法院需要对裁定进行重新审理。立法层面基于对犯罪嫌疑人、被告人近亲属的赋权，以及对犯罪嫌疑人、被告人异议权的设置，从而弥补违法所得没收程序存在的程序性缺陷。

就被害人和利害关系人的权利保障而言，根据现有的规定，利害关系人有权申请参加诉讼，且在利害关系人参加诉讼的情况下，人民法院应当开庭审理；对没收违法所得或者驳回申请的裁定，利害关系人有权提出上诉；此外，因人民法院生效裁定的错误造成利害关系人财产损失的，利害关系人有权获得赔偿。基于诉讼参与权、上诉权和赔偿权的设定，刑事特别没收程序对利害关系人的权利保障作出了初步的规范，相较于普通程序中对利害关系人权利保障的普遍“失语”，该程序的设置无疑具有进步性。

但从制度设计的应然层面来看，我国的违法所得没收程序仍然存在一系列的问题，如对于违法所得没收程序中证明标准的适用、境外违法所得的衔接等，均存在规范层面的缺乏，需要实践层面的弥补与反哺。然而可惜的是，从司法实践来看，违法所得没收程序的适用率并不高。如相关的统计数据显示，2013 年至 2016 年，全国检察机关公诉部门共受理违法所得没收程序案件 62 件，向人民法院提出没收违法所得申请案件仅有 38 件。实践层面的不落地，致使违法所得没收程序，沦为纸面上的摆设，难以实现制度预设的初衷。

（四）救济阶段的国家赔偿程序

根据我国《国家赔偿法》第 2 条的规定，国家机关和国家机关工作人员行使职权，有该法规定的侵犯公民、法人和其他组织合法权益的情形，造成损害的，受害人有依照该法取得国家赔偿的权利。就财产权保护领域，作为对相对人权利受损的一种救济措施，国家赔偿程序的设置，直接关系财产权保护的实现程度。从立法体例来看，《国家赔偿法》设专章对刑事赔偿问题作出了规范，涉及赔偿范围、赔偿请求人、赔偿义务机关、赔偿程序、赔偿标准等。

首先，是赔偿请求权人的范围确定。从立法层面来看，根据《国家赔偿法》第 6 条的规定，受害的公民、法人和其他组织有权要求赔偿。受害的公民死亡，其继承人和其他有扶养关系的亲属有权要求赔偿。受害的法人或者其他组织终止的，其权利承受人有权要求赔偿。基于该条的规定，只要是公民、法人或者其他组织的财产因国家机关和国家机关工作人员的行为受到侵犯，其就可以作为赔偿请求权人。故此，基于《国家赔偿法》的规定，犯罪嫌疑人、被告人、被害人和利害关系人，若其合法财产性权益受到国家机关和国家机关工作人员的侵犯，均可作为赔偿请求权人。

其次，是国家赔偿的范围厘定。从规范层面来看，现有的国家赔偿范围极为狭窄。根据《国家赔偿法》第 18 条的规定，受害人因财产权受侵犯而获得赔偿的情形，仅限于两种：一种是违法对财产采取查封、扣押、冻结、追缴等措施；另一种是再审改判无罪，原判罚金、没收财产已经执行。从法条文字层面进行理解，如果国家机关工作人员依法对财产采取查封、扣押、冻结、追缴等措施，但因财产保管不当导致财产价值的贬损，此种情况并不属于国家赔偿的范围。国家赔偿范围的限定性，导致受害人即便启动国家赔偿程序，其最终所能获得的国家赔偿亦极为有限。

再次，是国家赔偿的义务机关确定。根据《国家赔偿法》第 21 条的规定，行使侦查、检察、审判职权的机关以及看守所、监狱管理机关及其工作人员在行使职权时侵犯公民、法人和其他组织的合法权益造成损害的，该机关为赔偿义务机关。对该条规定进行解读，可以发现现有的国家赔偿遵循“谁决定，谁赔偿”的原则。就财产权的保护问题而言，则按照财产性权益受损的阶段予以厘定。若公民、法人和组织的合法财产性权益在特定阶段受到侵犯，则在该阶段履行职责的机关作为赔偿义务机关。

最后，是国家赔偿的标准设置。现行《国家赔偿法》第 32 条和第 36 条对国家赔偿的标准问题进行了规定，明确规定“能够返还财产或者恢复原状的，予以返还财产或者恢复原状”。需要注意的是，根据《国家赔偿法》第 36 条的规定，对财产权造成其他损害的，按照直接损失给予赔偿。从该条的规定可以看出，现有的国家赔偿，遵循直接损失填补原则；预期损失及间接损失，并未纳入国家赔偿的范围。国家赔偿设置的低标准，使得财产权益受到侵犯的当事人及利害关系人，即便最终获得了国家赔偿，亦难以覆盖其实际受到的损失。

第二章
刑事诉讼中财产权保护的理论基础及基本原则

在本部分，笔者将对刑事诉讼中财产权保护的理论基础与基本原则展开论述。从理论基础来看，包括思想基础、宪法基础及现实需求；从基本原则来看，包括程序法定、权力制约、司法中立、比例原则、权利救济和系统保护原则。本部分的功能系为后续论述的进一步推进搭建理论框架。

一、理论基础

从理论层面来看，加强对刑事诉讼中财产权的保障，具有思想基础，其与法哲学强调对于公民个人合法财产权的保障思想一脉相承；在现代社会，对公民合法私有财产的保护亦为各国宪法所明文规定，公民的财产权是一项基本权利，“基本权利像保护职业自由一样保护私有财产”[①]。从现实需求来看，刑事司法实践中对于财产权的侵害亟须理论层面加以回应，以切实提升司法公信力。

（一）思想基础：各国对于财产权保护的思想共识

从思想层面来看，财产权应当得到保障是一种共识。西方法哲学对于财产权的认识，主要有两种立场：一种是以洛克为代表的自然财产权，另一种是以费希特为代表的契约财产权。[②] 启蒙思想家洛克以人类的生存权为逻辑

---

① ［德］克里斯托夫·默勒斯：《德国基本法：历史与内容》，赵真译，中国法制出版社2014年版，第131页。

② 参见陈浩：《自然与契约的彼岸——黑格尔“抽象法”中的人格财产权概念》，载《哲学动态》2018年第4期，第81页。

起点，并以劳动这一行为作为“中介”，证成私有财产权的正当性，“劳动使它们同公共的东西有所区别，劳动在万物之母的自然所已完成的作业上面加上一些东西，这样它们就成为他的私有的权利了”①。在洛克看来，财产权本质上具有自然法意义上的正当性，强调对个人财产权进行保障的观念。而费希特则认为，财产权是一种契约的权利；财产权之所以应当得到保障，是因为个体之间的契约，以及个体与国家之间的契约。“一切财产权都是建立在所有的人与其他所有的人签订的契约上的，这个契约规定：我们大家各得其所，条件是我们也承认你的财产权。”② 基于对财产权的契约性保障，社会获得了长久的发展动力。在古典哲学的代表性人物黑格尔看来，财产权的保障与个人意志的实现密切相关，财产权是自由的前提和基础。“从自由的角度看，财产是自由的最初定在，它本身是本质的目的。”③

在一些国家，对于财产权的保障，被视为实现个人价值和实现社会发展的重要路径。“全部财产法的发展历史，在目前为止，是一部走向个人与社会利益平衡的历史，其最终目的在于追求每个人的幸福。”④ 具体而言，从各个国家的具体制度设置来看，基于不同的法律范式，各个国家发展出不同的财产权保护模式：自由主义的法律范式强调个体占有和非干涉，强调个体对于财产权的自由处分；福利国家的法律范式强调社会利益和国家干涉，强调国家在特定情形下可以对公民的个人财产进行相应的处置和干涉；多元主义的法律范式则强调个体和社会的新平衡。⑤ 从各个国家采取的立场和模式来看，虽对于财产权保护的具体模式有所差别，但其预设的前提一致，即国家尊重个人财产权。

在中国古代，虽从基础理论层面并未发展出一套精细完整的私有财产权

---

① ［英］洛克：《政府论（下篇）》，叶启芳、瞿菊农译，商务印书馆1996年版，第19页。

② 梁志学主编：《费希特著作选集（卷二）》，商务印书馆1994年版，第472页。

③ ［德］黑格尔：《法哲学原理》，范扬、张企泰译，商务印书馆1961年版，第54页。

④ 王铁雄：《财产权利平衡论——美国财产法理念之变迁路径》，中国法制出版社2007年版，第456页。

⑤ 参见陈军：《个体要素和社会要素的再平衡：现代社会财产权正当性探析》，法律出版社2015年版，第82－105页。

保护理论，但在社会实践中，各地通过官方立法与民间俗例等不同层次，形成了独具特色的财产权利制度，保障了民众基本的财产权。[①] 以唐代的法律为例，唐律确认土地私有的合法性，并严惩有损土地私有权的行为。如《唐律疏议·户婚中》对盗耕种公私田的行为进行了规定："诸盗耕种公私田者，一亩以下笞三十，五亩加一等；过杖一百，十亩加一等，罪止徒一年半。荒田，减一等。强者，各加一等。苗子归官、主。"此外，唐律还注重用刑事手段保护债权。《唐律疏议·杂律》规定："诸负债违契不偿，一匹以上，违二十日笞二十，二十日加一等，罪止杖六十；三十匹，加二等；百匹，又加三等。各令备偿。"在宋代，商品经济有了长足的发展，伴随经济的发展，以契约为媒介形成的各种交易活动呈现前所未有的繁荣。[②] 从宋代的法律层面来看，其亦对财产权保障问题作出了相关规定，如《宋刑统·户婚律》规定："诸占田过限者，一亩笞十，十亩加一等，过杖六十，二十亩加一等，罪止徒一年。若于宽闲之处者，不坐。"直至清代，基于前期统治者的励精图治，封建经济取得了较大的发展，农业、手工业、贸易等都曾达到世界先进水平。[③]《大清律例》中的户律部分，包括《户役》《田宅》《仓库》《钱债》等条款的内容，对财产权保护问题进行了集中立法。如《大清律例·刑律·杂犯》规定，其故少人空闲房屋，及田场积累之物者，各减一等，并计所烧之物减价，尽犯人财产折剉赔偿，还官给主。此外，《大清律例》还对农村土地所有权、民间财产、公共商业活动以及海外贸易等经济活动进行了规制。[④]

中国古代以农业立国，土地的所有权是财产权利的核心，但国家或私人的其他合法财产也受法律保护，若毁损公私财物，则会被追究法律责任。[⑤]

---

① 参见韩伟：《中国传统法如何保护财产权》，载《人民法院报》2013年4月26日，第5版。

② 参见戴建国：《宋代法制研究丛稿》，中西书局2019年版，第146页。

③ 参见《学习时报》编辑部编：《落日的辉煌：17、18世纪全球变局中的"康乾盛世"》，中共中央党校出版社2001年版，第5页。

④ 参见沈大明：《〈大清律例〉与清代的社会控制》，上海人民出版社2007年版，第135－168页。

⑤ 参见何勤华等：《法律文明史》（第7卷），商务印书馆2019年版，第299－302页。

从唐代、宋代和清代的相关法律规定可以看出，对于土地财产权利的保障，是中国古代立法层面对财产权保护的核心。但与此同时，经济社会的发展亦会对法律的变迁产生一定的影响。随着后续封建经济的不断发展，宋代和清代的法律越来越注重对经济贸易行为的保障和规制。在中国古代社会，虽然立法形式和具体规则不一，但统治阶级普遍认识到，对合法财产的保护是实现社会经济不断发展的重要基础和保障。故此，从思想层面和具体的制度设置来看，对于私有财产权的保护，东西方具有最低限度的思想共识。

（二）宪法基础：对财产权保护的宪法共识

财产权是宪法规定的基本权利。国家的基本权利保护义务是指如下法理，即“基本权利命令国家采取积极措施保障每个人的基本权利法益不受第三人的侵害”①。从宪法层面来看，各主要代表性国家的宪法中，均包含财产权保障的条款。如根据美国宪法第四修正案的规定，人民的人身、住宅、文件和财产不受无理搜查和扣押的权利，不得侵犯。除依照合理根据外，以宣誓或代誓宣言保证，并具体说明搜查地点和扣押的人或物，不得发出搜查令和扣押状。美国宪法第五修正案明确规定，未经正当程序，任何人不得被剥夺生命、自由和财产；未获合理赔偿，任何私有财产不得挪作公用。《德国联邦基本法》第 14 条规定，保障财产权和继承权；只有符合社会公共利益时，方可准许征收财产。② 日本现行《宪法》第 29 条第 1 款亦明确规定，财产权不可侵犯。③ 对于公民合法私人财产权的保障，已经成为各国宪法层面的共识。

在我国，2004 年 3 月 14 日通过的宪法修正案，将私有财产的保障，纳

---

① ［日］小山刚：《基本权利保护的法理》，吴东镐、崔东日译，中国政法大学出版社 2021 年版，第 1 页。

② See（1）Das Eigentum und das Erbrecht werden gewährleistet. Inhalt und Schranken werden durch die Gesetze bestimmt.（2）Eigentum verpflichtet. Sein Gebrauch soll zugleich dem Wohle der Allgemeinheit dienen.（3）Eine Enteignung ist nur zum Wohle der Allgemeinheit zulässig. Sie darf nur durch Gesetz oder auf Grund eines Gesetzes erfolgen，das Art und Ausmaß der Entschädigung regelt. Die Entschädigung ist unter gerechter Abwägung der Interessen der Allgemeinheit und der Beteiligten zu bestimmen. Wegen der Höhe der Entschädigung steht im Streitfalle der Rechtsweg vor den ordentlichen Gerichten offen.

③ 参见林来梵：《论私人财产权的宪法保障》，载《法学》1999 年第 3 期，第 14 页。

入《宪法》文本，规定公民的合法的私有财产不受侵犯，国家为了公共利益的需要，可以依照法律规定对公民的私有财产实行征收或者征用并给予补偿。至此，在我国，公民私有财产权的保护已提升至《宪法》高度。但需要注意的是，从《宪法》层面来看，其对于公有制经济和对于私有制经济的保障力度，存在差异。首先，从《宪法》对公共财产和私有财产的保障来看，立法对于两者的态度不一。根据《宪法》第 12 条的规定，社会主义的公共财产神圣不可侵犯。禁止任何组织或者个人用任何手段侵占或者破坏国家和集体的财产。对于私有财产的保护，则在《宪法》第 13 条加以规定。根据该条，公民的合法的私有财产不受侵犯，但国家为了公共利益的需要，可以依法对公民的私有财产实行征收或者征用。故此，从立法表述中可以看出，国家对于公共财产和合法私有财产的保护，存在优先性方面的差异。其次，从《宪法》对国有经济和非公有制经济的保障来看，立法语言层面亦存在显著的不同。对于国有经济，"国家保障国有经济的巩固和发展"。对于非公有制经济，则是"国家鼓励、支持和引导非公有制经济的发展，并对非公有制经济依法实行监督和管理"。《宪法》层面对于国有经济和非公有制经济支持和保障力度的不同，导致民营经济在政策补贴等方面长期处于不利的境地。"民营经济并没有获得和公有制经济平等的待遇，在身份确认、市场准入、税费负担和贷款融资等方面他们还处在二等公民的地位。"①《宪法》层面的不同规定引发的实践中对民营经济保障的差异，使民营经济在发展初期，通过各种手段获得其无法享有的政策优惠，进而成为民营企业发展过程中的"原罪"。

"刑事诉讼法的构造及其实施，基本上完全是对宪法理解和时代精神的反映。"② 素有"小宪法"之称的《刑事诉讼法》，在 2012 年修改之时，将"尊重和保障人权"作为《刑事诉讼法》的任务加以规定，这对整部《刑事

① 金承东：《经济行政法：以民营经济为视角》，法律出版社 2005 年版，第 132 页。

② ［德］科劳斯·缇德曼：《德国刑事诉讼法导论》，载《德国刑事诉讼法典》，宗玉琨译，知识产权出版社 2013 年版，第 11 页。

诉讼法》的基本原则、制度和程序起到提纲挈领的指导作用。[①] 而刑事诉讼中人权的范畴，从《刑事诉讼法》第2条的规定来看，包括人身权利、财产权利、民主权利和其他权利。《刑事诉讼法》对人权保障的突出强调，事实上是《刑事诉讼法》对于《宪法》财产权保障的一种立法呼应。在刑事诉讼领域，“鉴于这些追诉性手段对宪法所保障人民基本权造成干预的严重性、彻底性，如果基本权体系不能贯彻到刑事诉讼领域，等于是委弃了最重要的守地”[②]。近年来，随着企业合规等概念不断被强化，刑事诉讼中的财产权保护问题越来越受到关注。从具体的立法层面来看，《刑事诉讼法》中规定了犯罪嫌疑人、被告人逃匿、死亡案件违法所得的没收程序，涉案财物处置程序，附带民事诉讼程序等机制实现对财产权的保障。

（三）现实需求：刑事诉讼现实层面对财产权的侵害及保护不足

在刑事诉讼领域，无论是为确保财产刑的实现，还是为更好地保障被害人和利害关系人的财产权，抑或是为更好地收集证据，均有必要对犯罪嫌疑人、被告人的合法财产采取必要的强制性措施。在此，需要注意的是，对公民财产权利的限制，必须严格依照现有的法律规定作出，以更好地基于现有立法寻找打击犯罪和保障个人财产权之间的均衡点。

但从现实层面来看，针对刑事诉讼财产权保护过程中的乱象，亟须刑事诉讼学界对财产权保护问题加以关注。一方面，近年来，财产类犯罪案件频发，从2013年到2017年，全国检察机关起诉的侵犯财产案件数量，占所有起诉案件数量的30.3%。[③] 随着互联网的发展，网络诈骗以及网络非法集资类犯罪案件层出不穷。大量的P2P平台爆雷事件，不仅涉众广泛且涉案金额巨大，如在钱宝网非法集资案件中，涉及的集资参与人遍布全国，截至案发，

---

① 参见陈光中等：《刑事诉讼法制建设的重大进步》，载《清华法学》2012年第3期，第11页。

② 林钰雄：《裁判宪法诉讼新制——刑事诉讼法作为应用宪法的新挑战》，载《月旦法学杂志》2022年第3期，第33页。

③ 参见《2018最高检工作报告全文》，载中华人民共和国最高人民检察院网：http://www.spp.gov.cn/spp/tt/201803/t20180309_369886.shtml，最后访问日期：2022年12月8日。

未兑付集资参与人的本金数额达 300 亿元左右。上述案件的存在，使得客观上越来越多的涉案财物，进入刑事诉讼程序，而对于上述案件中的涉案财物如若处理不善，极易引发社会群体性纠纷。在涉产权的刑事案件中，公安司法机关对于企业财产的不当查封，即便最终民营企业家被宣告无罪，公安司法机关的不当介入对于民营企业生产经营的影响，往往也是致命的，并且具有不可逆性。

另一方面，在网络时代，自媒体的发展拓宽了公众诉求表达的渠道，司法机关不当的处理行为，经由网络的传播发酵，极易动摇公众对于法治的信心。媒体、民意与司法，在互联网自媒体时代呈现更加错综复杂的关系。民意经由多种途径被表达，并对司法产生或正面或负面的效应。"中国法官总是自信不受舆论影响，这或许是跟法官的职业经验、职业偏见或职业病有关，其实法官们压根就没有意识到自己实际上已经被舆论左右了。"① 事实上，在不少涉产权刑事案件中，当事人及其诉讼代理人，借由微信、微博等自媒体，揭露案件处理过程中的乱象，引发公众极大的关注。公安机关对涉案财物的不当处置、公安司法机关对民事经济纠纷的不当介入等问题层出不穷。上述现象的存在，亟须理论界的重视，亦呼吁立法层面对此问题的回应。

此外，在经济全球化的背景下，企业合规问题越来越受到世界各国的重视。从我国企业的现状来看，在"走出去"发展对外贸易过程中，也不乏因为合规问题受到国际经济组织和其他国家制裁的情形。以华为事件为例，2019 年 5 月 15 日美国将华为公司列入出口管制"实体清单"，要求本国供应商必须获得特别许可才能向其出售产品和服务。② 华为公司被制裁，涉及的一个重要问题就是企业合规问题。在刑事司法领域，囿于管理层面的疏忽，

---

① 孙笑侠：《司法的政治力学——民众、媒体、为政者、当事人与司法官的关系分析》，载《中国法学》2011 年第 2 期，第 69 页。

② 参见陈思翀等：《美国对华科技制裁的反向市场冲击——以华为事件为例》，载《国际经济评论》2022 年第 2 期，第 140 页。

单位犯罪问题层出不穷。从罪名层面来看，我国单位犯罪的罪名数量占据了《刑法》所有罪名数量的近1/3。[①] 在单位涉嫌刑事犯罪时，如果刑事司法对涉罪企业不加区分地进行处理，则会牵连不少无辜的劳动者，进而可能影响经济的发展。我国刑事立法层面对合规问题关注不足，已经成为刑事诉讼对财产权保护不足的重要障碍。

二、基本原则

刑事诉讼中的财产权保障，需要遵循一系列的基本原则。法理上的基本原则能够体现法的根本价值和法律原则，它是整个法律活动的指导思想和出发点，构成法律体系的神经中枢。[②] 从刑事诉讼财产权保护基本原则的内容来看，有些属于刑事诉讼通用的原则，而有些则是属于刑事诉讼财产权保护的特有原则。但需要注意的是，即便是某些刑事诉讼的通用原则，在刑事诉讼财产权保护范畴中，其具有新的内涵和特性。

（一）程序法定原则

程序法定原则强调侦查机关在实施侦查行为过程中，必须严格依照法律规定的程序进行，程序法定原则是刑事诉讼中较为重要的基本原则之一。有学者将其称为程序合法性原则，认为其包括两个方面的内涵：从正面的角度来看，该原则要求国家机关在剥夺限制人身自由和财产之时必须依据法律的明确授权，遵守确定的法律程序方得为之；从反面的角度来看，不依法定程序进行的诉讼行为均应承担相应的法律后果，包括程序无效、实体无效和纪律惩戒。[③] 程序性不利后果的存在，是程序法定原则得以贯彻落实的重要保障机制。

---

① 参见文姬：《单位犯罪中罚金刑罪刑均衡立法实证研究》，载《中国刑事法杂志》2018年第1期，第62页。

② 参见张文显主编：《法理学》，高等教育出版社2018年版，第122页。

③ 参见陈卫东、程雷：《刑事程序合法性原则论纲》，载《法律科学》2004年第1期，第87页。

这里需要将程序法定原则与法律保留原则作出区分。从界定上来看，法律保留原则强调对于特定事项的规范，只能通过制定法律的方式予以实现，而不能仅通过行政法规或司法解释的方式予以限制。“法律保留原则，是基本权干预取得正当化、合法化的形式要件。”从法律层面来看，我国《立法法》第 11 条对只能制定法律的 11 类事项作出了规定，包括犯罪和刑罚，对公民政治权利的剥夺、限制人身自由的强制措施和处罚，对非国有财产的征收、征用等。需要注意的是，在我国的立法框架下，对公民财产权利的限制和剥夺，并不属于法律保留事项的范围，故对其的限制可以通过司法解释或行政法规的方式进行规制。国家机关工作人员在限制公民的财产权利时，如果按照司法解释等文件的规定执行，亦符合程序法定原则的基本内涵。

在刑事诉讼财产权保护领域，程序法定原则可从以下两个方面对公安司法机关的行为进行规范：一方面，该原则要求公安司法机关对于公民合法财产权的限制和剥夺，必须符合法律和相关司法解释的规定。从法律层面来看，主要包括《刑法》第 64 条①、《刑事诉讼法》第 141 条至第 145 条②、《刑事诉讼法》第 298 条至第 301 条的规定③。从具体的程序规制来看，主要包括《公安机关涉案财物管理若干规定》《人民检察院刑事诉讼涉案财物管理规定》《最高法解释》等文件。上述法律层面的规定，是侦查人员对公民的财产权进行限制的前提和依据。另一方面，若公安司法机关对于公民和企业合法财产权利的限制未依法定程序进行，则需承担特定的不利后果。从现有法律规定的具体后果来看，其面临的不利后果包括刑罚、国家赔偿等。如《刑法》第 396 条规定了私分国有资产罪和私分罚没财物罪。其第 2 款规定，司

---

① 《刑法》第 64 条规定，犯罪分子违法所得的一切财物，应当予以追缴或者责令退赔；对被害人的合法财产，应当及时返还；违禁品和供犯罪所用的本人财物，应当予以没收。没收的财物和罚金，一律上缴国库，不得挪用和自行处理。

② 《刑事诉讼法》第 141 条至第 145 条是对查封、扣押物证和书证的规定。

③ 《刑事诉讼法》第 298 条至第 301 条是对犯罪嫌疑人、被告人逃匿、死亡案件违法所得的没收程序的规定。

法机关、行政执法机关违反国家规定，将应当上缴国家的罚没财物，以单位名义集体私分给个人的，依照前款的规定处罚。因司法人员行使权利侵犯公民财产权引发国家赔偿的，则需要根据《国家赔偿法》的相关规定进行赔偿。需要明确的是，程序法定原则运作良好的前提要件是完备的规则体系的存在，若特定的规范存在前提性缺失，则程序法定原则面临寸步难行的尴尬境地。此外，非法证据排除规则并未作为法定的程序性后果加以明确。从我国的实践来看，较少存在因公安司法机关对涉案财物的不当处置而导致的诉讼程序无效的案件。

（二）权力制约原则

我国《刑事诉讼法》第7条明确规定，人民法院、人民检察院和公安机关进行刑事诉讼，应当分工负责，互相配合，互相制约，以保证准确有效地执行法律。权力制约原则作为《刑事诉讼法》的一项基本原则，已经得到立法层面的确认。从功能层面来看，没有相互制约，不同国家机关之间将无法发现和纠正错误，容易出现冤假错案。即便权力制约所能发挥的功效众所周知，但在司法实践中这一原则却未能很好地落地，存在经常性的缺位。

就刑事诉讼财产权的保护领域，从程序法层面来看，对涉案财物的查封、扣押和冻结，属于典型的对物强制性措施，涉及对特定人员和企业财产权的限制。但从我国刑事诉讼的立法架构来看，将其归属于侦查行为的范畴。从具体规则的设置来看，在对涉案财物执行强制性措施的过程中，无论是决定的作出，还是决定的执行，均由侦查机关自行作出。在此过程中，缺乏人民检察院、人民法院等外部监督机关的介入，侦查权一家独大的现状难以扭转。由此可能导致两个层面的不利后果：一方面，“事前无审查、事中缺监督、事后无救济”的机制设置，使得刑事诉讼中财产权保障的防线步步失守，侦查机关对涉案财物的处置过程中的恣意性，难以有效避免；另一方面，基于侦查机关对于涉案财物等的不当先行处置，事实上会加大审判机关作出无罪判决的难度，由此不仅是公民的财产权，而且公民的人身权会受到司法的不当侵犯。

在刑事诉讼财产权保护领域，权力制约原则集中体现为司法审查原则。“举凡逮捕、羁押、保释、搜查、监听、查封、冻结等强制性处分措施，都要接受预审法官、侦查法官或治安法官的司法审查。”① 这要求在侦查机关对涉案财物的处置过程中，由相对中立的第三方介入，对侦查机关的涉案财物处置申请加以审查，对侦查机关涉案财物的处置过程予以监督，由此形成对侦查机关涉案财物处置行为的外部性制约，从而实现最基本的程序正义。在我国的司法语境下，基于对“侦查为中心”制度引发的不利后果的反思，顶层提出“以审判为中心”的诉讼制度改革，希冀以此扭转法院在刑事诉讼中的弱势境地，以实现公、检、法三机关之间的互相监督。在刑事诉讼财产权保护领域，能否由法院提前介入，以实现权力制约和落实司法审查，仍然有待进一步论证。

（三）司法中立原则

从诉讼法的基本原理来看，若特定司法工作人员与案件的处理结果有利害关系，则其不得参与案件的诉讼过程，以确保程序的外观公正。在我国刑事诉讼立法中，回避制度即是对这一原理的回应，其是一种对可能的利害关系的阻断机制。“保证客观、公正地处理案件，防止先入为主或者徇私枉法等情形的发生，保证诉讼的公正进行，这是该制度的根本目标。”② 但值得注意的是，《刑事诉讼法》第一编第三章规定的回避制度，仅涉及审判人员、检察人员、侦查人员等的个人回避问题，尚未涉及侦查机关等的整体性回避问题。在我国刑事诉讼立法体例中，仅对特定情形下侦查机关的整体性回避作出了规定。③

---

① 陈瑞华：《司法体制改革导论》，法律出版社 2018 年版，第 100 页。

② 易延友：《司法权行使的正当性——由回避制度看刑事诉讼程序之弊病》，载《北大法律评论》2004 年第 1 辑，第 80 页。

③ 根据《刑事诉讼法》第 44 条的规定，辩护人或者其他任何人，不得帮助犯罪嫌疑人、被告人隐匿、毁灭、伪造证据或者串供，不得威胁、引诱证人作伪证以及进行其他干扰司法机关诉讼活动的行为。违反前款规定的，应当依法追究法律责任，辩护人涉嫌犯罪的，应当由办理辩护人所承办案件的侦查机关以外的侦查机关办理。辩护人是律师的，应当及时通知其所在的律师事务所或者所属的律师协会。

在刑事诉讼财产权保障领域，司法中立原则强调公安司法机关在对涉案财物等的处置程序中，其本身与程序的处置后果并无直接的利害关系，如此，最为直观的程序正义方有实现的可能性。“司法官员和行政官员的中立性和解释能力对于大写法治的繁荣发展而言是必不可少的。”① 但吊诡的是，从实践层面来看，为强化公安司法机关对于涉案财物处置的积极性，不少地区设立了财政返还机制，将办案机关上缴的涉案财物按比例返还给本部门，作为其办案经费。从实质上来看，财政返还机制属于合法的财政分配，但其的存在，使得办案机关的部门利益与涉案财物的处置结果相挂钩，人为地添加行为与后果间的利害关系。基于该机制的运作，受损害的不仅仅限于财产权利所有者及相应的利害关系人，其可能导致刑事诉讼沦为实现部门利益的工具，最终使刑事司法的公信力受影响。故此，切断部门利害与涉案财物处置后果的不当关联，可从源头上遏制公安司法机关对于涉案财物的不当处置，实现最低限度的形式正义。

（四）比例原则

作为公法上的一项基本原则，比例原则主要包括适当性原则、必要性原则和均衡性原则。② 比例原则追求的目的（公益实现）和手段（私益负担）的合比例性要求，主要面向个案事实与法律效果之间的关联性、可适用性和预见可能性。③ 从最初约束警察权的行政法原则，迅速发展成为规范所有公权力的宪法原则，如今比例原则正在全球不同的法律体系与法律部门中广泛传播。④

在刑事诉讼财产权保护领域，对于比例原则的适用，主要体现在以下几个方面：首先是适当性原则，即采取的手段必须有助于目的的达成。具体而言，在对刑事案件中的被追诉人的合法财产采取强制性措施时，该种类型的

---

① ［美］马修·H. 克莱默：《客观性与法治》，王云清译，浙江大学出版社2022年版，第179页。

② 参见刘权：《目的正当性与比例原则的重构》，载《中国法学》2014年第4期，第134页。

③ 参见蒋红珍：《比例原则适用的范式转型》，载《中国社会科学》2021年第4期，第113页。

④ 参见刘权：《比例原则的精确化及其限度——以成本收益分析的引入为视角》，载《法商研究》2021年第4期，第101页。

财产必须在诉讼过程中发挥作用，方能证成该强制性行为的正当性。该种作用可以是对案件事实的证明，也可以是确保财产刑的实现，还可以是为了实现对被害人或利害关系人的损失弥补。其次是必要性原则。对特定的财产采取强制性措施时，需要采取对相对人权益干涉最小的方式。托马斯·魏根特教授认为，国家对财产权的干涉不得超出实现合法目的的合理需要。扣押必须受到限制，在它为审判保全了必要的证据的同时，对受到影响的公民只能造成最小的损害。[①] 这意味着侦查机关在对追诉人的财产权利进行限制时，不仅手段的强制性程度，而且对于财产的限制范围，都要受到严格的约束。最后是均衡性原则。均衡性原则强调对于利益的总体斟酌和权衡，即采取该手段所实现的目标价值是否超过对相对人财产权利的损害。从均衡性原则也可以推断出，公安司法机关对于被追诉人财产权的限制，不得超过被限制财产可能在刑事诉讼中发挥功能的限度。

在刑事诉讼涉案财物处置和财产权保护中应当遵循比例原则，已为不少实务界人士所认可。如对于民营经济的司法保护问题，贾宇认为，深入研究把握法律政策界限，对于民营企业家涉嫌轻微犯罪的刑事案件，做到可捕可不捕的不捕，可诉可不诉的不诉，能不查封扣押冻结财产的就不查封扣押冻结，努力维护涉案民营企业的正常生产经营秩序。[②]

（五）权利救济原则

无救济则无权利。程序的正当过程的最低标准是：公民的权利义务将因为决定而受到影响时，在决定之前他必须有行使陈述权和知情权的公正的机会。[③] 从我国现有的立法来看，《刑事诉讼法》第 14 条规定，人民法院、人民检察院和公安机关应当保障犯罪嫌疑人、被告人和其他诉讼参与人依法享有的辩护权和其他诉讼权利。诉讼参与人对于审判人员、检察人员和侦查人

---

① 参见［德］托马斯·魏根特：《德国刑事诉讼程序》，岳礼玲、温小洁译，中国政法大学出版社 2004 年版，第 107 页。

② 参见贾宇：《优化司法服务，切实保障民营企业的生存权、发展权》，载《检察日报》2019 年 7 月 9 日，第 3 版。

③ 参见季卫东：《法律程序的意义》，中国法制出版社 2004 年版，第 38 页。

员侵犯公民诉讼权利和人身侮辱的行为，有权提出控告。对于该条的规定，可以从两个层面加以理解，一是前提性层面的权利保障，基于对司法工作人员义务的施加从积极层面确保特定人员权利的实现，保障刑事诉讼参与人依法享有辩护权和其他的诉讼权利；二是结果性层面的权利救济，基于对诉讼参与人的赋权从而实现对司法工作人员违法侵害行为的救济。从作用层面来看，该原则的设置，一方面在于更好地维护诉讼参与人的合法权益，另一方面则在于更好地规范司法工作人员的行为，确保刑事司法活动的合法化与规范化。从法理层面来看，“权利救济制度不仅是检测权利宣言是否只是一张‘空头支票’的‘试金石’，也是评判国家的法律体系是否健全、法治是否得以落实的重要标志”①。

在刑事诉讼中，根据权利救济原则，若特定人员的财产权受到侵犯，则应赋予其最低程度的救济权，保障其最基本的程序知情权和选择权，以实现最低程度的程序正义。从现有的刑事诉讼立法来看，若当事人和利害关系人的财产权受到不当限制，则其有权获得相应的救济，如根据《刑事诉讼法》第117条的规定，若司法机关及其工作人员对与案件无关的财物采取查封、扣押、冻结措施，应当解除查封、扣押、冻结而不解除，贪污、挪用、私分、调换、违反规定使用查封、扣押、冻结的财物，则当事人和利害关系人有权向该机关申诉或者控告。此外，根据该条的规定，若其对处理不服，可以向同级人民检察院申诉；人民检察院经审查后认为情况属实，则应当通知有关机关予以纠正。这意味着，至少从规则层面来看，权利救济原则已经得到了一定程度的落实。但与此同时，在权利救济制度构建过程中，需要衡平公正与效率价值之间的关系，避免救济过分阻碍程序或制度的高效运行，防止救济成本超出救济收益。② 在公民的合法权利遭受公权力机关侵害的情形下，

---

① 柳经纬：《从权利救济看我国法律体系的缺陷》，载《比较法研究》2014年第5期，第185页。

② 参见潘剑锋：《论建构民事程序权利救济机制的基本原则》，载《中国法学》2015年第2期，第40页。

严格地执行现有的法律规定，构建多元化的权利救济路径。

（六）系统保护原则

现代系统论认为，系统功能的发挥主要取决于三个因素：系统内各个元素的效能、系统内元素组合的协调性以及系统之间的协调性。系统要素的有序排列有助于增加系统的整体效能。① 刑事诉讼作为一个单独的部门法，其制度的有效运作，一方面依赖于本系统内部各个要素之间的衔接与组合，另一方面也有赖于其与其他部门法体系之间的协调。就刑事诉讼中财产权的保护这一问题而言，亦需遵循系统论的视角。

首先，基于内部视角的考量，在刑事诉讼体系内部，对于财产权的保障，涉及立案、侦查、起诉、审判和执行各个环节。从主体层面来看，涉及公安机关、检察机关和审判机关等多个国家机关，涉及刑事被追诉人、被害人和利害关系人等多个对象，涉及刑事诉讼中权力制约、权利保障等相关原则和程序。刑事诉讼财产权具体保障机制的设置，涉及刑事被追诉人、被害人和利害关系人权益的衡量，涉及公权力机关和私主体之间权利和义务的区分，还涉及不同诉讼阶段程序之间的衔接和不同部门之间利益的界定。在诉讼的不同阶段，矛盾和纠纷的主体和缘由各异，相应的救济手段亦需根据主体的不同进行差异化的区分。"法律的作用，除了尽可能多地满足一些利益，同时使牺牲和摩擦降低到最低限度外，还需要通过一种分配方式，达到主体之间的利益均衡状态。"② 故此，在对相应的财产权保障机制进行设置时，须以系统论为着眼点，综合权衡不同主体、不同部门之间的利益，从而确保机制的有效运作。

其次，基于外部视域的考量，要对刑事诉讼中的财产权加以保护，还涉及《刑事诉讼法》与《监察法》、《民事诉讼法》、《行政强制法》等的衔接。不同法律有不同的立足点，故其对财产权保护的力度和具体采取的强制性措

---

① 参见陈卫东：《刑事诉讼法学的系统论趋向》，载《法商研究》2005 年第 1 期，第 22 页。

② 丁亮华：《误封误卖案外人财产之权利救济——基于强制拍卖性质与第三人请求权体系之检讨》，载《人大法律评论》（2010 年卷），法律出版社 2010 年版，第 284 页。

施各异。以《监察法》为例，其目的是加强对所有行使公权力的公职人员的监督，深入开展反腐败工作。[①] 在此过程中，为更好地实现对案件的调查，《监察法》第 23 条和第 25 条还规定了对财物的查封、扣押和冻结等调查行为，上述调查行为毫无例外地涉及对相关人员的财产权限制。此外，根据《监察法》第 46 条的规定，监察机关经调查，对违法取得的财物，依法予以没收、追缴或者责令退赔；对涉嫌犯罪取得的财物，应当随案移送人民检察院。在此过程中，由于外部性监督的缺失，对相应的涉案财物应当如何区分，其是否有机会进入刑事诉讼，事实上完全取决于监察机关本身的裁量和判定。

例如，在民事诉讼与刑事诉讼的衔接领域，民事诉讼中的保全和限于执行等机制，与刑事诉讼中的制度设置存在显著的不同，由此导致两大诉讼对财产权保护力度的差异及两法衔接层面的困境。故此，对于刑事诉讼财产权保护机制的设置，还需从法律体系的视角出发，以实现法与法之间更为融洽的衔接，从而确保各自立法目的的实现。

此外，在刑事合规制度建构过程中，涉及检察机关、行政机关和第三方监管主体等多方利益关系的权衡和考量。从各地的实践来看，合规监管分为检察主导、行政机关主导、专业机关主导等不同的模式。根据《关于建立涉案企业合规第三方监督评估机制的指导意见（试行）》的规定，人民检察院办理涉企犯罪案件时，对符合企业合规改革试点适用条件的，交由第三方监督评估组织对涉案企业的合规承诺进行调查、评估、监督和考察。但需要注意的是，由于立法层面的阙如，何种类型的涉罪企业可以进入合规考察机制、合规整改完成的效果如何评价、合规不起诉的标准如何认定等问题，各地实践不一。

---

① 参见《监察法》第 1 条。

第三章
刑事诉讼中财产权保护存在的问题

2004 年《宪法》修正之前，私有财产权的保护并未得到宪法的承认。作为私有财产权主要形式的个体、私营经济，只不过是公有经济的“有益补充”和“重要组成部分”。即便在 2004 年之后，《宪法》对于公有财产和私有财产的保障程度仍有所差别。这使得刑事诉讼中当事人的财产权容易遭受来自国家公权力机关的不法侵害且缺乏有效的救济途径。2015 年，中央审议通过《关于进一步规范刑事诉讼涉案财物处置工作的意见》；2016 年，最高人民法院发布《关于充分发挥审判职能作用切实加强产权司法保护的意见》《关于依法妥善处理历史形成的产权案件工作实施意见》；2017 年，最高人民检察院、公安部发布《关于公安机关办理经济犯罪案件的若干规定》。上述司法解释和相关规定，对产权保护、涉案财物处置等问题进行了规定，但相关的规范性文件在诉讼程序、实体处理等方面的规定存在一定的模糊性和差异性。此外，具体规定内容是否合理，实施效果如何，仍有待进一步研究。除却立法方面的原因，理论研究的不足亦加剧了司法实践中财产权被侵犯的现实。本章将从立法和实践层面，对刑事诉讼中财产权保护存在的问题予以剖析。

一、立法层面：规定的欠缺与模糊

从立法层面来看，在刑事诉讼财产权保护领域，规定的欠缺与模糊不仅体现在实体法层面，也体现在程序法层面。就程序法层面而言，不但民事诉讼和刑事诉讼的优先性问题有待厘清，而且在刑事诉讼内部，对于涉案财物的处置问题，大量的规定有待进一步落实和细化。

（一）实体层面：罪与非罪界限难以区分，不同部门法之间话语体系不一

1. 罪与非罪的界限不明

罪刑法定原则作为现代刑法的一项基本原则，其要求法律明文规定为犯罪行为的，依照法律定罪处刑；法律没有明文规定为犯罪行为的，不得定罪处刑。[①]“罪刑法定是犯罪控制与社会治理不可突破的底线，国家刑罚权的行使必须符合规则之治的基本要求。”[②] 区别于理论层面对于罪刑法定这一刑法帝王条款的一致认可，在规则的具体运用层面，“罪”与“非罪”之间的界限并未如此泾渭分明。

以非法吸收公众存款罪为例，《刑法》第176条对其进行了规定，其犯罪构成要件包括非法吸收公众存款或者变相吸收公众存款，扰乱金融秩序。其中，变相吸收公众存款，是指行为人不以存款的名义而是通过其他形式吸收公众资金，从而达到吸收公众存款的目的的行为。[③] 与此同时，根据《最高人民法院关于审理非法集资刑事案件具体应用法律若干问题的解释》的规定，构成本罪需要满足四个要件：（1）未经有关部门依法许可或者借用合法经营的形式吸收资金；（2）通过网络、媒体、推介会、传单、手机短信等途径向社会公开宣传；（3）承诺在一定期限内以货币、实物、股权等方式还本付息或者给付回报；（4）向社会公众即社会不特定对象吸收资金。

在看似明确的规定背后，理论界对具体要素的认定却存在极大的争议。如有学者指出，就公开性这一要素而言，以“宣传方式”作为界定非法集资

---

① 《刑法》第3条。

② 梁根林：《罪刑法定原则：挑战、重申与重述——刑事影响力案件引发的思考与检讨》，载《清华法学》2019年第6期，第67页。

③ 参见何帆编著：《刑法注释书》（第2版），中国民主法制出版社2021年版，第381页。

的必要条件，缩小了非法集资的范围；就特定性这一要素而言，不去一一查实某个具体集资对象和集资者之间的实际关系如何，以一个笼统的概念将其豁免在非法集资的范围之外并不妥当。[①] 且作为出罪因素之一的“亲友”概念，其本身的内涵与外延都具有不确定性。希冀通过不确定法律概念统摄的罪名实现罪刑法定，实属缘木求鱼。从司法实践来看，司法实务部门经常以吸收存款对象的多寡作为判断“社会公众”的标准，继而认定行为人的行为是否构成犯罪，由此而导致的结果是该罪名的入罪门槛过低。[②]

此外，由于罪名本身的模糊性，导致具体罪名认定过程中还存在结果归罪的思维模式。在办案过程中，资金链是否断裂、经营是否得当、能否按时还本付息，已经成为是否定罪的关键性问题。如在曾某杰案中，曾某杰的借贷行为自2004年开始，但直到2008年9月，三馆公司资金链断裂之后，侦查机关才介入调查。但毫无疑问，以结果的成败作为是否追究刑事责任的标准，背离了现代刑法的基本精神。[③] 总体上来看，在经济类案件中，罪与非罪、此罪与彼罪之间的界限过于模糊，法官拥有极大的裁量权，选择性执法问题突出。在此类案件中，罪刑法定的要义消失殆尽，公民和企业的财产权保障摇摇欲坠。事实上，非法集资类罪名已然成为一类新的口袋罪名。

还需要注意的是，在非法集资类案件中，资金使用的用途不同也可能导致行为后果的不同。以民间借贷行为为例，如上所述，若资金被用于实业，则可能存在结果归罪的问题。但若特定的资金一开始即被用于金融行业，如被筹集的资金用于P2P借贷领域，则从实践层面来看，特定人员被定罪的可能性更高，被判处的刑期也相对更高。从现有的P2P相关人员被定罪的情况来看，主要涉及非法吸收公众存款罪、集资诈骗罪及合同诈骗罪三

---

① 参见彭冰：《非法集资行为的界定——评最高人民法院关于非法集资的司法解释》，载《法学家》2011年第6期，第47－49页。

② 参见刘宪权：《刑法严惩非法集资行为之反思》，载《法商研究》2012年第4期，第120页。

③ 参见胡铭：《程序法视域中的争议性死刑案件——吴英案引发的程序法思考》，载张仁善主编：《南京大学法律评论》2013年秋季卷（总第40卷），法律出版社2013年版，第297页。

个罪名。[①] 从三个罪名的区分来看，集资诈骗罪的构成要件在于“以非法占有为目的，使用诈骗方法非法集资”，相较于非法吸收公众存款罪，其区别在于目的方面的非法占有及手段方面的诈骗；合同诈骗罪不仅涉及非法占有的目的，还涉及合同签订过程中的欺诈行为。在这三类罪名中，非法吸收公众存款罪作为一个兜底性的罪名，大量的无法纳入集资诈骗犯罪和合同诈骗犯罪的案件，实践中被作为非法吸收公众存款罪定罪。对此，有学者明确指出，在 P2P 网络借贷领域，将企业以生产经营为目的的网络借贷定为犯罪，资金池定性模糊，处罚对象宽泛，处罚较重等问题亟须解决。[②]

2. 不同部门法之间话语体系不一致

我国《刑法》第 64 条对刑事司法中可能涉及的财物处置问题作出了规定。该条规定，犯罪分子违法所得的一切财物，应当予以追缴或者责令退赔；对被害人的合法财产，应当及时返还；违禁品和供犯罪所用的本人财物，应当予以没收。没收的财物和罚金，一律上缴国库，不得挪用和自行处理。在立法表述中，其使用了“财物”“财产”“违禁品”“违法所得”等名词，涉及的主体包括犯罪分子和被害人，其并未将利害关系人包含在内。故此，利害关系人的财产权被排除在《刑法》保障的范畴之外。

该条文的规定看似明确，但对该条文进行细致解读仍然可以发现其存在有待商榷和限缩之处。如对于何为“违法所得”，该条文的用语是“一切财物”。这意味着无论是直接的违法所得，还是间接的违法所得，事实上都属于该条文规制的对象。其中，间接的违法所得包括孳息、违法收益、射幸活动的收益以及投资产生的收益。[③] 从不少司法解释性文件的规定来看，亦采取这一立场。如《最高人民检察院关于充分发挥检察职能为打好“三大攻坚

---

① 如中宝投资、网赢天下的创始人最终被判集资诈骗罪；淘金贷的创始人最终被判合同诈骗罪；乐网贷、东方创投等平台的创始人被定为非法吸收公众存款罪；在 e 租宝案件中，不同职务的涉案人员则分别被定为非法吸收公众存款罪和集资诈骗罪。

② 参见李永升、胡冬阳：《P2P 网络借贷的刑法规制问题研究——以去了近三年的裁判文书为研究样本》，载《政治与法律》2016 年第 5 期，第 38 页。

③ 参见孙国祥：《刑事诉讼涉案财物处理若干问题研究》，载《人民检察》2015 年第 9 期，第 13－14 页。

战”提供司法保障的意见》规定，对犯罪分子违法所得的一切财物及其孳息，要确保依法予以追缴或者责令退赔。但事实上，如果对犯罪分子的违法所得不加区分，一律予以追缴，亦会不利于特定主体财产权利的保障。例如，若犯罪分子将违法所得使用于正常的商业经营活动，对违法所得的全盘没收显然不利于保障善意第三人的合法权益，亦是对犯罪分子正常劳动所得的不当剥夺。

对此，不少司法解释性文件开始作出例外规定，以对该条文进行突破。如根据《最高人民法院、最高人民检察院、公安部、司法部关于办理“套路贷”刑事案件若干问题的意见》第 7 条的规定，犯罪嫌疑人、被告人已将违法所得的财物用于清偿债务、转让或者设置其他权利负担，具有下列情形之一的，应当依法追缴：（1）第三人明知是违法所得财物而接受的；（2）第三人无偿取得或者以明显低于市场的价格取得违法所得财物的；（3）第三人通过非法债务清偿或者违法犯罪活动取得违法所得财物的；（4）其他应当依法追缴的情形。这意味着，如果被追诉人将违法所得的财物用于合法的债务清偿、转让或设置权利负担，则对相应的财物无须追缴。该条款从本质上而言是对善意第三人财产权益的保障，但从其适用范围来看，该规定仅适用于“套路贷”刑事案件，其并非对《刑法》第 64 条整体的扩张性解释，故适用范围较为有限。

还需要注意的是，《刑法》第 64 条本身也存在不尽完备和周延之处。根据该条规定，供犯罪所用的本人财物，应当予以没收。若单从字面上加以理解，供犯罪所用的他人财物则无须没收。极端的情况下，若犯罪分子为规避该条的规定，将供犯罪所用的财物登记在他人名下，则可使其处于免于被没收的境地。上述操作模式，符合形式规则但有违立法的原意，成为立法层面上的漏洞。

从刑事诉讼的立法表述来看，刑事被追诉人、被害人和利害关系人的财产权利，均属于《刑事诉讼法》保护的范畴。例如，根据《刑事诉讼法》第 117 条的规定，当事人和辩护人、诉讼代理人、利害关系人对于司法机关及其工作人员侵犯财产权的行为①，有权向该机关申诉或者控告。《最高法解释》第279条亦明确规定，案外人对查封、扣押、冻结的财物及其孳息提出权属异议的，人民法院应当审查并依法处理。其中，对于利害关系人的权利保护，在违法所得没收程序中表现得尤为突出。

另外，相较于《刑法》对违法所得一切财物的笼统规定，《刑事诉讼法》还对违法所得及其孳息进行了区分。例如，《刑事诉讼法》第245条规定，公安机关、人民检察院和人民法院对查封、扣押、冻结的犯罪嫌疑人、被告人的财物及其孳息，应当妥善保管。两法话语体系的不一致，导致法律在具体衔接过程中可能遭遇一系列的摩擦，导致实务人员无所适从。如根据《刑法》第396条的规定，司法机关、行政执法机关违反国家规定，将应当上缴国家的罚没财物，以单位名义集体私分给个人的，构成私分罚没财物罪。而《刑事诉讼法》第245条对此作出了不一样的表述，该条规定，司法工作人员贪污、挪用或者私自处理查封、扣押、冻结的财物及其孳息的，依法追究刑事责任。根据这两个法条的规定，司法机关和行政执法机关将罚没财物的孳息以单位名义集体私分给个人是否构成私分罚没财物罪，则有待进一步明确；若无法囊括，则意味着《刑事诉讼法》第245条事实上部分被架空。

（二）程序层面：刑民优先性厘定不清、合规不起诉缺乏法律依据

1. 刑民优先性厘定不清

刑民优先性问题，主要是解决刑事诉讼和民事诉讼何者为先的问题。这里可以进一步细分为两个问题：第一，刑事诉讼和民事诉讼的先后次序；第二，在先的判决对于后续判决的证明力问题。这两个问题在现有规定方面都存在有待进一步厘清之处。

首先，从程序层面来看，刑民优先性的问题缺乏细致的法律层面的依据，

---

① 具体包括：（1）应当退还取保候审保证金不退还的；（2）对与案件无关的财物采取查封、扣押、冻结措施的；（3）应当解除查封、扣押、冻结不解除的；（4）贪污、挪用、私分、调换、违反规定使用查封、扣押、冻结的财物的。

现有规定并未给出一劳永逸的解答。例如，《最高人民法院关于在审理经济纠纷案件中涉及经济犯罪嫌疑若干问题的规定》第10条规定，人民法院在审理经济纠纷案件中，发现与本案有牵连，但与本案不是同一法律关系的经济犯罪嫌疑线索、材料，应将犯罪嫌疑线索、材料移送有关公安机关或检察机关查处，经济纠纷案件继续审理。在此，该规定采取的是民刑同时的立场。又如，《最高人民法院、最高人民检察院、公安部关于办理非法集资刑事案件适用法律若干问题的意见》第7条规定，对于公安机关、人民检察院、人民法院正在侦查、起诉、审理的非法集资刑事案件，有关单位或者个人就同一事实向人民法院提起民事诉讼或者申请执行涉案财物的，人民法院应当不予受理，并将有关材料移送公安机关或者检察机关。人民法院在审理民事案件或者执行过程中，发现有非法集资犯罪嫌疑的，应当裁定驳回起诉或者中止执行，并及时将有关材料移送公安机关或者检察机关。在此，该意见采取的是先刑后民的立场。

从这两个司法解释性文件的表述来看，决定刑民优先性的关键在于民事纠纷与经济犯罪是否属于同一法律关系或是同一事实。当然，关于何为“同一法律关系”或者“同一事实”，两者是同一概念的不同表述抑或包含不同的内涵，则有待立法层面的进一步明确。此外，还需要注意的是，对于决定刑民优先性的关键性问题，《民事诉讼法》持有不同立场。《民事诉讼法》规定，本案必须以另一案的审理结果为依据，而另一案尚未审结的，应当中止诉讼。[①] 从《民事诉讼法》的立场来看，其将结果依据性，作为划分刑民优先的关键。当然，从《民事诉讼法》适用的对象来看，其仅适用于不同的民事诉讼之间。

不同于《民事诉讼法》，纵观《刑事诉讼法》全文，其并未对刑民优先性的问题作出明确的规定。在刑事附带民事诉讼的案件中，基于民事诉讼的附属性地位，为节省司法资源，存在先进行刑事诉讼后进行民事诉讼的司法

---

① 参见《民事诉讼法》第153条。

惯例。除此之外，先民后刑原则在刑事司法领域缺乏法律层面的规定，但其却是司法实践中的客观需要。如在侵犯知识产权犯罪中，认定知识产权犯罪的前提是确定权属和数额，而权属和数额需要通过民事诉讼来认定。[①] 此外，在不少经济类犯罪案件的审理过程中，对于股权等权属争议的确认，是正确审理该类经济犯罪的前提性要件。而对于上述权属的确认，相较于刑事法官，民事法官更具有相应的专业优势。因此，在不少刑事案件中，存在先民后刑的客观需求。从域外经验来看，不少法域采用先民后刑的策略，若犯罪是否成立或刑罚应否免除，需要以民事法律关系的判断为依据，则检察官需要在民事诉讼终结前，停止侦查。[②]

其次，是关于在先判决的既判力的问题。关于在先判决的既判力问题，现有的规定大都采取认可的立场，将其作为司法认知的事项。如根据《最高人民法院关于民事诉讼证据的若干规定》的规定，已为人民法院发生法律效力的裁判所确认的基本事实，属于免证事项，当事人无须举证证明。但需要注意的是，该规定仅适用于民事诉讼领域，在涉及刑事判决和民事判决交叉领域的在先判决的效力时，该规定不具备必然的适用可能性。此外，根据《人民法院统一证据规定（司法解释建议稿）》第 151 条的规定来看，已为人民法院生效裁判所确认的事实，已为仲裁机构裁决确认的事实，以及有效公证文书中确认的事实，对原诉讼当事人提起的其他诉讼不需要证明便可以采纳作为定案的证据。根据该条规定的内容，在判定在先判决的既判力时，立足点在于诉讼主体的一致性。若根据该条的规定，民事诉讼和刑事诉讼的当事人显然不具备一致性，故即便该规定得以适用，其仍然无法解决刑民交叉案件中在先判决的既判力问题。

在此，需要具体细分两种情形：第一，刑事判决对民事判决的既判力问题。也就是说，刑事判决中认定的案件事实是否可以在民事案件审理过程中

---

① 参见孙之智：《涉嫌犯罪的民事纠纷之程序救济》，载《人民司法》2010 年第 10 期，第 89 页。

② 典型如通奸罪、亲属盗窃罪的认定，其需要以民法上夫妻关系的存在、以亲属关系的存在为前提。参见邓子滨：《刑事诉讼原理》，北京大学出版社 2019 年版，第 430 页。

直接适用。从现有的证据规定来看，基于刑事诉讼和民事诉讼处理纠纷类型的不同，刑事诉讼和民事诉讼规定了不同的证明标准。在刑事诉讼领域，定罪量刑的标准要求“案件事实清楚、证据确实充分”，当然，其可以进一步细化为“排除合理怀疑”。在民事诉讼领域，其要求的证据标准相对较低，立法层面将其表述为“高度可能性”。① 基于刑民不同的证明标准且刑事案件的证明标准远高于民事案件证明标准的客观现实，刑事判决对民事判决的先决效力问题争议不大。第二，是民事判决对刑事判决的既判力问题。基于民事诉讼较低的证明标准，民事判决书中所认定的案件事实对于刑事诉讼并不具备当然的先决效力。故此，在判定民事判决对刑事判决的先决效力时，需要采取不同的路径，根据案件的具体情形认定民事判决对刑事判决具有的既判力问题。具体而言，在案件具体审查过程中，一方面，刑事法官需要对民事法官作出相应判决的证据予以评估和审查，确保证据本身的相关性、合法性和真实性问题；另一方面，民事判决书对于相关证据的认定可以作为刑事法官作出相应判决的“参考”，推定其证明力，若刑事法官要对民事判决予以推翻，则其需说明相应的理由。在特殊情形下，若刑事案件中涉及的情形认定，属于完全的民事事项的范畴，则民事判决中认定的事项对刑事判决具有直接的既判力。

2. 合规不起诉制度：缺乏立法层面的统一规划

从规范层面来看，随着《关于建立涉案企业合规第三方监督评估机制的指导意见（试行）》的发布，刑事合规制度的改革全面铺开，理论层面的研究层出不穷。但需要注意的是，合规不起诉制度的定位与认罪认罚从宽制度、检察建议之间的关系等问题，仍然有待进一步厘清。

一是合规不起诉制度的定位。从概念上来看，企业合规不起诉制度是指检察机关对于涉嫌犯罪的企业，发现其具有建立合规体系意愿的，责令其针

---

① 根据《最高人民法院关于适用〈中华人民共和国民事诉讼法〉的解释》第108条第1款的规定，对负有举证证明责任的当事人提供的证据，人民法院经审查并结合相关事实，确信待证事实的存在具有高度可能性的，应当认定该事实存在。

对违法犯罪事实提出合规计划，督促其推进企业合规管理体系的建设，然后作出相对不起诉决定的制度。[①] 在现有附条件不起诉制度仅适用于未成年人犯罪案件的情况下，理论层面将合规不起诉制度归属于相对不起诉的范畴。但从实质上来看，合规不起诉制度与附条件不起诉制度之间的亲缘关系更为显著。首先，两种不起诉制度都设置了一定的考验期。在附条件不起诉制度的立法架构下，根据《刑事诉讼法》第 283 条的规定，附条件不起诉的考验期为 6 个月以上 1 年以下。从合规不起诉的考验期来看，虽然立法层面并未对考验期作出明确的规定，但从制度的现实运作来看，检察机关往往给涉案企业设置几个月不等的考验期，要求涉案企业在特定的时间内对其内部的管理体系进行整改。其次，两种不起诉制度均设置了考察机关，并对被不起诉人设定了义务。在附条件不起诉的制度背景下，附条件不被起诉的未成年人，需要遵守一系列的规定，包括服从监督、按照考察机关的要求接受矫治和教育等。在合规不起诉的情形下，被不起诉的企业需要根据整改的要求对企业的经营管理问题进行整改。最后，两种不起诉制度均根据特定的整改效果作出最终的决定。在附条件不起诉的背景下，如果被不起诉的未成年人在考验期内遵守相应的法律法规规定，在考验期结束后，检察机关应当作出不起诉的决定；反之，若其在考验期内有违反相应规定的行为，则人民检察院应当撤销不起诉的决定，提起公诉。同样地，在合规不起诉的背景下，如果在整改期结束后，企业的整改结果并未通过第三方机构的验收，则人民检察院应当对涉企犯罪作出起诉的决定。

二是合规不起诉制度与认罪认罚从宽制度之间的关系。从理念层面来看，合规不起诉制度与认罪认罚从宽制度之间存在契合关系。作为近些年来刑事司法改革的重要举措，认罪认罚从宽制度在 2018 年《刑事诉讼法》修改之际，被作为刑事诉讼的基本原则写入《刑事诉讼法》。从司法实践来看，根据《最高人民检察院工作报告》显示：2021 年，认罪认罚制度在全国的适用率超过 85%；人民检察院提出的量刑建议采纳率超过 97%；一审服判率达

① 参见陈瑞华：《企业合规不起诉制度研究》，载《中国刑事法杂志》2021 年第 1 期，第 78 页。

96.5%，高出其他一般的刑事案件22个百分点。[①] 两项制度的契合之处主要体现在如下两个方面：一方面，就功利性的角度而言，两项制度的有效运作均有利于实现对犯罪行为的调查。认罪认罚从宽制度基于对被追诉人言词证据的获取，从而实现对证据链条的有利补充，减少司法资源的投入；在合规不起诉的背景下，检察机关基于这一机制的有效运作，有利于实现对涉企犯罪行为的深入调查。另一方面，从结果层面来看，两项制度均基于对主观层面的改造实现对犯罪的预防。在认罪认罚从宽的制度背景下，被追诉人的认罪态度是重要的衡量指标；被追诉人主观层面对犯罪行为的深刻忏悔，有利于其改过自新，减少再犯的可能性。就合规不起诉制度而言，涉罪企业基于对企业内部管理机制的重塑和对相应漏洞的填补，有利于企业实现更为长远的发展。但与此同时，企业合规制度与认罪认罚从宽制度之间也存在内在的冲突：首先，从适用的阶段上来看，两者适用的阶段不一。在现有试点改革的背景下，企业合规制度改革大多集中于检察阶段；而认罪认罚从宽制度作为刑事诉讼的一项基本原则，其在侦查、起诉和审判各个阶段均可适用。其次，从适用的目的来看，两者目的各异。刑事合规制度的适用，是检察机关基于对企业合规计划的审查而对企业作出起诉或者不起诉的决定，其直接涉及罪与非罪的问题。而认罪认罚从宽制度的适用，则是基于对被追诉人认罪态度、犯罪行为等的审查，决定是否给予其量刑优惠，其更多涉及的是量刑层面的问题。因此，合规不起诉制度与认罪认罚从宽制度如何实现有机融合，需要立法层面进一步厘清。

三是合规不起诉制度与检察建议之间的关系。在刑事合规案件办理过程中，检察机关往往基于个案的处理对涉罪企业提出相应的检察建议，以弥补企业在管理层面的漏洞，并将其作为检察机关积极参与基层社会治理的重要路径。有学者将此类检察建议称为“企业合规检察建议”。[②] 检察机关是我国

---

① 参见《最高人民检察院工作报告》，载中华人民共和国最高人民检察院网：https://www.spp.gov.cn/spp/gzbg/202203/t20220315_549267.shtml，最后访问日期：2022年6月19日。

② 李奋飞：《论企业合规检察建议》，载《中国刑事法杂志》2021年第1期，第97页。

宪法规定的法律监督机关，是社会共同利益的忠实维护者。由检察机关向涉罪企业提出检察建议，亦是司法机关落实顶层关于民营企业保护政策的重要举措。但与此同时，企业合规检察建议本身亦存在一系列的问题：首先，是检察建议本身的质量问题。企业合规涉及《公司法》《数据安全法》《反不正当竞争法》等诸多领域的问题。检察机关往往缺乏相应的专业背景，无法准确找到企业治理中的痛点和难点问题，提出有针对性的检察建议。质量参差不齐的检察建议，在损害司法公信力的同时，亦会使企业对于检察建议的落实无所适从。其次，是检察建议的约束力和刚性问题。作为一种“建议”，检察建议本身具有天然的不足，缺乏强制执行力。在此背景下，检察机关对拒不整改的企业缺乏相应的制约机制。从司法实践来看，涉罪企业出具的整改承诺往往成为其整改意愿的重要体现。但后续的整改效果如何，对合规计划如何进行评估，缺乏制度层面的依据。

（三）涉案财物处置层面：大量规定模糊和欠缺

从现有立法来看，已经有不少规范性文件出台，对涉案财物处置问题作出专门性的规定，主要包括《公安机关涉案财物管理若干规定》《人民检察院刑事诉讼涉案财物管理规定》《关于进一步规范刑事诉讼涉案财物处置工作的意见》等。从效力层面来看，这些规范性文件有些属于司法解释，有些属于部门规章，还有些则属于党内法规的范畴。国家法律和党内法规都是治国理政的规范依据，在处理两者关系时，需要遵循国家法律高于党内法规、党内法规严于国家法律的原则。① 对上述规范性文件进行解读，可以发现不少规定存在模糊、缺失甚至抵触之处：

第一，就涉案财物的处理来看，根据《刑事诉讼法》第 245 条的规定，人民法院作出的判决，应当对查封、扣押、冻结的财物及其孳息作出处理。人民法院作出的判决生效以后，有关机关应当根据判决对查封、扣押、冻结

① 参见秦前红、苏绍龙：《党内法规与国家法律衔接和协调的基准与路径——兼论备案审查衔接联动机制》，载《法律科学（西北政法大学学报）》2016 年第 5 期，第 22 页。

的财物及其孳息进行处理。对查封、扣押、冻结的赃款赃物及其孳息，除依法返还被害人的以外，一律上缴国库。从该条的规定来看，立法层面认可人民法院对涉案财物最终的处置权，且人民法院对涉案财物及其孳息的处理是判决书的必备要件。但与此同时，根据《公安机关涉案财物管理若干规定》第 20 条的规定，人民法院的判决没有明确涉案财物如何处理的，公安机关应当征求人民法院意见。这意味着，作为补充性说明，这一规定事实上认可人民法院的判决不对涉案财物作出处理的情况。从实践层面来看，大量的刑事判决书事实上并不会对涉案财物的处理情况加以明确，而公安机关也基本不会就涉案财物的处置问题征求人民法院的意见。人民法院在判决中对涉案财物处置问题的选择性忽视加剧了涉案财物后续处置过程中的乱象，其实质是对公安机关自行处置涉案财物权力的一种认可。

第二，涉案财物随案移送的标准不明确。根据《公安机关涉案财物管理若干规定》第 18 条的规定，对刑事案件中作为证据使用的涉案财物，应当随案移送；对于危险品、大宗大型物品以及容易腐烂变质等不宜随案移送的物品，应当移送相关清单、照片或者其他证明文件。从作出决定的主体来看，何种涉案财物可以作为证据，何种涉案财物属于“不宜随案移送的物品”的范畴，均由公安机关自行决定。从具体的标准来看，立法层面对“不宜”等主观性极强的用语的使用，客观上加剧了公安机关的裁量权。由此导致的结果是大量的涉案财物无法移送到法庭上，一方面使得法院无法实现对具有证明价值的涉案特定财物的质证，另一方面则影响法官对于犯罪工具的收缴及罚金刑的执行，“有时甚至形成所谓的‘空判’，以至于失去了基本的权威性”。①

第三，就涉案财物的先行处置来看，对于不宜长期保存的实物，实践中往往较难处理，亦需要在涉案财物处理的范围、流程、责任和要求等方面作出较为具体的规定。从现有的规定来看，《公安机关涉案财物管理若干规定》

---

① 陈瑞华：《司法体制改革导论》，法律出版社 2018 年版，第 332 页。

第21条[①]和《人民检察院刑事诉讼涉案财物管理规定》第12条第1款第5项[②]对涉案财物的先行处置问题作出了规定，内容涉及先行处置的涉案财物的范围、程序以及审批等事项。但对条文进行具体分析，上述两个法条之间也存在不一致：首先，两者关于先行处置的涉案财物范围的规定不一致。根据《公安机关涉案财物管理若干规定》的规定，不宜长期保存的物品、价值易贬损的物品，以及金融证券等，均属于可以先行处置的涉案财物的范畴，但从规则的表述来看，《人民检察院刑事诉讼涉案财物管理规定》并未将金融证券纳入先行处置的范畴。即便是被两个规定均纳入的可以先行处置的涉案财物，在界定是否属于"不宜长期保存""价值易贬损"的物品时，公安机关和检察机关事实上具有极大的裁量权。其次，就权利的保障来看，根据《公安机关涉案财物管理若干规定》的规定，善意第三人等案外人与涉案财物处理存在利害关系的，公安机关应当告知其相关诉讼权利。在涉案财物先行处置程序中，善意第三人的合法权益被纳入公安机关保障的范畴，但其却被《人民检察院刑事诉讼涉案财物管理规定》排除在权利保障范围之外，不被认可。最后，从审批的主体来看，无论是《公安机关涉案财物管理若干规定》还是《人民检察院刑事诉讼涉案财物管理规定》，在决定是否对涉案财物进行先行处置时，均只需要本系统内的负责人审批即可，在此过程中，不需要中立第三方的介入，司法审查原则未得到确立。

第四，涉案财物处置过程中的公开性不足。根据《公安机关涉案财物管

---

① 《公安机关涉案财物管理若干规定》第21条规定，对于因自身材质原因易损毁、灭失、腐烂、变质而不宜长期保存的食品、药品及其原材料等物品，长期不使用容易导致机械性能下降、价值贬损的车辆、船舶等物品，市场价格波动大的债券、股票、基金份额等财产和有效期即将届满的汇票、本票、支票等，权利人明确的，经其本人书面同意或者申请，并经县级以上公安机关主要负责人批准，可以依法变卖、拍卖，所得款项存入本单位唯一合规账户；其中，对于冻结的债券、股票、基金份额等财产，有对应的银行账户的，应当将变现后的款项继续冻结在对应账户中。对涉案财物的变卖、拍卖应当坚持公开、公平原则，由县级以上公安机关商本级人民政府财政部门统一组织实施，严禁暗箱操作。善意第三人等案外人与涉案财物处理存在利害关系的，公安机关应当告知其相关诉讼权利。

② 《人民检察院刑事诉讼涉案财物管理规定》第12条第1款第5项规定，易损毁、灭失、变质等不宜长期保存的物品，易贬值的汽车、船艇等物品，经权利人同意或者申请，并经检察长批准，可以及时委托有关部门先行变卖、拍卖，所得款项存入唯一合规账户。先行变卖、拍卖应当做到公开、公平。

理若干规定》第21条的规定，对涉案财物的变卖、拍卖应当坚持公开、公平原则，由县级以上公安机关商本级人民政府财政部门统一组织实施，严禁暗箱操作。《人民检察院刑事诉讼涉案财物管理规定》第12条对此也作出了相似的规定。但上述条文仅是对涉案财物拍卖和变卖的原则性和宣示性的规定。从细则层面来看，《关于刑事裁判涉财产部分执行的若干规定》亦仅对涉案财物拍卖保留价的认定问题作出了初步的规范。在实践操作中，公开和公平的原则如何得以落实，公开的标准如何界定，司法拍卖应当遵循何种流程，缺乏统一的细则规定。涉案财物拍卖过程中的乱象，难以得到有效的根除。此外，《公安机关涉案财物管理若干规定》仅写明“严禁暗箱操作”，但何为“暗箱操作”则有待进一步阐明。该规定第28条中列举的“弄虚作假、中饱私囊”是否属于“暗箱操作”的范畴，也有待进一步明确。

二、实践层面：财产权保护遭遇多重困境

从实践来看，长期以来存在不少基层行政执法人员对公民私人财产权的不法侵害。无休止的骚扰和掠夺使得不少民营企业叫苦不迭却又无可奈何。从司法领域来看，在吴英案中，在该案尚未开庭的情况下，当地公安机关未经吴英同意就定向低价拍卖其房产、酒店和汽车，给吴英造成了巨大的损失。在甘肃陈一超案中，仅涉及30万元的行贿款，办案机关就冻结了陈一超6000多万元的财产，令人瞠目结舌。在2018年的民营企业座谈会上，“保护企业家人身和财产安全”这一时代课题再一次被顶层强调。

在本部分，笔者以新闻媒体曝光的典型案例和司法机关公布的典型案例为基础，经由个案经验分析方法，尝试对刑事诉讼中财产权保护问题进行梳理和归类，以使对该问题的认识和研究尽可能接近客观实际。从实践层面来看，刑事诉讼中财产权保护的问题，主要体现在以下几个方面：

（一）刑事执法介入民事经济纠纷

这里涉及的问题是民事责任与刑事责任的区分界限，是公权力机关对于普通民事纠纷的不当介入，其中最突出的问题是民事责任刑事化。具体而言，

其又可分为两种情形：公权力对财产权的保护不足与过度保护。

第一种情形，也是司法实践中较为常见的情形，即公权力对普通经济合同纠纷的介入，导致对企业财产权的不当侵犯。普通经济合同纠纷主要涉及两种，一种涉及公民与企业之间的纠纷，另一种则涉及企业之间的纠纷。由于民间借贷与非法集资、经济纠纷与合同诈骗之间的界限模糊，在不少案件中，公安司法机关贸然动用刑事手段介入经济纠纷，从而使得公民个人、企业的财产权受到侵害。如在太子奶李途纯案中，李途纯为新创立的公司向经销商及员工筹集资金，并承诺对相应的债务终身负责，但在2010年6月12日，李途纯被株洲市公安局直属分局刑事拘留，涉嫌罪名为非法吸收公众存款罪。① 对于该案，不少知名法学教授纷纷发声，认为李途纯的行为属于单位筹集资金和民间借贷性质，不具备非法吸收公众存款罪的构成要件特征，即使因为各种原因无法偿还或者归还也属于民事纠纷，不构成非法吸收公众存款罪。②

在李美兰案中，情节则更为恶劣。在该案中，公权力机关直接沦为民营企业内部股权大战的工具。为了迫使许荣华签订股权转让书，公权力机关不惜对许荣华的人身自由加以限制，迫使其在看守所内被羁押期间签订股权转让协议。③ 在本案中，因股权纠纷而引起的风波使牧羊集团本身的生产经营面临重创，亦成为其由盛转衰的界点。在该案中，公权力不当越界，沦为个人威胁企业家以使其获取不当利益的工具，使得法律的尊严被人为践踏。即便许荣华个人

① 2010年3月，李途纯带领原太子奶团队在北京创立仙山奶业，为快速吸引太子奶经销商加盟，其于4月中旬宣布对他本人及原太子奶的21亿元债务终身负责，确保一分不少地归还。而后，太子奶的经销商纷纷加盟仙山奶业，以“货款准备金”的名义为后者筹集了约5600万元。此外，仙山奶业还向原太子奶员工集资数百万元，同时借了5000万元到6000万元高利贷。参见《李途纯案翻盘内幕：最高检察院曾介入高层亲查案卷》，载凤凰网：http://finance.ifeng.com/news/special/taizinai_ltc/20120319/5769220.shtml，最后访问日期：2018年7月7日。

② 参见凌雨：《无罪获释，悲情李途纯命运跌宕》，载《民主与法制时报》2012年2月20日，B03版。

③ 2008年，许荣华因涉嫌假冒注册商标罪，被邗江区公安局刑事拘留，羁押在扬州市看守所。羁押期间，许荣华在时任邗江区检察长的“劝说”下，转让了自己持有的牧羊集团15.51%的股权，随后即被释放，最终撤销案件。参见彭飞、李硕秋：《江苏牧羊集团 公权力导演的八年股权大战》，载《法人》2016年第12期，第13－19页。

在牧羊集团的股权份额能够复原，但对企业本身造成的损失却难以挽回。

第二种情形，涉及对财产权的过度保护问题。一些地区的公安司法机关基于地方利益的维护，不当介入企业与个人、企业之间的民事纠纷，由此形成对企业权利的过度保护。在此，典型的案例是鸿茅药酒案。在该事件中，谭秦东医生因在网络发帖质疑鸿茅药酒的功效，而后被内蒙古自治区公安机关跨省域追捕。2018 年 5 月 17 日，谭秦东发道歉声明，而后鸿茅药酒公司向内蒙古自治区乌兰察布市凉城县公安局撤回报案并向凉城县人民法院撤回侵权诉讼。[①] 该案中，即便谭秦东的言论失实，其亦仅构成民事侵权，可由鸿茅药酒公司对谭秦东提起民事诉讼的途径加以解决。从涉嫌损害商品声誉罪的犯罪要件来看，其针对的行为主体是其他的生产者和经营者。[②] 故从犯罪的主体性要件来看，谭秦东作为一名普通的医生，从表面上来看并不符合"其他生产者和经营者"这一主体身份。从犯罪行为的客观性要件来看，需要存在"捏造并散布虚伪事实"的行为，但在谭秦东发表的文章中，其对鸿茅药酒功效的评价是否是"虚伪事实"，是否涉嫌"捏造"，有待进一步论证。[③] 在该案中，谭秦东作为普通公民，基于其专业知识对特定药物的疗效和功能加以评价，事实上亦仅是其行使监督权的一种表现。将公民的不当言论上升到刑事犯罪的维度，是对公民言论自由空间的不当压缩。

此外，即便谭秦东的行为确实构成犯罪，根据我国《刑事诉讼法》和《公安机关办理刑事案件程序规定》（以下简称《公安部规定》），该案件由广东省的公安机关加以管辖更为合适，因其一方面是被告人居住地，另一方

---

① 2017 年 12 月 19 日，谭秦东在"美篇"上发布一篇名为《中国神酒"鸿毛药酒"，来自天堂的毒药》帖子，其在文章中指出，人在步入老年后，心肌、心脏传导系统、心瓣膜、血管、动脉粥样等发生变化，而有高血压、糖尿病的老年人尤其注意不能饮酒。"鸿茅药酒"的消费者基本是老年人，该酒的宣传具有夸大疗效的作用。2018 年 1 月 25 日，谭秦东因涉嫌损害商品声誉罪被执行逮捕。参见《穿越大半个中国来抓你？三问鸿茅药酒事件》，载新华网：http://www.xinhuanet.com/legal/2018－04/17/c_1122697037.htm，最后访问日期：2018 年 7 月 7 日。

② 参见张明楷：《刑法学》（第 4 版），法律出版社 2011 年版，第 741 页。

③ 根据《刑法》第 221 条的规定，捏造并散布虚伪事实，损害他人的商业信誉、商品声誉，给他人造成重大损失或者有其他严重情节的，处 2 年以下有期徒刑或者拘役，并处或者单处罚金。

面是犯罪行为发生地，便于案件证据的收集。另外，还需要注意的一个细节是，在内蒙古自治区警方实施跨省域追捕的同时，鸿茅药酒公司的工作人员也一并介入，与警方共同实施跨省域抓捕行动。上述行为实质上都反映出地方司法机关因为经济利益的考量而对自身定位认知的偏离。不少地方企业自恃对地方经济贡献大，希望通过地方公权力机关的介入来维护企业自身的利益。该案反映出的问题是，需要对公民合理的批评建议权、民事范畴内的侵权以及刑法意义上的犯罪进行严格区分。在鸿茅药酒案件中，在事实定性尚未明确的情形下，公安机关贸然启动刑事程序有违刑法的谦抑性原则。

同样地，在张某华诉浙江省磐安县公安局限制人身自由、扣押财产案[①]中，磐安县公安局派员到义乌，以派出所调查暂住人口为名，将张某华骗出家门，押送到派出所。同年，磐安县公安局将事先写好的欠条令张某华签字后，即派员到义乌市强行拉走张某华承包厂里的货物。在该案中，张某华与磐安县燃料公司的纠纷属经济合同纠纷的范畴，磐安县公安局基于对本地企业利益的维护，贸然动用刑事手段；公安机关的行为属于假借刑事侦查之名越权干预经济纠纷的行为，属于对财产权的过度保护。

（二）刑民优先性问题

刑民优先性，是指当一个案件既涉及民事纠纷，又涉及刑事犯罪时，刑事诉讼与民事诉讼何者优先进行的问题。对此，从司法实践中来看，不同的案例给出了不同的解答。

在王平案中，王平因车辆被扣走向启东市公安局提出刑事立案要求，启东市公安局于2016年3月8日，作出启公（吕）不立字〔2016〕23号不予立案通知书，对王平提出控告的汽车被抢案以经审查没有犯罪事实为由，决定不予立案。王平不服遂提起行政诉讼，请求确认启东市公安局不履行财产保护的行政行为违法；判令启东市公安局履行保护王平奥迪牌小型越野轿车的法定职责。法院最终的判决认为，当事人之间存在民事纷争并不构成当事人可以实施违法行为的正当理由。当事人之间存在民事纷争与公民要求公安机关履

① 《最高人民法院公报》1994年第4期。

行保护财产权的法定职责，分属不同的法律关系。当事人之间存在民事纷争并不影响公安机关依法对侵犯财产权的行为进行查处。[①] 该案中，法院采取了民刑同时的立场，其理由在于民事纠纷和刑事犯罪不属于同一法律关系。

此外，若民事纠纷和刑事犯罪之间存在牵连，在不少情况下，法院亦会采用刑民同时的司法立场。在兴业银行股份有限公司莆田分行等与福建省莆田德和雷克萨斯汽车销售服务有限公司等金融借款合同纠纷上诉案[②]中，法院认为，对于刑民交叉案件，在程序优先性层面应当从法律事实、法律关系、法律责任等方面进行分析。在该案中，民事法律事实与刑事法律事实仅存在部分牵连，法律关系并不完全重合，责任主体亦不完全一致。故此，该案的民事诉讼部分只要符合法定的起诉条件，法院即应予以受理。该案的意义在于，其尝试探索并进一步细化了刑民优先性判定过程中需要具体考量的因素。

在王某民诉开封市九和房地产开发有限公司（以下简称九和公司）商品房销售合同纠纷案[③]中，最高人民法院采取的则是先刑后民的立场。在该案中，最高人民法院认为，一审法院认为本案九和公司的行为涉嫌非法集资，裁定驳回王某民的起诉并无不当。如果公安机关立案侦查后撤销案件，或者检察机关作出不起诉决定，或者经人民法院生效判决认定九和公司不构成非法集资犯罪，王某民可以向人民法院依法提起民事诉讼，故裁定驳回王某民的再审申请。在该案中，法院作出如上判决所依据的是《最高人民法院、最高人民检察院、公安部关于办理非法集资刑事案件适用法律若干问题的意见》第 7 条[④]及《最高

---

① （2017）苏 06 行终 503 号。

② 福建省高级人民法院民事裁定书，（2017）闽民终 216 号。

③ 最高人民法院民事裁定书，（2017）最高法民申 3900 号。

④《最高人民法院、最高人民检察院、公安部关于办理非法集资刑事案件适用法律若干问题的意见》第 7 条规定，对于公安机关、人民检察院、人民法院正在侦查、起诉、审理的非法集资刑事案件，有关单位或者个人就同一事实向人民法院提起民事诉讼或者申请执行涉案财物的，人民法院应当不予受理，并将有关材料移送公安机关或者检察机关。人民法院在审理民事案件或者执行过程中，发现有非法集资犯罪嫌疑的，应当裁定驳回起诉或者中止执行，并及时将有关材料移送公安机关或者检察机关。公安机关、人民检察院、人民法院在侦查、起诉、审理非法集资刑事案件中，发现与人民法院正在审理的民事案件属同一事实，或者被申请执行的财物属于涉案财物的，应当及时通报相关人民法院。人民法院经审查认为确属涉嫌犯罪的，依照前款规定处理。

人民法院关于审理民间借贷案件适用法律若干问题的规定》第 5 条。[①] 从两条规定的立场来看，民事诉讼作为刑事诉讼的一种补充救济手段，仅在当事人通过刑事诉讼手段难以获得有效救济时，民事诉讼方具备登场的资格。从适用的前提来看，上述条文均以是否构成“同一事实”作为条文适用的标准。

当然，在不少案件中，先民后刑的立场亦被当事人所主张或被法院所采纳。在山东东岳高分子材料有限公司（以下简称东岳高分子）与交通银行股份有限公司青岛分行（以下简称交行青岛分行）等合同纠纷上诉案[②]中，交行青岛分行等认为本案的合同纠纷与特定人员涉及的职务侵占罪等不属于同一法律事实，且不需要以刑事案件的判决结果为依据。反之，本案应当“先民后刑”，否则会导致交行青岛分行失去刑事追赃的权利，从而使东岳高分子达到意图将非法获取的银行资金合法化的目的。从最终的判决结果来看，该主张得到了法院的支持。从现有司法案例来看，在特定的情况下，如果刑事案件的事实难以查清，为了更好地保护被害人的合法权益，先民后刑原则亦会得到适用。如在朱某菊等诉刘某良提供劳务者受害责任纠纷案[③]中，法院认为为及时救济受害人的合法权益，应当允许先民后刑，以在公权和私权、公平与效率之间寻找均衡点。

此外，还需要明确的是，无论是先刑后民，还是先民后刑，抑或是刑民同时，其适用的前提性要件是不同地区、不同级别的法院之间信息沟通的顺畅，以及刑事案件和民事案件发生过程的同时性。但从司法现状来看，不同的法院系统难以有效衔接，刑事法官和民事法官亦缺乏必要的交流。以非法集资案件为例，若相应的案件尚在侦查过程中，但个人向人民法院提起民事诉讼，且民事法官基于现有的案件材料作出判决，在此过程中，即便刑事案

---

① 根据《最高人民法院关于审理民间借贷案件适用法律若干问题的规定》第 5 条规定，人民法院立案后，发现民间借贷行为本身涉嫌非法集资等犯罪的，应当裁定驳回起诉，并将涉嫌非法集资等犯罪的线索、材料移送公安或者检察机关。公安或者检察机关不予立案，或者立案侦查后撤销案件，或者检察机关作出不起诉决定，或者经人民法院生效判决认定不构成非法集资等犯罪，当事人又以同一事实向人民法院提起诉讼的，人民法院应予受理。

② 最高人民法院民事判决书，(2018) 最高法民终 1352 号。

③ 浙江省衢州市中级人民法院民事判决书，(2017) 浙 08 民终 135 号。

件和民事案件属于“同一事实”的范畴之内，但法律层面的先刑后民原则事实上存在被架空的可能性。在极端情况下，非法集资类刑事案件由一地的中级人民法院审理，而民事纠纷由另一地的基层人民法院审理，且在审理过程中，主审法官对另一案件的存在并不知情。由此，基于司法信息衔接层面的考量，实践中大量的案件采用的是刑民同时的处理路径。

（三）刑事合规制度各地探索不一

从司法实践来看，基于顶层的重视和强调，刑事合规制度在各地不断探索，但各地的实践不一。从现有刑事合规制度的发展路径来看，基本遵循“基层试点—顶层确认—立法保障”的路径。在基层试点探索阶段，囿于顶层统一规划的缺失，使得各地在实践过程中各行其道。

以对涉罪企业的监管为例，各地发展出不同的监管模式。大体来看，现有的监管模式主要有四种类型：第一种是检察机关主导监管模式，典型代表是深圳市南山区人民检察院。在该模式下，由检察机关主导对涉罪企业的合规整改进行监管。第二种是独立监控人监管模式，典型代表是深圳市宝安区人民检察院。在该种模式下，由独立的监控人，如律师、会计师以及相关领域的专业人员对涉罪企业的合规整改进行监管。第三种是行政部门监管模式，典型代表是宁波市人民检察院。在该模式下，由相应的行政机关在其各自的职责范围内，对涉罪企业的合规整改过程进行监管。第四种是行政监管和专业监管并行的模式，典型代表是舟山市岱山县人民检察院。在该模式下，行政部门和专业人员各司其职、相互合作，对涉罪企业的合规整改进行监管。以上监管模式各有利弊，具体而言：因为专业知识的缺乏，检察机关主导的监管模式相关的专业性存在争议，且基于内部的职责分工，检察机关面临人手严重不足的现实性障碍；行政部门监管模式额外加重了行政机关的负担，涉及检察机关与行政机关之间的职能衔接，且行政机关因为先前监管经验的缺失，难以对涉罪企业的监管形成统一的模式；独立监控人监管模式则涉及相关利益主体的介入，对独立监控人的中立性存疑，进而会影响司法的公信力；在行政监管和专业监管并行的模式下，可能会导致行政部门和专业人员之间的职责扯皮，难以形成有效合力。

从最高人民检察院公布的典型案例[①]和各地陆续曝光的合规案件来看，实践中对于刑事合规问题仍然存在如下争议和有待解决之处：一是企业合规制度的适用对象问题，即何种类型的企业涉及何种罪名时可以适用企业合规制度。从现有的规则来看，根据《关于建立涉案企业合规第三方监督评估机制的指导意见（试行）》的规定，第三方机制适用于公司、企业等市场主体在生产经营活动中涉及的经济犯罪、职务犯罪等案件。与此同时，对于符合特定条件的涉企犯罪案件，如涉案企业、个人认罪认罚等，亦可适用该意见的规定。[②] 从上述规定可以看出，在第三方监督评估机制适用过程中，对企业犯罪的类型以及刑期等方面并未有强制性的规定。在省域层面，根据浙江省发布的《关于建立涉案企业合规第三方监督评估工作机制的意见（试行）》第5条的规定，“案件事实清楚，证据确实充分，法律适用无争议”亦是适用第三方监督评估机制的必要前提条件。在市域层面，根据宁波市发布的《涉罪企业合规考察实施办法（试行）》的规定，对涉罪企业适用合规考察的案件，一般是直接负责的主管人员和其他直接责任人员应当被判处3年以下有期徒刑、拘役、管制或单处罚金的案件。法定刑在3年以上10年以下，涉罪企业具有自首情节或者在共同犯罪中系从犯，或者直接负责的主管人员、其他直接责任人员具有立功表现的，亦可适用合规考察。对涉罪企业适用合规考察条件规定不一，极易导致司法实践中的乱象。

二是企业合规异地监管问题。从司法实践来看，企业的注册地、生产经营活动所在地和犯罪行为发生地之间分离的情况亦不鲜见。在此背景下，在企业涉嫌犯罪的情况下，如何对企业实行有效的合规监管是一个现实性的难题。在上海J公司、朱某某假冒注册商标案[③]中，上海和浙江的检察机关依托长三角区域检察协作平台，探索建立企业合规异地协作工作机制，确立了“委托方发起—受托方协助—第三方执行”的办案模式，有力地提升了办案

---

① 最高人民检察院分别于2021年6月1日、2021年12月8日、2022年7月21日和2023年1月16日发布四批共计20个企业合规典型案例。

② 参见《关于建立涉案企业合规第三方监督评估机制的指导意见（试行）》第3条和第4条的规定。

③ 参见《最高人民检察院关于印发〈企业合规典型案例（第二批）〉的通知》案例一。

质效。在长三角一体化的背景下，上述异地协作工作机制有其现实性的基础，为其他地区企业合规协作的开展提供了良好的示范。但需要注意的是，检察机关之间的异地协作机制的构建需要制度层面的支撑。如果各地检察机关之间缺乏前期的合作，异地协作机制的展开在运行过程中有可能会遇到体系性的桎梏，难以达到预期的目的。

三是合规建设过程中，刑事司法与行政部门行业治理的衔接问题。企业合规建设不仅涉及企业刑事责任的切割和减免，也涉及行政部门对企业的日常监管。在前一阶段进行的合规建设成果能否在后一阶段适用，是一个现实性的问题。在深圳×公司走私普通货物案[①]中，×公司根据S公司发布的虚假的指导价制作虚假采购合同及发票用于报关，报关价格低于实际成本价格。×公司是国内水果行业的龙头企业，检察机关在指导×公司开展合规建设的过程中，与当地海关积极开展沟通，确保×公司在刑事程序中形成的合规整改报告能够在后续的行政程序中得到适用。行政部门与检察机关合规互认机制的建立，有利于进一步彰显企业合规的程序性价值，确保企业合规功效的最大化。但从司法实践来看，行政部门与司法机关互认机制的构建缺乏相应的制度层面的保障。互认的条件、机制、后果等问题，均取决于司法机关和行政机关之间零星的沟通。缺乏制度性保障的沟通机制从其本质属性来看缺乏稳定性和持续性，不利于合规制度进一步向纵深发展。

（四）刑事涉案财物处置的无序

从范围上来看，涉案财物包括作为证据的财物、附带民事诉讼中保全的财物、作为犯罪工具和犯罪收益的财物以及违禁品等。[②] 对于刑事涉案财物的处置，属于对物的强制性处分，但从司法实践来看，刑事涉案财物处置的无序问题，屡见不鲜。

1. 典型案例梳理

对相关典型案例的梳理请见表1。

---

① 参见《最高人民检察院关于印发〈企业合规典型案例（第二批）〉的通知》案例五。

② 参见熊秋红：《刑事诉讼涉案财物处置程序检视》，载《人民检察》2015年第13期，第32页。

表 1　对相关典型案例梳理

案件名称	案发时间	罪名	实体法问题	程序性问题	是否存在案外因素	财产去向	是否纠正
于润龙案[1]	2002 年	非法经营罪	黄金是否属于“专营专卖物品”	—	—	46 千克黄金被上缴罚没	2015 年纠错，返还 46 千克黄金
马占奎案[2]	1998 年	无	公安局扣押 58 千克黄金；违反行政法而非违反刑法	无任何扣押物品清单	—	将黄金变卖，而后上交那曲财政局	2017 年纠错，公安处赔偿 1100 万元
李美兰（许荣华妻子）案[3]	2008 年和 2016 年	许荣华涉嫌假冒注册商标罪	公权力介入股权大战	许荣华被批捕后，警方即查封福尔喜公司的供货合同、财务凭证等；冻结李美兰的个人账户	—	公司账户被查封，使得经营停滞	2017 年，最高人民法院指定南京市中级人民法院重审。2018 年，南京市中级人民法院认定转让协议无效。2020 年，江苏省高级人民法院维持原判

续表

案件名称	案发时间	罪名	实体法问题	程序性问题	是否存在案外因素	财产去向	是否纠正
北鹏公司案[4]	2009 年	非法占用农用地罪，但免于刑事处罚	—	判决书未对侦查过程中扣押的财务文件和 2000 万元作出处理	—	—	2015 年纠错，辽宁省公安厅返还北鹏公司 2000 万元并支付相应利息损失 83 万元
吴英案[5]	2007 年	集资诈骗罪	集资诈骗与正常借贷之间的区分	吴英被采取刑事拘留强制措施后，东阳市人民政府就责成有关部门组成清产核资组，至今未能将本色集团账务资料予以归还	2011 年，吴英检举 7 名官员	36,781 平方米住宅和商铺被东阳市公安局非法查封；1.27 亿余元珠宝被东阳市公安局查封扣押	申诉过程中
姜久光案[6]	2012 年	非法拘禁罪，敲诈勒索罪和组织、领导黑社会性质组织罪	—	所有财产一直被查封、冻结、扣押	政法委书记谢清纯滥用权力干预司法	—	2018 年纠错

续表

案件名称	案发时间	罪名	实体法问题	程序性问题	是否存在案外因素	财产去向	是否纠正
甘肃陈一超案[7]	2011 年	行贿罪	—	大量与案件无关的财产被采取强制性措施；对财产采取强制性措施缺乏法律文书	—	大量被采取强制性措施的财产去向不明	案件仍在审理过程中
余某某案[8]	2018 年	非法吸收公众存款罪	—	—	—	律所账户 300 万元律师费被侦查机关冻结	—
孟晓磊案[9]	2002 年	挪用公款罪、虚假出资罪	—	—	—	99 万余元的现金和一辆丰田佳美轿车被扣押，但一直由检察机关控制，未移送给法院	2002 年终审改判无罪

〔1〕于润龙非法经营案，最高人民法院指导案例第 862 号。

〔2〕参见《黄金被扣 18 年 5 人获千万国家赔偿》，载搜狐网：http://www. sohu. com/a/163302707_267106，最后访问日期：2018 年 7 月 8 日。

〔3〕参见彭飞、李硕秋：《江苏牧羊集团 公权力导演的八年股权大战》，载《法人》2016 年第 12 期，第 13 – 19 页。

〔4〕参见罗书臻：《最高法通报北鹏公司申请刑事赔偿案有关情况》，载《人民法院报》2018 年 1 月 31 日，第 1 版。

〔5〕在吴英案中，未获立案，对于吴英资产的拍卖就已经展开。2008 年 6 月 3 日，吴英案尚在审理阶段，一则有关 30 辆机动车的拍卖公告已经贴上了《东阳日报》，总价 2000 万元左右的车辆最终以 390 万元成交；吴英用 5000 万元装修的本色概念酒店，试营业 2 个月，最后以 450 万元成交被拍卖；起码均价 6500 元/平方米的住宅，在官办鉴定机构的笔下只有 3800 元/平方米；一个原价 30 万元的全新自动洗车机，被认定只值 7 万元。在此过程中，本色集团一直被排除在资产处置的大门之外，且对其提出的鉴定异议，官方毫不理会。参见叶飚等：《祸“水”与暗渠：吴英案的资产处理》，载《南方周末》2012 年 2 月 9 日，第 A03 版。

〔6〕参见株洲市中级人民法院：《株洲中院：姜久光等人犯非法拘禁罪、敲诈勒索罪一案二审宣判》，载湖南省高级人民法院网：http://hunanfy. chinacourt. org/article/detail/2018/01/id/3178593. shtml，最后访问日期：2018 年 7 月 8 日。

〔7〕根据辩护律师的总结，甘肃陈一超案件中涉案财物处置存在的问题主要包括六个方面：一是移交资产与起诉书认定的数额相差近 3000 万元；二是结案前上缴国库 17. 885405 万元，但既无批准上缴国库的法律文书，也无财政部门出具的已接收移送上缴国库的证明文件；三是汇转陈一超及案外人财产且未加任何说明，911. 89 万元被汇入个人名下；四是未被列入变更起诉书的大量财产被扣押；五是对与本案无关的文件资料进行扣押，且对实际查封、扣押、处分的财物不予记录；六是肆意处置案外人财产且未出具法律文书。参见《甘肃陈一超行贿案“杀猪分肉式反腐”越反越腐》，载新浪网博客：http://blog. sina. com. cn/s/blog_6592426a0102w97v. html，最后访问日期：2018 年 7 月 8 日。

〔8〕参见王春：《上海一律所账户被鹰潭警方冻结 300 万　警方：涉嫌赃款，依法依规》，载百度网：http://baijiahao. baidu. com/s? id = 1604611504013811987&wfr = spider&for = pc，最后访问日期：2018 年 7 月 6 日。

〔9〕参见《教育家被拘后无罪释放　检察院拒不返还百万财产》，载搜狐网：http://news. sohu. com/2003/11/17/02/news215 670240. shtml，最后访问日期：2018 年 7 月 28 日。

2. 案例问题反思之一：涉案财物价格认定机制

刑事案件中对于涉案财物价值的司法认定，系刑事诉讼涉案财物处置过程中的重要环节。从吴英案及其他相关案件可以看出，司法实践中对于涉案财物的价格认定存在较大的困境。

（1）刑事涉案财物价格认定制度的必要性分析

首先，对涉案财物价值的认定是对被追诉人准确定罪量刑的关键。从司法实践来看，大量刑事案件涉及对涉案财物价值的认定，如对贪污贿赂类犯罪、侵犯财产类犯罪、妨害社会管理秩序类犯罪的认定，价格认定结论书均成为重要的证据来源。以北大法宝为例，在其收录的 6,586,628 个刑事案件中，涉及“价格鉴定”的刑事案件，共有 552,364 个，占到案件总量的 8.4%。[①] 从具体罪名角度来看，以诈骗罪为例，根据《关于常见犯罪的量刑指导意见（试行)》的规定，人民法院在量刑起点的基础上，需要根据诈骗数额等其他影响犯罪构成的犯罪事实增加刑罚量，确定基准刑；而量刑起点的判断，同样是以数额为依据，区分为数额较大、数额巨大、数额特别巨大。对涉案财物价值的准确认定，直接涉及对被追诉人罪与非罪、轻罪与重罪的认定。

其次，对涉案财物价值的准确评估和认定，有利于更好地保障被害人、利害关系人的财产权。在非法集资类案件中，往往涉及大量的集资参与人。从我国司法实践来看，对于非法集资案件的入罪，大多遵循如下的思维路径：民间借贷—经营活动—资金链破裂—侦查机关介入—定罪量刑。结果导向的思维模式有违刑法的罪刑法定原则，亦使其广受诟病。就客观上而言，在上述办案模式之下，非法集资案件发生后，侦查机关能够追缴的财物往往不足以全额返还集资参与人。[②] 故此，在此类案件中，基于对企业股票、房产等各种动产和不动产市场价值的准确认定，有利于按比例返回财产，最大限度地保障利害关系人的财产性权利。

---

① 截至 2018 年 8 月 14 日，搜索关键词为“价格鉴定”。

② 参见韩耀元、吴峤滨：《〈关于办理非法集资刑事案件适用法律若干问题的意见〉解读》，载《人民检察》2014 年第 9 期，第 30 – 33 页。

最后，对涉案财物价值的准确认定能有效地减少权力寻租空间，遏制司法腐败。在权力寻租理论看来，腐败行为的发生主要有两个因素：一方面是官僚政治的垄断状态；另一方面是存在一个“黑市”使官僚的投机行为可以获得利益。① 涉案财物的拍卖由司法机关垄断，在网络司法拍卖尚未普及之前拍卖程序并不透明，故极易滋生权力的腐败。事实上，从近年来曝光的案例来看，不少地方的确存在对涉案财物的贱价拍卖以及对拍卖参与人资格进行不当限制的现象。对涉案财物价值进行认定并出具价格认定结论书是司法拍卖的前提和基础。定向拍卖现象的存在、拍得者与侦查机关间微妙关系的披露无论是否属实，均会使司法公信力受到严重损害。“先评估后拍卖”机制的有效运作可以促进涉案财物拍卖的公正性。

（2）刑事涉案财物价格认定制度的问题审视

在此，有必要先对涉案财物价格认定与司法鉴定进行区分和比较。根据《全国人民代表大会常务委员会关于司法鉴定管理问题的决定》第 1 条的规定，司法鉴定是指在诉讼活动中鉴定人运用科学技术或者专门知识对诉讼涉及的专门性问题进行鉴别和判断并提供鉴定意见的活动。我国的司法鉴定主要包括法医类鉴定、物证类鉴定、声像资料鉴定和环境损害司法鉴定等类型。司法鉴定机构和鉴定人员的管理由国务院司法行政部门负责。

然而，涉案财物价格认定不属于司法鉴定的范畴，其是指价格认定机构对纪检监察、司法、行政工作中所涉及的，价格不明或者价格有争议的，实行市场调节价的有形产品、无形资产和各类有偿服务进行价格确认的行为。② 涉案财物价格认定机构和认定人员的管理，由国家发展和改革委员会负责。对于刑事涉案财物的价格认定，由司法机关委托同级政府价格部门设立的价格鉴定机构进行价格鉴定。③ 从现有规定来看，涉案财物价格认定与司法鉴定在管理机制、运作机制、行为属性等方面均存在一定的差异。综观我国现

① 参见郭夏娟：《公共管理伦理：理论与实践》，浙江大学出版社 2010 年版，第 141 页。

② 参见《价格认定行为规范》第 2 条。

③ 参见《国家发展和改革委员会、最高人民法院、最高人民检察院、公安部、财政部关于扣押追缴没收及收缴财物价格鉴定管理的补充通知》第 2 条。

有刑事涉案财物价格认定制度，其仍然存在不少问题：

第一，认定程序的非透明。从现有的规范来看，对于涉案财物认定程序的规定，大多集中于外部性接收程序的规定，对于认定程序和认定依据等的规定，往往过于模糊。如对于涉案财物价格的认定，其往往是依据基准日当时、当地同类财产的价格、质量、成新率、完工率等。上述要素本身具有极大的不确定性，在具体认定过程中，几种要素之间应当如何排序，各个要素之间所占比重如何确定，成新率又该如何科学地加以测算，均缺乏进一步的规范。事实上，在涉案财物价格认定过程中，认定人员本身具有极大的裁量权，从司法实践来看，基于司法机关委托的现实，部分结论存在有罪化倾向。[①]

从价格认定结论书的构成来看，其主要包括标的、目的、基准日、定义、依据、方法、过程、结论、限定条件、声明等方面的内容。从这些内容来看，价格认定结论书的内容虽面面俱到，但其格式化问题突出。以认定方法为例，价格认定结论书中往往仅注明是采用成本法或市场法，而后直接得出认定结论，对于认定过程和测算依据，常常避而不谈。这导致的结果是一方面使得认定结论的形成过程缺乏透明性从而引发公众的质疑，另一方面过于笼统的表述亦使得司法人员不能对其进行审查。

第二，认定标的的复杂性使得价格认证机构难以有效应对。随着经济社会的发展，从客体层面来看，刑事涉案财物的表现形式日益复杂化。对网络虚拟财产、有价证券等涉案财物价值的准确认定，是不少犯罪定罪量刑的关键。以网络虚拟财产为例，虚拟财产属于虚拟空间的财产性利益，其价值证明方法必然与物理空间的传统物品存在差异。[②] 从传统到现代，从有形到无形，涉案财物形式的变化无穷与价格认证机构人员知识构造的固定化形成鲜明的对比。以 H 市的价格认证中心为例，除工勤人员外，其仅有 6 名工作人员，且只有 1 名专职的价格鉴证师，以有限的知识储备应对无限的新型挑战，力不从心，且难以实现其功能。

---

① 参见邢永杰：《涉案物品价格鉴定的规范》，载《中国司法鉴定》2010 年第 4 期，第 78 页。

② 参见刘品新、张艺贞：《虚拟财产的价值证明：从传统机制到电子数据鉴定机制》，载《国家检察官学院学报》2017 年第 5 期，第 73 页。

事实上，从不少地方的实践来看，对于复杂涉案财物的认定，价格认证机构往往通过聘请专业的人员进行协助。根据《陕西省涉案财物价格鉴定条例》第20条第2款的规定，价格鉴证机构对需要进行专业技术鉴定的涉案财物，应当送有关部门或者聘请具有专业资格的人员进行鉴定，根据其提供的有关依据，作出价格鉴定结论。

然而，从价格认证中心设立的初衷来看，其功能之一在于接受司法机关的委托，对价值不明的涉案财物进行价格认定。从定位来看，其是作为专业性的机构存在的。但是，由于鉴定标的的复杂，以及价格认证中心应对能力的不足，价格认证中心的专业性功能被淡化，沦为中介，整个认定过程，遵循“司法机关委托—价格认证中心接收—价格认证中心转委托—以价格认证中心名义出具认定”的运作流程。价格认证中心本身仅以其权威性为价格认定结论背书，就实质性功能角度而言，其成为可有可无的摆设。

第三，利害关系人救济权的缺失。从规范性层面来看，《价格认定复核办法》第4条针对司法机关和案件当事人对价格认定结论有异议时，规定了不同的处理措施：若司法机关对价格认定结论有异议，可以向作出该价格认定结论或者复核决定的价格认定机构的上一级价格认定机构逐级提出复核；但若案件当事人对认定结论有异议，可以向司法机关提出复核申请，并提供相关的理由和依据，经提出机关认可后，由提出机关按规定提出复核。其中，司法机关的决定依据现有规范并未明确。

从实践层面来看，对于当事人提出的异议，司法机关不一定正面回应。在吴英案中，本色集团向东阳市人民法院提交了一份价格鉴定异议书，认为东阳市价格认证中心出具的鉴定报告价格畸低。法院最终直接基于鉴定报告认定吴英资不抵债。[①] 过于单一的救济路径，过于模糊的法律规定，以及程序性后果的缺失，事实上阻碍了当事人救济权的行使。当事人的救济至此沦

---

① 参见叶飚等：《祸“水”与暗渠：吴英案的资产处理》，载《南方周末》2012年2月9日，第A03版。

为纸面上的权利。由此而导致的结果是判决的公信力大打折扣，上诉、申诉活动频发，导致司法资源的浪费。

第四，行政化的审查机制。就价格鉴定意见的审查来看，根据《扣押、追缴、没收物品估价管理办法》第15条的规定，委托机关对价格事务所出具的《扣押、追缴、没收物品估价鉴定结论书》有异议的，可以向原估价机构要求补充鉴定或者重新鉴定，也可以直接委托上级价格部门设立的价格事务所复核或者重新估价。在此，行政性的复核完全替代了司法审查机制，价格认定在立法层面被定位为具体行政行为。

在理想的司法审查模式下，经由鉴定人的出庭、专家辅助人对鉴定意见的质证、法官居中裁判，从而对鉴定意见作出审查判断。相比于司法审查，行政化的审查机制的特征主要在于其书面的审查方式。在行政复核过程中，司法机关作为行政相对人被排除于程序之外。事实上，从“价格认定结论书”的名称来看，司法机关对其的作用仅在于确认和接收，而非审查认定。因此，涉案财物价格认定行为的垄断导致具体行政行为在一定程度上挤压了司法的判断。

3. 案例问题反思之二：公民个人财产与企业合法财产的区分标准

《中共中央、国务院关于完善产权保护制度依法保护产权的意见》明确提出“要依法严格区分个人财产和企业法人财产”“区分涉案人员个人财产和家庭成员财产”等要求。从前述案例反映的问题来看，个人财产与企业法人财产的混同、在涉案财物处理过程中家庭财产被不当牵连等现象并非个案。一旦涉及财物，就不加区分地对所有可能存在牵连的财产采取强制性措施实则是侦查权惰性与霸性的体现，与现代刑事侦查理念格格不入，亦有违比例原则。

首先，个人财产和企业法人财产的区分。“法人的独立人格制度的建立，是近现代企业和公司制度的必然选择，也是法人享有独立财产权的理论基础。”[①] 中国现有的企业设置包括公司、合伙企业、个人独资企业等类型。

---

① 张艳丽：《对企业法人财产权问题再议》，载《法学杂志》2003年第5期，第39页。

《公司法》、《合伙企业法》和《个人独资企业法》等均对个人财产和企业法人财产的区分问题作出了规定。如根据《公司法》的规定，我国公司的类型包括股份有限公司及有限责任公司，“有限责任”是现代公司制度的核心。无论是股份有限公司，抑或是有限责任公司，股东均以其出资额或认购的股份为限对公司债务承担有限责任。[①] 合伙企业则基于不同的合伙类型对不同的合伙人设置不同的责任承担方式。[②] 若设立个人独资企业，则投资人需要以其个人财产对企业债务承担无限责任。对于个人财产和企业法人财产的区分，可在企业犯罪的情况下对个人财产予以保全，亦可避免因民营企业家的犯罪而导致企业经营受影响。

从实践层面来看，企业家个人财产与公司财产的混同现象并非个例，尤其是在中小型民营企业内部。个人财产与企业财产的混同，除涉及企业合规性审查等问题外，还可能发生刑法层面的不利后果。根据访谈了解到，在实践中，公司对公账户与私人账户的混用、企业财务制度的不健全、企业家为获得融资而承担无限连带保证责任等，均是属于个人财产与公司财产混同的典型案例。从刑事责任承担的规定来看，《刑法》第271条和第272条规定的职务侵占罪和挪用资金罪，均涉及公司、企业或者其他单位的人员利用职务上的便利，对单位财物的非法占有或不当挪用。在此背景下，若民营企业家涉嫌犯罪，因个人财产与企业财产的混同，极易导致企业财产受到不必要的牵连。从风险防控的角度来看，设立现代企业管理制度，配备专业的财务管理人员，避免个人财产与企业财产不必要的牵连，系从根本上减少纠纷的有效路径。

其次，个人财产与家庭成员财产的区分。现代婚姻制度对夫妻个人财产和家庭共有财产进行了区分，并在一定程度上对夫妻个人财产予以认可。如

---

① 我国《公司法》第3条规定，公司是企业法人，有独立的法人财产，享有法人财产权。公司以其全部财产对公司的债务承担责任。有限责任公司的股东以其认缴的出资额为限对公司承担责任；股份有限公司的股东以其认购的股份为限对公司承担责任。

② 根据《合伙企业法》第2条的规定，普通合伙企业由普通合伙人组成，合伙人对合伙企业债务承担无限连带责任。有限合伙企业由普通合伙人和有限合伙人组成，普通合伙人对合伙企业债务承担无限连带责任，有限合伙人以其认缴的出资额为限对合伙企业债务承担责任。

我国《民法典》第1063条对属于夫妻一方个人财产的5种情形进行了列举,[①] 与此同时，根据《民法典》第1065条的规定，男女双方可以约定婚姻关系存续期间所得的财产以及婚前财产的归属。上述协议对夫妻双方，且对知道该协议的第三方具有约束力。在刑事案件涉案财物处置程序中，若需对涉案人员的财产采取强制性措施，则需严格区分涉案人员的个人财产、夫妻共同财产及另一方的个人财产。从规范层面来看，对于上述财产的区分标准，《刑事诉讼法》领域缺乏相应的规制，故此，可以借鉴《民法典》对该问题的规定。具体而言，若特定的财产属于《民法典》第1063条列举范围内的属于夫妻一方所有的个人财产，则严禁采取强制性措施；对于《民法典》第1062条列举的家庭共有财产[②]，则需分情况对待：若生产、经营收益系夫妻一方因实施犯罪活动获得，则即便其属于家庭共有财产，仍可对其全部的收入采取强制性措施。简而言之，若要对家庭共有财产采取强制性措施，则需由侦查人员提供相应的证据，证明该财产确系涉案财物的范畴。对于涉案人员个人财产和家庭成员财产的严格区分，可以保障非涉案家庭成员的财产权，从而在最低限度上体现刑事诉讼的人道主义关怀。

4. 案例问题反思之三：涉案财物处置过程中对善意第三人权益的保障

表1中反映的律所账户被冻结一案折射出的问题是，在涉案财物处置过程中，如何保障善意第三人的合法权益。当然，善意第三人并不局限于刑事辩护律师，还涉及大量交易的第三方主体。例如，现在司法实践中新出现的一种问题是，在大量P2P平台倒闭的情况下，P2P平台支付给其普通员工的工资和奖金等费用是否属于涉案财物的范畴，上述财物是否也会面临被追缴的命运。2019年11月，某地公安机关发布的一则公告要求涉嫌非法集资的行为人（包括部门主管、普通员工、业务辅助人员以及其他为吸收资金提供

① 主要包括5种情形：（1）一方的婚前财产；（2）一方因身体受到伤害获得的医疗费、残疾人生活补助费等费用；（3）遗嘱或赠与合同中确定只归夫或妻一方的财产；（4）一方专用的生活用品；（5）其他应当归一方的财产。

② 根据《民法典》第1062条的规定，夫妻在婚姻关系存续期间所得的下列财产，为夫妻的共同财产：（1）工资、奖金、劳务报酬；（2）生产、经营、投资的收益；（3）知识产权的收益；（4）继承或者受赠的财产，但本法第1063条第3项规定的除外；（5）其他应当归共同所有的财产。

帮助的人员）将工资、提成、奖金等费用退缴至公安机关指定的账户引发了广泛的争议。

首先，就律师费用的支付而言，在合法委托的情况下，公安司法机关应当确保刑事辩护律师的合法权益。根据《律师法》第25条的规定，律师承办业务，由律师事务所统一接受委托，与委托人签订书面委托合同，按照国家规定统一收取费用并如实入账。在非法集资类案件中，犯罪嫌疑人对律师费的支付事实上涉及非法集资受害人财产权的保障、被告人辩护权的保障以及辩护律师合法劳动所得的保障三者之间的权衡。

从刑事辩护的属性来看，辩护权是宪法层面规定的法定权益，且“刑事诉讼的历史就是辩护权扩充的历史”①。在刑事辩护中，若律师费用可因涉嫌赃款赃物而被侦查机关任意冻结，将会使得辩护律师在刑事诉讼中处于更为尴尬的境地。由此而导致的一个更为严重的后果是，在此类案件中，辩护律师的参与率将会急遽下降，律师群体的集体性失语对于保障被追诉人的财产性权益显然极为不利。

从民事法律关系的角度来看，善意第三人制度的确立在于减少社会经济交往过程中的成本。“通过第三人善意‘弥补’处分权的不足，从而限制了所有权人的追及权。”② 从善意第三人的概念来看，其核心要义在于第三人的不知情，即第三人基于善意完成交易，从而阻断了权利人的追及权。但问题在于，从严格的意义上来看，辩护律师是否属于善意第三人的范畴需要明确。一方面，金钱属于种类物。辩护律师在接收委托时，其仅能明确委托人涉嫌的罪名，但其无法确认委托款项的来源。若制度设计上需要辩护律师在接受委托时即确认特定款项是否为非法集资类的款项，存在事实上的难度，也额外增加了社会的成本。就这个意义而言，可以推定辩护律师的“善意”。另一方面，若辩护律师的服务费需要被退回，推而广之，涉嫌非法集资的犯罪

---

① ［日］田口守一：《刑事诉讼法》（第5版），张凌、于秀峰译，中国政法大学出版社2010年版，第107页。

② 郭志京：《善意取得制度的理性基础、作用机制及适用界限》，载《政治与法律》2014年第3期，第17页。

嫌疑人在社会上发生的所有交易均存在被撤销的风险，而此极易引发社会层面的冲突与矛盾，与现代市场经济的理念格格不入。就刑事案件律师费的收取而言，只要辩护律师是在法律规定的范围内收费的，且不存在对赃款的转移，则律师获得报酬的权利应当得到法律层面的维护。

其次，就一般劳动报酬的支付而言，是否在P2P公司的所有工作人员，其工资、奖金等均存在被追缴的风险，需要分情况讨论。P2P公司的创始人和核心团队成员若“明知”P2P平台从事违法犯罪活动的情况，且从主观意愿上来看，其不仅放任而且积极推动犯罪行为的进程，并从犯罪活动中获得可观的收益和报酬，对于此类人员工资和提成等的追缴，有利于更好地维护集资参与人的合法权益，实现对赃款赃物的追缴，且法律的惩戒性得以体现。但对于无法接触公司核心业务，仅为公司的运行提供服务保障性工作的人员而言，则需推定其主观方面的“善意”，对其的劳动报酬权法律层面应当予以保障。从标准划分和证明的角度来看，对于P2P公司不同的工作人员，应以其具体的工作职责为基准予以不同的对待。在界定的过程中，若相关人员对公安机关初次划分的标准存疑，则异议一方可以提供相应的证据，要求公安机关予以重新确认。

5. 案例问题反思之四：涉案财物处置过程中公检法的关系厘清

涉案财物处置问题，涉及侦查、起诉、审判和执行各个环节，涉及公安机关、人民检察院和人民法院等各个刑事诉讼专门机关。从上述案例可以看出，在涉案财物处置过程中，公检法之间存在不少衔接的问题，公检法的关系有待进一步厘清。实践中，在涉案财物处置过程中，审判机关在此环节中的作用常被忽视，具体如下：

一是涉案财物不移送法院。由于涉案财物先行处置等机制的存在，不少涉案财物客观上不进入法院；而涉案财物流转机制的不健全及流转手续的不完备，致使法院根本无法知晓特定涉案财物的存在情况。以孟晓磊案为例，2002年5月16日，阳泉市中级人民法院以挪用公款罪、虚假出资罪一审判处孟晓磊有期徒刑7年，并处罚款6万元；2002年7月25日，山西省高级人民法院终审改判孟晓磊无罪。在该案中，孟晓磊99万余元的现金和一辆丰田佳美轿车被当作“涉案赃款赃物”扣押，但上述涉案财物一直在检察机关控制之下，并未移送给法院。[①] 在刑事诉讼中，对于涉案财物处置，各个部门之间各自为政，法院对于涉案财物的最终走向过程缺乏掌控，易引发后续隐患。

二是涉案财物处置问题未在判决书中体现。从现有判决来看，在不少案件中，虽然法院知晓涉案财物的存在，但基于各种因素的考量，涉案财物的最终处置未在判决书中体现，由此导致后续救济困难重重。以吉林孙氏三兄弟涉黑案为例，对于孙宝东提出的返还某大厦的房产问题，法院认为，该房产系某大厦的一部分，该大厦又系某公司受吉林市公安局、吉林市人民检察院委托代管的，而有关法院的刑事判决中均未认定该代管行为、未作出与此行为直接相关的财产刑判项，故向法院提出返还房产的主张缺乏事实根据和法律依据，不予支持。[②] 对于该案中扣押的房产和冻结的现金，法院采取“事不关己高高挂起”的态度，以未判决为由拒绝承担相应的责任。

在北鹏公司申请刑事违法扣押赔偿案中，判决生效后，北鹏公司在向辽宁省公安厅提交返还扣押财物、文件申请书而未获答复后，又向辽宁省公安厅提交赔偿申请书，要求辽宁省公安厅返还所扣押的公司2000万元及财务文件，并赔偿违法扣押期间的财产损失731,616元。[③] 在该案中，辽宁省本溪市中级人民法院的有罪判决未对涉案财物作出处理，辽宁省公安厅也未就涉案财物的处理征求本溪市中级人民法院的意见，而是在法院判决生效后继续扣押相关财物。[④] 法律规定的过于原则，以及程序违法后果的缺失引发后续执行中的困境，亦使当事人的救济权难以得到充分保障。

三是涉案财物处置过程中检察机关监督职能的缺位。检察机关是我国

---

① 参见《教育家被拘后无罪释放　检察院拒不返还百万财产》，载搜狐网：http://news.sohu.com/2003/11/17/02/news215670240.shtml，最后访问日期：2021年7月28日。

② 参见卢义杰、王景烁：《最高法决定立案审理吉林“涉黑典型”国家赔偿案》，载《中国青年报》2018年1月31日，第3版。

③ 参见罗书臻：《最高法通报北鹏公司申请刑事赔偿案有关情况》，载《人民法院报》2018年1月31日，第1版。

④ 参见熊秋红：《刑事违法扣押国家赔偿案处理的指导性》，载《人民法院报》2018年1月31日，第2版。

《宪法》规定的法律监督机关，其对刑事诉讼的全过程进行法律监督。在涉案财物处置过程中，无论是对于侦查机关的不当先行处置行为，抑或是对法院在判决书中对涉案财物处置部分表述的缺失，检察机关均未能发挥其应有的职能，甚至在不少案件，如在孟晓磊案中，检察机关对涉案的现金和车辆进行扣押，迟迟未移送给法院，其本身成为程序的违反者。检察机关监督职能的缺位，使得公安、检察院和法院的行为缺乏相应的制约机制，正当程序的价值难以得到体现。

（五）涉产权案件纠错的非常态化

《中共中央、国务院关于完善产权保护制度依法保护产权的意见》明确提出要“妥善处理历史形成的产权案件”。在此背景下，《最高人民法院关于依法妥善处理历史形成的产权案件工作实施意见》《最高人民检察院关于充分履行检察职能加强产权司法保护的意见》等司法文件相继发布，体现了顶层对涉产权案件纠错的决心。

从规则层面来看，《最高人民法院关于依法妥善处理历史形成的产权案件工作实施意见》对涉产权案件纠错的工作原则、工作程序等问题作出了粗疏的原则性规定，产权案件的纠错涉及司法政策、司法责任、行政行为等诸多要素。自上述文件发布以来，一系列涉产权的错案被司法机关纠正。① 上述典型案例的发布，体现了最高人民法院和最高人民检察院运用司法手段保护产权的成效。虽成效显著，但现有涉产权案件更多的仍是遵循自上而下的纠错路径。不少案件甚至需要最高人民法院再审或指令再审方得以纠正，或重显纠错的希望，常态化的纠错机制尚未得到完全确立。

以张文中案为例，在该案中，张文中因涉嫌单位行贿罪、挪用资金罪及诈骗罪被起诉，河北省衡水市中级人民法院认定张文中犯诈骗罪，判处有期徒刑15年，并处罚金50万元，犯单位行贿罪，判处有期徒刑3年，犯挪用

---

① 2017年1月9日，最高人民检察院发布了9起检察机关加强产权司法保护的典型案例；2018年1月30日，最高人民法院发布了7起充分发挥审判职能作用保护产权和企业家合法权益的典型案例；2018年12月4日，最高人民法院发布了6起充分发挥审判职能作用保护产权和企业家合法权益的典型案例。

资金罪，判处有期徒刑1年，决定执行有期徒刑18年，并处罚金50万元。河北省高级人民法院二审判决认定的事实、证据与一审判决一致，决定执行有期徒刑12年，并处罚金50万元。原判生效后，原审被告人张文中向河北省高级人民法院提出申诉，2015年12月21日，河北省高级人民法院驳回其申诉。2016年10月，原审被告人张文中向最高人民法院提出申诉，最高人民法院经审查决定提审本案。2018年5月31日，最高人民法院对该案公开宣判，判决原审被告人张文中、张伟春、原审被告单位物美集团有限公司无罪；原审判决已执行的罚金及追缴的财产，依法予以返还。① 从2006年被采取强制措施，至2018年被宣告无罪，期间多位知名教授，甚至中华全国工商业联合会均为张文中奔走呼吁，但最终都收效甚微。最终，基于顶层重视产权保护的历史契机，张文中案方得以平反。在张文中蒙冤的14年间，物美集团错过了大量的发展机遇。“张文中案件的改判，充分彰显了司法保护产权的示范效应。”② 但非常态机制下的纠错不具备持续性，亦无助于产权保护长效机制的建立。

产权案件保护中司法权的弱势，在海南赵玉南案中显示得淋漓尽致。从该案的程序进程来看，赵玉南于2002年被采取强制措施，而后在2004年被判处无期徒刑。从一审宣判至今，赵玉南坚持申诉，最高人民法院三次启动审判监督程序，但地方法院均裁定维持原判。③ 赵玉南案涉及企业融资担保行为与合同诈骗罪之间的界限，涉及抵押物的价格与银行借款之间的差距等

① 最高人民法院刑事判决书，(2018) 最高法刑再3号。

② 刘武俊：《发挥张文中案改判的司法保护产权示范效应》，载《人民法院报》2018年6月6日，第2版。

③ 2002年赵玉南因涉嫌犯拒不执行判决、裁定罪被刑事拘留，同年因涉嫌犯职务侵占罪被逮捕，2004年5月，海口市中级人民法院以合同诈骗罪判处赵玉南无期徒刑；海南省高级人民法院于2005年裁定驳回上诉，维持原判；2007年11月，最高人民法院决定指令海南省高级人民法院再审；2008年9月，海南省高级人民法院裁定维持原判；2011年9月，最高人民法院决定对赵玉南案进行提审；2013年7月，最高人民法院裁定发回海口市中级人民法院重新审判；2014年海口市中级人民法院重审一审认定赵玉南合同诈骗罪成立；2015年，赵玉海再次向海南省高级人民法院提出上诉；2017年12月，海南省高级人民法院裁定驳回上诉，维持原判。参见邢东伟、翟小功、方茜：《海南省高院再审宣判一起合同诈骗案公司老总诈骗七千七百万元被判无期》，载《法制日报》2017年12月16日，第8版。

问题。在漫长的申诉过程中，还存在关键性的证据资产评估报告的丢失、伪造等插曲；对于资产评估报告的真伪，各方各执一词，出具的鉴定意见亦存在不同。① 从结果层面来看，赵玉南案尚未终结，但可以肯定的是，海南房地产发展的黄金 10 年，赵玉南因在监狱而遗憾错过。

事实上，无论是张文中、顾雏军、李美兰案，抑或是赵玉南案，涉产权案件的纠错都具有一些共性的因素：首先，案件纠错时间普遍较长。张文中案从案发到平反，历时 12 年；顾雏军案则前后历时 14 年，从最高人民法院决定再审，到作出再审判决，历时超过一年半。在漫长的纠错过程中，上述民营企业家的人身自由被限制，企业的发展也受到波及，如物美集团的零售业务辉煌不再，损失惨重。即便案件最终平反，但对各自管理的企业而言打击均是致命的。其次，案件纠正过程中存在反复。以赵玉南案为例，此案历经 7 次审理，6 次判决，最高人民法院三次启动审判监督程序，虽在此期间有新的证据出现，但赵玉南申诉的希望却一次次落空。产权案件纠错过程中，存在各方利益的纠缠。再次，从纠错途径来看，存在最高人民法院介入这一关键性因素。张文中、顾雏军和李美兰案，由最高人民法院决定再审，重现产权案件纠错的曙光；赵玉南案，最高人民法院三次启动审判监督程序，但仍未平反。需要注意的是，在重大涉产权刑事错案中，最高人民法院的介入构成产权案件得以平反的必要但不充分条件。最后，在现实的司法语境下，产权案件的纠错在客观层面需要发挥各方面的合力亦面临不小的阻力。以张文中案为例，此案能判无罪或许带有时势造运气成分，如果不是基于现有的时代背景，申诉改判无罪可能很难。在张文中案中，其挪用资金罪不成立的主要理由是事实不清、证据不足，实践中这类型的案件在申诉时当事人基本不会被改判无罪。

（六）国家赔偿启动困难及赔偿范围受限

产权案件在纠错之后，就面临国家赔偿问题。根据《国家赔偿法》的规

---

① 参见郭芳：《赵玉南合同诈骗案：漫长的申诉》，载《中国经济周刊》2016 年第 45 期，第 44－45 页。

定，行使侦查、检察、审判职权的机关以及看守所、监狱管理机关及其工作人员在行使职权时有侵犯财产权的，受害人有取得赔偿的权利。从现有曝光的案件来看，在国家赔偿层面，涉产权案件的国家赔偿存在国家赔偿启动困难及赔偿范围受限等问题。其中，典型的案件有马占奎案、吉林孙氏三兄弟涉黑案等。

以马占奎案①为例，该案主要涉及那曲公安机关对 58 千克黄金的扣押问题。在该案中，5 名股东曾经三度申请国家赔偿，申请的对象包括那曲公安处、西藏自治区公安厅以及西藏自治区高级人民法院，但是两次遭拒，理由是公安机关对涉案财物的扣押符合法律规定。从 1999 年黄金被扣押，到 2017 年西藏自治区高级人民法院作出国家赔偿的决定，历时 18 年。由此可见，涉产权的刑事案件，即便案件最终得以平反，但财产受侵害的公民个人的国家赔偿之路，仍然举步维艰。

吉林孙氏三兄弟涉黑案件，则反映出国家赔偿的范围过于狭窄的问题。该案于 2017 年 1 月由最高人民法院作出再审判决，因事实不清、证据不足，孙宝民等 9 名被告人被改判无罪，孙氏三兄弟均恢复自由。2017 年 11 月，吉林省高级人民法院作出国家赔偿决定。但从赔偿的范围来看，关于因申诉及再审产生的 100 万元差旅费、律师费的赔偿申请，吉林省高级人民法院以“国家赔偿实行法定赔偿原则，该请求不属于国家赔偿问题”为由，不予赔偿。对于孙宝民提出的精神损害抚慰金 1000 万元，以及某大厦 2010 年 12 月

---

① 1998 年，马生福取得一金矿的采金权。1999 年 12 月，那曲公安处以涉嫌非法运输、贩卖办理此案，马占奎等人被取保候审，所扣押的黄金之后被变卖给银行，所得 382 万余元以“罚没款”名目上交给那曲财政局。2016 年 6 月，马占奎等 5 人联名向那曲公安处递交了国家赔偿申请书，并要求那曲公安处退还被违法扣押的 58 千克黄金，那曲公安处在法定期限内未作出是否赔偿的决定。2016 年 10 月，5 人向西藏自治区公安厅提出行政复议申请，公安厅以“赔偿义务机关在办理刑事案件中，对涉案财物进行扣押、对犯罪嫌疑人采取强制措施，均符合法律规定，不属于国家赔偿范围”为由，复议决定不予赔偿。2017 年 1 月，5 名股东再次向西藏自治区高级人民法院提出了国家赔偿申请。西藏自治区高级人民法院赔偿委员会认为，马占奎等 5 人请求国家赔偿理由成立，法院予以支持。参见王巍：《黄金被扣 18 年　5 人获千万国家赔偿》，载搜狐网：http://www.sohu.com/a/163302707_267106，最后访问日期：2023 年 5 月 1 日。

至2017年5月的经营收益7637.5万元，亦未获得国家赔偿决定的支持。[①] 从该案国家赔偿的处理逻辑和处理结果来看，大量与产权案件申诉相关的直接费用，事实上并未纳入国家赔偿的范围之内。即便产权受侵害的公民个人历经千辛万苦走完国家赔偿程序，但其最终获得的国家赔偿难以弥补其受到的损失以及相应的支出。赔偿结果的有限性在一定程度上会打击普通公民申请国家赔偿的积极性。

此外，从国家赔偿数目的计算来看，还涉及国家赔偿起始日期的计算。以北鹏公司申请刑事违法扣押赔偿案[②]为例，该案关于国家赔偿的争议主要聚焦于违法扣押计息时间及计息标准的计算。该案经过双方协商之后，为平衡公权和私权，赔偿义务机关同意对刑事判决生效前合法扣押的损失予以适当弥补，并以作出赔偿决定时整存整取一年定期存款利率为标准计息；赔偿义务机关同意对刑事判决生效后违法扣押的损失予以赔偿，而后北鹏公司获得被扣押的2000万元及相应的83万元利息。北鹏公司最终获赔的83万元利息与其一开始要求赔偿的825.6万元孳息相差近10倍。该案的典型意义在于，国家赔偿所涉利息赔偿问题在法律上仅有原则性规定，而该案对此予以了具体化，故具有一定的指导价值。

从立法目的来看，《国家赔偿法》是为了保障公民、法人和其他组织依法享有取得国家赔偿的权利，促进国家机关依法行使职权。切实落实《国家赔偿法》的规定，降低财产受侵害的公民的维权成本，亦是敦促司法机关按规定处理涉案财物，保障公民财产权的有效方式。从现有的司法实践来看，无论是国家赔偿启动的困难，抑或是国家赔偿范围的狭窄，事实上均是对财产权受到侵害的公民或企业的二次伤害。

① 参见卢义杰、王景烁：《最高法决定立案审理吉林“涉黑典型”国家赔偿案》，载《中国青年报》2018年1月31日，第3版。

② （2015）法委赔字第6号。

第四章
刑事诉讼中财产权保护问题的原因

案例反映出的形形色色的问题背后有其深层次的原因。这些原因既包括法条层面规定的问题，也包括制度性制约的缺失，还涉及部门利益的牵连与不当法外因素的干预。各种主客观因素的杂糅致使刑事诉讼中财产权保护问题乱象丛生。本部分将从制度设置、理论研究、司法实践等方面入手，对刑事诉讼中财产权保护问题的深层次原因加以探究。

一、制度方面：刑民案件区分难及诉讼配套机制不规范

刑事涉产权案件保护的问题从制度层面来看，既包括实体法的缺陷，涉及司法政策对司法活动的客观侵入，还包括刑事诉讼配套机制和立法体系方面的不足。实体法和程序法的双重短缺构成刑事诉讼财产权保护不足的制度性制约。

（一）刑民案件、行刑案件客观上区分的难度大

在大量涉产权刑事案件中，可能涉及刑法条文问题，可能涉及刑事、民事和行政案件边界的问题，还可能涉及司法政策的问题。从内涵上来看，司法政策是司法机关制定的对司法活动进行规范的规则，包括路线、方针、政策和指示等；司法政策获得正当性是立法缺位和司法能力双重作用下的结果。[①] 如上

---

① 参见李大勇：《论司法政策的正当性》，载《法律科学（西北政法大学学报）》2017 年第 1 期，第 19 页。

所述，对于刑法规范的教义学解读存在事实上的模糊和裁量空间，而司法政策这一不确定性要素的加入，则更加剧了实践中的混乱局面。

以张文中案为例，认定张文中是否构成诈骗罪的一个前提和基础性问题是认定民营企业是否有资格申报2002年国债技改项目，而这显然是一个政策性的问题。根据当时的情况，在得知该批国债技改贴息资金主要用于支持国有企业技术改造项目时，张文中决定以诚通公司下属企业的名义进行申报。最高人民法院经审理认为，物美集团在申报国债技改项目时，国债技改贴息政策已有所调整，民营企业具有申报资格，且物美集团所申报的物流项目和信息化项目均属于国债技改贴息重点支持对象，符合国家当时的经济发展形势和产业政策。[①] 根据张文中案辩护律师的辩护意见，国家的任何有关政策文件和档案材料中都没有明令禁止非国有企业申报这种国债贴息项目，而张文中通过诚通公司下属企业的名义申报，仅仅属于申报的一个渠道。在对张文中案进行审理的过程中，对于当时国债技改项目政策的充分了解成为案件区分罪与非罪的关键所在。从表面上来看，该案的争议焦点之一在于民营企业是否具有申报国债技改项目的资格。但从更深层次的层面来看，该案件实则反映出在特定的历史时期，国家在出台相应的政策时对民营企业不够关注。国有企业与民营企业在获得政策和资金支持层面长期处于不对等的局面。

就民营企业而言，在特定历史时期，因为政策性规定的存在以及具体操作层面的不合规，一方面，基于法律的灰色地带，民营企业运用挂靠等手段获得大量的补贴，进而获得巨大的发展；另一方面，这也使民营企业长期徘徊于罪与非罪的边缘，从风险防控层面来看，民营经济的生产经营往往涉及法律风险，刑事合规体系是民营企业人身和财产权益保护的前置环节和形式要义。[②] 而对于改革开放以来特定时期民营经济在经营过程中的不规范问题，

---

① 最高人民法院刑事判决书，(2018) 最高法刑再3号。

② 参见杜方正：《民营企业权益保障的制度化与刑事合规》，载《人民论坛》2019年第29期，第108页。

则应以历史的眼光予以看待，综合考量当时的政策、行为的危害性、主观层面的恶性以及客观层面对于经济社会的促进作用等多个方面的因素，实现对民营企业及民营企业家特定行为的准确定性。

除刑民界限不清外，不少案件还涉及行政案件与刑事案件的界限不清。在我国，公安机关具有行政执法和刑事司法双重权限。公安机关在治安管理中可以采取传唤、留置、扣押等行政强制措施；在刑事侦查中可以采取查封、扣押等刑事强制措施，并对拘留、逮捕的犯罪嫌疑人实施羁押。[①] 从司法实践来看，行政违法行为被作为刑事犯罪行为处理亦非新鲜事，如在前述的鸿茅药酒等案件中，刑事犯罪与行政违法被混淆使用。然而，用刑事诉讼程序代替行政执法程序极易引发司法腐败。从实体法层面来看，由于我国将行政违法行为与刑事犯罪行为采取程度差异的立法模式，没有采取将大量的行政违法行为纳入刑法调整的范畴，而以“严重的社会危害性”作为区分标准。而社会危害性是否达到严重的程度，由公安机关人员进行主观裁量。[②] 在判断特定行为是属于行政违法行为还是刑事犯罪行为的标准上，立法层面规则的缺失和模式使得公安机关人员具有极大的裁量权。不受监督的裁量权加剧了权力腐败的可能性。从程序法层面来看，根据我国《刑事诉讼法》的规定，刑事案件的立案需要满足如下几个标准：有犯罪事实、需要追究刑事责任、满足刑事案件管辖的规定。立案是刑事诉讼的必经程序，对案件起到分流的作用。在初查阶段，让侦查人员判定是否有犯罪事实具有现实难度。“在开始侦查程序时，司法人员其实不是真的清楚他们到底在做什么。”[③] 在相对主观的判断过程中，公安机关享有的裁量权使其可以对特定行为作出不同的定性。从侦查机关的角度来看，将特定的行政违法行为作为刑事犯罪行为进行立案不会遭受到程序法层面的不利评价。实体法和程序法层面的双重

---

① 参见何海波：《行政诉讼法》，法律出版社 2022 年版，第 130 页。

② 参见张泽涛：《行政违法行为被犯罪化处理的程序控制》，载《中国法学》2018 年第 5 期，第 208 页。

③ ［德］托马斯·达恩史戴特：《失灵的司法——德国冤错案启示录》，郑惠芬译，法律出版社 2017 年版，第 49 页。

困境，致使在财产权保护领域，行政执法与刑事司法衔接出现大量悬置的问题。

（二）批准手续行政化，没有建立规范的司法审查制度

我国现有的涉案财物查封、扣押、冻结、保管、移送、返还、处理等程序规定所体现的是鲜明的行政性特点，基本上未能反映司法的规律性要求。这是有关部门的权力易于失控，违法查封、扣押、冻结、处理涉案财物现象产生的重要原因。无论是《公安机关涉案财物管理若干规定》，还是《人民检察院刑事诉讼涉案财物管理规定》，其对于涉案财物的处置均遵循自我审查的模式，实行部门内部的监督。如《人民检察院刑事诉讼涉案财物管理规定》第7条第3款规定，人民检察院监察部门依照有关规定对查封、扣押、冻结、保管、处理涉案财物工作进行监督。从法理层面来看，“如果保护基本权利的确是国家的根本任务，那么在制度上设计某种审查方式就成为最后的防线”①。从审查的方式来看，自我审查显然是一个逻辑怪圈，难以有效起到制衡作用，这一机制对利害关系人的权利保障极为不利。

规范的司法审查制度的缺乏，引发一系列不利的后果。首先，最直接的影响是，对于涉案财物的处置缺乏必要的程序性制约，这引发涉案财物处置过程中的无序，直接导致公安司法机关对公民个人和企业财产权的不当侵害。在涉案财物处置程序中一旦发生错误，往往难以纠正。其次，从后续的影响来看，因为涉案财物的先行不当处置，各个部门对现有利益的既定分配导致涉产权案件的纠错困难重重。在涉案财物的处置已成既定事实的背景下，法院作出无罪判决的可能性较小。最后，从国家赔偿制度的运作来看，因为责任主体的不明确，导致对赔偿义务机关的认定存在争议。因此，构建司法化或准司法化的涉案财物处置审批手续有利于从源头层面改善刑事司法中涉案财物处置的无序与乱象。

从程序本身的作用机制来看，程序的功能不是仅在有关上述正当判决形

---

① 陈景辉：《比例原则的普遍化与基本权利的性质》，载《中国法学》2017年第5期，第290页。

成及确保其正统性的结果上才成为问题，它还独立地发挥着与判决内容无关或者说没有达至判决的重要作用。[①] 在涉案财物处置领域，行政化审批程序的存在，中立第三方审批主体的缺失，使程序本身从外观上来看即缺乏正当程序的要件。从学理层面来看，现代程序是一种为了限制恣意，通过角色分派与交涉而进行的，具有职业自治的理性选择的活动过程。正当程序应当符合如下几个要素：对立面、决定者、信息和证据、对话、结果等。[②] 以正当程序的基本要素审视我国现有的涉案财物处置程序，可以发现现有的程序存在不少问题：首先，程序本身缺乏对立面的介入。在涉案财物处置过程中，利害关系人难以获得有效的程序性救济，故利害关系人难以作为有对立关系的个体参与到程序中。在此过程中，相反的意见或声音难以被听到。其次，程序的决定者本身与程序的结果存在利害关系，难以实现中立性的要求。对于涉案财物的处置，不仅会影响到公安机关对案件证据的收集，还会实质性地影响到公安机关的财产性收益。在程序决定作出的过程中，公安机关不仅是运动员，还是裁判者。两种职责的合一致使侦查机关作出的决定具有明显的倾向性特征。最后，程序在实施过程中缺乏相应的对话机制。利害关系人在程序中的失声致使其合理的主张及依据难以被程序性决定的作出者听到。程序决定者在作出决定前，缺乏相应的反思机制，程序决定的错误性呈现指数级的上升。

二、理论研究：观念上重视不够及相应的研究素材不足

（一）传统观念中重视人身权保护机制的研究

从现有研究来看，在刑事诉讼领域，相比于对人身权保护汗牛充栋般的研究成果，对财产权的研究较不充分。从专著层面来看，专门对刑事诉讼中的财产权问题进行研究的论著仅为个位数，且大多以博士论文或博士后出站

---

① 参见［日］田中成明：《现代社会与审判：民事诉讼的地位和作用》，郝振江译，北京大学出版社2016年版，第250－251页。

② 参见孙笑侠：《程序的法理》，商务印书馆2005年版，第29－30页。

报告为基础写作；从论文层面来看，现有的研究成果，不仅总量稀少，而且层级不高，如刊载于法学类核心期刊的论文，仅为寥寥数篇。当然，自2016年《中共中央、国务院关于完善产权保护制度依法保护产权的意见》发布以来，相关的研究呈现增多之势，财产权保护问题逐步成为刑事研究领域一个新的增长点。不少知名的刑事诉讼法学、刑法学和民事诉讼法学学者开始关注这一领域，并产出一批高质量的研究成果，且不少发表于《法学研究》《中国法学》等权威刊物。

在以往的理论研究中，刑事诉讼中财产权保护问题的研究与人身权保护的研究严重失衡有其特定的原因与背景。从传统上来看，一般认为刑事诉讼是以实现国家刑罚权为其使命的诉讼形式，它所要解决的是如何追究被追诉人刑事责任的问题。基于上述理念与目的，国家权力在必要时会强行干预和限制被追诉人的人身和财产权利。由于人身权的特性，其获得了更多的理论关照和制度保障，且2010年前后大量涉及死刑案件错案的曝光更是显示出我国刑事诉讼运行中的大量痼疾，进而吸引了大量学术资源的投入；相形之下，刑事诉讼中的财产权保障显得无人问津，私有财产权和企业产权保护的观念当时亦尚未深入人心。这导致的结果是刑事诉讼中对被追诉人财产权和人身权的差别保护和研究。

从实体法层面来看，我国刑法向来将对于行为以外的利益剥夺手段（如没收等）作为从属于主刑的法律效果；而德国的刑法则是将此种利益剥夺手段作为一种与刑罚并行的法律效果。① 立法层面的不同定位，导致对权利保障机制设置存在不同，而理论研究层面的相对忽视使得理论丧失了反哺于立法的功能，理论与实践难以形成有效互动。从现有刑事法学界的研究来看，对于财产刑问题研究的理论成果亦相对缺乏。不少刑事法学者对财产权的研究关注不足的一个重要原因还在于，刑事司法中的财产权保护问题涉及大量实践层面的细则，而特定的刑事法学者若缺乏相应的实务经验，则难以对司

① 参见柯耀程：《没收、追征、追缴与抵偿制度之运用与检讨》，载《法令月刊》2008年第6期，第8页。

法实践中的问题作出有针对性的回应。

（二）企业刑事合规领域实证研究等素材缺乏

在刑事合规领域，企业刑事合规制度虽然日益受到关注，但国内学者对其的理论研究仍然极为有限。刑事合规制度事实上涉及《刑法》《刑事诉讼法》《行政诉讼法》《公司法》等诸多法律领域的问题。但从现有的研究人员构成来看，大多系刑事诉讼法学者和刑法学者，行政诉讼法和公司法等领域的学者发声极少。刑事合规制度研究的团队尚未形成，现有关于刑事合规制度的理论研究仍然不够深入，大多限于制度层面的介绍。在刑事合规领域，一个重要的问题就是单位犯罪和个人犯罪刑事责任的切割问题。但反观刑事责任领域，对于单位犯罪问题的理论研究明显不足，如现有理论研究中对单位犯罪责任人员的认定、单位犯罪主观故意的判断等基础性问题仍未达成共识。基础理论研究的薄弱，阻碍了刑事合规领域研究进一步深入的可能性。

不同于美国等具有较长的合规发展历史的国家，我国在制度层面确立合规的时间不长。自 2017 年起，国家各监管部门发布《合规管理体系指南》《中央企业合规管理指引（试行）》《企业境外经营合规管理指引》等规范性文件；2021 年，最高人民检察院、司法部、财政部等印发《关于建立涉案企业合规第三方监督评估机制的指导意见（试行）》，涉案企业合规机制得到进一步发展。上述文件均属于规范性解释的文件，位阶普遍不高，该领域的立法相对缺失。从研究的方法和内容来看，因为刑事合规仍处于试点阶段，本土性案件相对匮乏，现有的研究视角大多限于比较法层面，实证研究较少。在刑事合规试点阶段，囿于统一性规则的缺乏，相应的法教义学的研究较为缺失。研究素材的相对有限，进一步制约了刑事合规领域研究的发展。

三、司法实践：侦查中心主义占据主导地位

（一）侦查中心主义及其表现

侦查中心主义是指侦查程序在整个刑事诉讼中居于中心地位，侦查机关

收集的证据及认定的事实，既是检察机关提起公诉的依据，也是法院作出裁判的依据。[①] 在侦查中心主义的背景下，公安机关一家独大，侦查阶段的结论事实上决定了案件最终的走向。侦查中心主义存在不少弊端，在该模式之下，刑事冤假错案频发。基于对侦查中心主义痼疾的反思，我国自2014年起启动了审判中心主义改革，以更好地实现庭审实质化，确保刑事被追诉人的合法权益。

从侦查阶段对涉案财物的处置来看，包括如下几种典型的样态：一是侦查机关对涉案财物采取查封、扣押、查询、冻结等侦查行为。根据《刑事诉讼法》的相关规定，公安机关根据侦查犯罪的需要，可以依照规定查询、冻结犯罪嫌疑人的存款、汇款、债券、股票、基金份额等财产。从查封、扣押、冻结的时间来看，有时可以达到两年。二是侦查机关对涉案财物作出实质性处理。根据《刑事诉讼法》第245条的规定，对违禁品或者不宜长期保存的物品，应当依照国家有关规定处理。公安机关对于涉案财物的实质性处分缺乏中立性和透明性，在此过程中，利害关系人的权益难以得到有效的救济。三是侦查机关对涉案财物自行控制。根据《刑事诉讼法》第245条的规定，对作为证据使用的实物应当随案移送，对不宜移送的，应当将其清单、照片或者其他证明文件随案移送。但立法层面对于“不宜移送”的认定缺乏相应的标准，这极易导致司法实践中侦查权的恣意性过大。

就刑事诉讼中的财产权保护而言，侦查中心主义亦存在较多的弊端，进而导致公民和组织的财产权益无法在刑事诉讼中得到充分保障。具体而言，在刑事涉案财物处置过程中，无论是涉案财物处置决定的作出，还是对涉案财物处置具体的执行，均由公安机关自行决定，检察机关的法律监督和法院的司法审查均存在缺位。从规范层面来看，《关于进一步规范刑事诉讼涉案财物处置工作的意见》第15条规定，人民法院、人民检察院、公安机关、国家安全机关应当对涉案财物处置工作进行相互监督。但从司法实践来看，刑

---

① 参见陈瑞华：《司法体制改革导论》，法律出版社2018年版，第325页。

事诉讼各个阶段，办案部门自行分诉讼阶段处置涉案财物的问题突出，检察机关的监督机制难以充分落实，法院的司法审查更是无从落地。

就审判阶段来看，《最高法解释》第441条规定，对实物未随案移送的，应当根据情况，分别进行审查。该解释第444条第1款规定，对查封、扣押、冻结的财物及其孳息，应当在判决书中写明名称、金额、数量、存放地点及其处理方式等。涉案财物较多，不宜在判决主文中详细列明的，可以附清单。这就意味着，人民法院不处理未随案移送的财物，且认可涉案财物可以不随案移送的惯例。从后果层面来看，虽然《最高法解释》明确规定人民法院应当在判决书中注明涉案财物的相关情况，但根据调研访谈了解到，司法实践中对于该条规定基本未落地。涉案财物由各个部门自行处置，且主要由公安机关处置已成为刑事诉讼中的常见做法。在司法实践中，大量的刑事涉案财物未随案移送至法院。

（二）侦查中心主义在刑事诉讼财产权保护中的弊端

权力的不受拘束极易导致权力的滥用。各种形式的自我控制、自我审查的模式尽管在设置之初是本着维护公共利益的考量，但是难免在运作中分化为特殊性利益和普遍性利益的对抗。[①] 从我国《刑事诉讼法》的内容来看，分工负责、互相配合、互相制约原则系《刑事诉讼法》的基本原则之一。从其目的来看，这一原则的设置是为了三部门之间的相互制衡，以及时发现工作中存在的问题和错误，并加以纠正。[②] 但在涉案财物处置过程中，三部门之间的制约功能荡然无存。如根据《公安机关涉案财物管理若干规定》第21条的规定，对涉案财物的先行处置，仅需经县级以上公安机关主要负责人批准即可。在此过程中，无须中立第三方的介入。在刑事诉讼财产权处置机制设置中，内部制约和审查属于更为常态化的存在。

侦查中心主义的现状，导致侦查机关的查封、扣押和冻结财产未受司法

---

① 参见［德］迪特·格林：《宪法实施四人谈：司法审查制度设计的比较》，季卫东、郑戈等译，载《交大法学》2017年第1期，第12页。

② 参见孙长永主编：《刑事诉讼法学》，法律出版社2013年版，第90页。

（事前、事中、事后）的制约，侦查机关在审前程序中即对财产作出处理。如在刑事立案阶段，刑民交叉的客观存在，以及公安机关主观认识误差的存在使刑事案件和民事案件难以有效区分，由此导致对财产权保护的各种问题。特定刑事案件无法进入刑事诉讼流程，而不少民事案件被作为刑事案件进行处理。在刑事侦查阶段，无论是决定权还是执行权，均由侦查机关一家专断独行，缺乏基本的程序和部门的制约。检察机关作为法律监督机关，其监督更多属于事后监督的范畴，难以对财产权保护问题形成有效救济。“刑事诉讼判决生效前的执行与判决生效后的执行的分立式规定以及执行权的分散行使都对案外人的权利救济产生负面影响。”①

就刑事诉讼中财产权保护问题而言，在整个刑事诉讼流程中，事前无司法审批，事中缺有效监督，事后不诉，缺乏救济路径，这极易导致权力的滥用。在刑事案件的审判和执行阶段，刑事判决书对侦查期间查封扣押的财产几乎不涉及，即便有所涉及，也寥寥数语，未对刑事涉案财物的处置情况进行详细论述。与此同时，还存在公安、检察院、法院各个机关认识不同，相互争执扯皮的现象。从立法不够重视到司法解释的缺失再到实践的惯性，刑事诉讼中对财产权的保护呈现步步后退之势。侦查中心主义的司法现状是刑事诉讼中涉案财物处置及财产权保护问题的重要根由。“只有彻底摆脱侦查中心主义的困扰，我国刑事司法制度的改革才能取得实质性突破。”②

四、法外因素干预，部门利益牵连

刑事诉讼中的财产权保护，除却制度、理论、司法现状等因素外，还因其涉及大量的财产和经济性收益，牵涉法外因素的干扰和部门利益的纠葛。从这些因素来看，有些涉及司法腐败，需要刑法的介入和规制；而有些则属

① 纪格非：《刑事涉案财物处置程序中的案外人权利保护》，载《法学杂志》2020年第8期，第8页。

② 陈瑞华：《刑事程序的法理》，商务印书馆2021年版，第374页。

于司法体系运作中的常见做法。

（一）法外因素干预

刑事诉讼产权案件的频发，除规则模糊等客观因素外，还存在法外因素干预等现实性问题，具体包括其他企业的施压及行政领导的不当干预。从规则层面来看，很多案件的核心法律问题其实并不复杂；但是在民事经济活动中，动辄上千万元甚至上亿元的合同标的，促使不少企业及相关个人运用公权力手段达到自身的不法目的。从近些年不少法院、检察院系统公职人员“落马”的情况来看，不少涉及企业和律师对其的利益输送。涉产权刑事案件通常涉及巨额标的，立法层面的模糊性进一步加剧了司法层面人为操纵的可能性。一线司法人员难以抵挡金钱方面的诱惑，使涉产权刑事案件的判决结果为人诟病，影响司法的公信力。

在一些涉黑的产权类案件中，领导的干预这一因素尤为突出，由此导致涉黑案件的平反更为困难。从全国范围来看，扫黑除恶专项斗争在各地如火如荼地开展之后，转入常态化运行阶段。2019 年 4 月，《最高人民法院、最高人民检察院、公安部、司法部关于办理黑恶势力刑事案件中财产处置若干问题的意见》发布。在扫黑除恶专项斗争中，公检法司的配合显得尤为重要，从该意见的表述来看，其对于涉案财物的范围作出了更为宽泛的认定，明确提出可以根据诉讼需要，对犯罪嫌疑人个人所有的财产、其他与黑恶势力组织及其违法犯罪活动有关的财产等进行先行处置。[①] 该意见出台的一个重要的目的在于“彻底铲除黑恶势力犯罪的经济基础”。在这一严格的思想指导下，如何在涉黑类案件中排除领导的干预，确保涉案财物的处置合法依规进行，属于新的时代课题。

（二）部门利益的牵连

事实上，刑事诉讼中财产权的保护与涉案财物的处置问题，还与各部门的利益密切相关。在此，部门利益可以分为两个层面：一是不合法的部门利

---

① 参见《最高人民法院、最高人民检察院、公安部、司法部关于办理黑恶势力刑事案件中财产处置若干问题的意见》第 6 条。

益，即公安司法机关工作人员对涉案财物的不当处置而获得的个人利益；二是合法的部门利益，即现有涉案财物处置领域实行的财政返还机制。

吴英案中的资产处置，存在低价贱卖、定向拍卖等问题，参与吴英案涉案财物拍卖人员的资格均被严格限制。在甘肃陈一超案中，根据辩护律师提供的证据，数百万元被转入检察人员的个人账户，存在腐败风险。当然，上述行为本身如果构成犯罪，一旦查证属实，相关人员亦会因此获刑。涉案财物处置问题日益受到顶层设计者的重视，《人民检察院刑事诉讼涉案财物管理规定》《公安机关涉案财物管理若干规定》等文件相继发布，不合法的部门利益的获取渠道，日益被缩减。

在刑事诉讼中，管辖制度本质上是一种权力分配与约束机制。[①] 案件的管辖权与涉案财物的处置问题密切相关，潜在的利益关联引发司法实践中管辖的混乱。在马少华案中，凯里市公安机关强行认定马少华实施组织、领导传销活动罪，但该案中公司的经营地、注册地、被告人的居住地等一系列与管辖有关的地点均不在凯里市。侦查阶段经过两次指定管辖才明确由凯里市公安局进行侦查。[②] 涉案财物处置中的潜在巨额利益，加剧了侦查人员有罪推定的思维，罔顾法律规定，甚至人为炮制错案，致使司法的公信力受到严重损害。

合法的部门利益，涉及财政返还机制。根据《罚没财物和追回赃款赃物管理办法》（已失效）第 11 条的规定，执法机关依法收缴的罚没款、赃款和没收物资、赃物的变价款一律作为国家“罚没收入”或“追回赃款和赃物变价款收入”，如数上缴国库。但事实上，在部门办案经费的划拨问题上，财政按比例返回，成为经费分配的规则之一。“赃款赃物上缴提成的做法一直普遍存在，就是不提成，执法机关也可凭入库赃款数额为筹码要求多拨办案

① 参见《刑事诉讼法学》编写组：《刑事诉讼法学》（第 3 版），高等教育出版社 2019 年版，第 87 页。

② 李蒙：《马少华案：这一杯苦咖啡应该怎么喝?》，载《民主与法制》2018 年第 2 期，第 17－19 页。

经费。”[①] 财政返还制度的存在，一方面，有利于充分调动侦查机关的办案积极性，防止侦查机关的不作为；但另一方面，出于利益因素的考量，侦查机关在刑事诉讼中往往只移送作为证据的财物，而不将查封、扣押、冻结的其他财物进行移送。这导致的结果是，审判机关无法在判决书中对涉案财物的处置问题作出全面的认定，导致后续刑事赔偿机关认定的困难。此外，侦查机关对涉案财物的先行处置，客观上给法院的无罪判决施加了外部压力，这也使对涉产权案件的纠错阻力重重。

五、国家赔偿制度的功能定位有待调整

（一）国家赔偿制度的定位

从概念上来看，我国国家赔偿法意义上的国家赔偿，是指对国家权力活动中的侵权行为，由国家代替致害人作为赔偿主体，以国库收入承担损害赔偿责任的法律制度。[②] 在此界定之下，仍有几点问题需要明确：第一，国家赔偿责任由国家财政负担，但与此同时，具体事项由赔偿义务机关负责。我国《宪法》第41条第3款明确规定，由于国家机关和国家工作人员侵犯公民权利而受到损失的人，有依照法律规定取得赔偿的权利。公民和组织的合法权益被公权力机关侵犯后有权获得国家层面的赔偿，符合最基本的法理。从国家的功能和职责来看，“政府就是在臣民与主权者之间所建立的一个中间体，以便使两者得以互相适合，它负责执行法律并维护社会的以及政治的自由。”[③] 政府在执行法律过程中，必须符合程序法定的原则，确保其行为符合现有的法律规定；当其行为违法时，应当与个人一样承担相应的法律责任。国家机关作为国家职能的履职机关，当其履职不当引发国家赔偿时，则应作为赔偿义务机关。当然，关于赔偿义务机关的确立，各个国家有不同的选择。如在德国，国家赔偿的主体只能是政府，警察局和法院不能成为被告，而只

---

① 左卫民、吴玉馨：《略论赃款赃物的处理》，载《云南法学》2000年第1期，第87页。

② 参见陈春龙：《中国国家赔偿论》，中国社会科学出版社2015年版，第54页。

③ ［法］卢梭：《社会契约论》，何兆武译，商务印书馆2005年版，第72页。

能由其主管的行政机关代表当地政府完成诉讼。[①] 确立单一或多元化的赔偿义务机关，各有其利弊。

第二，国家赔偿的启动有特定的要求，必须是在“行使职权”过程中进行。对此，《国家赔偿法》第 2 条对其作出了明确的规定，即“国家机关和国家机关工作人员行使职权”。从制度设计的目的来看，立法层面规定国家承担赔偿责任必须以国家机关及其工作人员“行使职权”为前提，是为了区分国家赔偿制度和民事赔偿制度，并区分国家工作人员的职务行为和个人行为。[②] 这里涉及的问题是如何界定“行使职权”。从其界定上来看，执行职务的行为，是以某一国家机关的名义行使国家赋予该机关的某项职权、履行该机关职责的公权力行为。[③] 在刑事司法领域，涉及的专门国家机关主要包括公安机关、人民检察院、人民法院、国家安全机关、军队保卫部门、中国海警局和监狱等。在刑事诉讼财产权侵犯领域，适格的主体在履行其法定职责时对公民和组织的合法权益造成侵犯，则可认定为《国家赔偿法》意义上的“行使职权”。

第三，国家赔偿不同于国家补偿，涉及国家赔偿的行为必须具备“违法”的特性。国家补偿是指国家机关和国家机关工作人员的合法行为致使公民和组织的合法权益受损而引发的补偿责任。在此，需要明确的是，对于“违法”的判定，其本质上属于一种客观责任的范畴，国家机关和国家机关工作人员的主观过错对于违法行为的认定并无实质性的影响。对于“违法”的解读，理论层面也存在一些争议。就狭义上而言，“违法”仅指违反法律和法规的规定；从广义上而言，违法还包括违反诚实信用原则、滥用自由裁量权、未履行对特定人的法律义务等情形。[④] 在刑事诉讼财产权保护领域，对于“违法”行为的界定，应当从狭义的角度进行理解：首先，这一理解与

---

① 参见陶凯元主编：《救济损害　重塑公正：人民法院国家赔偿 20 年》，人民法院出版社 2015 年版，第 659 页。

② 参见杜仪方：《国家赔偿相关概念辨析与制度实践》，中国法制出版社 2018 年版，第 3 页。

③ 参见陈春龙：《中国国家赔偿论》，中国社会科学出版社 2015 年版，第 121 页。

④ 参见应松年主编：《国家赔偿法研究》，法律出版社 1995 年版，第 84 页。

刑事实体法层面的罪刑法定原则与刑事程序法层面的程序法定原则相匹配。在刑法层面，罪刑法定原则中的“法”，限于《刑法》条文本身的规定。在刑事程序法领域，程序法定原则中的“法”，包括《刑事诉讼法》以及相应的法律法规，其外延并不延伸至其他的法律原则等。其次，刑事司法实践中对财产权保护重要性的关注较为不足，若对司法机关施加过于严苛的条款，极易导致司法机关在该领域的不作为，不利于利害相关人财产权益的保护。从司法实践来看，对“违法”行为作扩张性的解释，会使得司法行政机关在履职过程中无所适从，挫伤其依法对涉案财物进行处置的积极性。

（二）国家赔偿制度的特点

具体而言，我国的国家赔偿制度具有如下特点：首先，赔偿范围法定。根据《国家赔偿法》第 18 条的规定，受害人因财产权受侵犯而获得赔偿的情形，仅限于两种：一是违法对财产采取查封、扣押、冻结、追缴等措施；二是再审改判无罪，原判罚金、没收财产已经执行。但问题的关键在于，在对涉案财物采取查封等强制性措施时，违法与合法的边界，并不明确。《公安机关涉案财物管理若干规定》第 20 条第 3 款规定：“人民法院作出有罪判决，涉案财物由公安机关管理的，公安机关应当根据人民法院的生效判决，对涉案财物作出处理。人民法院的判决没有明确涉案财物如何处理的，公安机关应当征求人民法院意见。”但在现实中，法院判决书通常不对由公安机关管理的涉案财物作出处置，与此同时，公安机关本身也缺乏征求人民法院处置意见的动力。若特定个人最终被法院判决无罪，那么公安机关对涉案财物的扣押是否违法？若违法，其属于自始违法还是自判决时违法，赔偿的利息又该如何认定？上述问题均有待进一步厘清。北鹏公司申请国家赔偿一案虽对上述问题作出了初步的探索，但仍未上升到普遍的规则层面。赔偿范围的狭窄，关键性术语的不明，使得司法实践中，国家赔偿启动困难。

其次，赔偿程序法定。在国家赔偿领域，涉及的赔偿程序包括请求程序、协商程序、复议程序、决定程序、执行程序等；从规范层面来看，《国家赔偿法》对上述程序均作出了规定。根据《国家赔偿法》第 22 条的规定，赔偿请求人要求赔偿，应当先向赔偿义务机关提出。但从司法实践来看，刑事诉讼中由于分阶段处置涉案财物的现象突出，而刑事被追诉人自财物被采取强制性措施时，即丧失对财物的控制权，致使赔偿请求权人无法准确识别赔偿义务机关，阻碍其取得该项赔偿。如在前述吉林孙氏三兄弟涉黑案中，无论是扣押的房产，抑或是冻结的资金，法院均未在判决书中认定，虽释明该行为与其无关，但始终未告知赔偿请求权人应当向哪个机关行使权利。具体到刑事诉讼领域，过多的刑事诉讼专门机关的存在，过于僵化的赔偿程序，使得赔偿请求权人在权利行使过程中屡屡碰壁。

最后，赔偿标准法定。从根源上来看，国家赔偿制度涉及对损失的填补问题。根据《国家赔偿法》第 36 条的规定，对财产权造成其他损害的，按照直接损失给予赔偿。从直接损失的范围来看，主要包括损坏的财物、贷款利息、职工工资和水电费等经常性费用。[①] 赔偿请求权人因申诉过程产生的差旅费、律师费等费用，以及被扣押房产的经营性收入等，并不属于国家赔偿标准的范围之内。从世界范围来看，国家赔偿的标准，大致有三种：惩罚性标准、补偿性标准及抚慰性标准。惩罚性标准除弥补受害方的损失外，还涉及对加害方行为的惩罚性，在这一赔偿标准之下，受害方通常可以获得较多的赔偿数额；补偿性标准则强调赔偿数额与受害方损失的等量性；至于抚慰性标准，赔偿数额不足以弥补受害者的损失，属于象征性的赔偿。[②] 根据刑事诉讼权威学者的观点，对于我国《国家赔偿法》赔偿标准的设置，其立足点在于既要使受害人所受到的损失得到适当的弥补，又要考虑国家的经济和财力负担状况。[③] 我国国家赔偿标准的具体设定，涉及对国家财力与被害人损失弥补之间的权衡。从现实情况来看，我国的国家赔偿标准，属于抚慰性标准，而非着眼于对赔偿请求权人的损失填平。故此，赔偿请求权人大量

---

① 参见《最高人民法院关于民事、行政诉讼中司法赔偿若干问题的解释》（已失效）第 12 条。

② 参见张红：《财产权损害的国家赔偿标准》，载《国家检察官学院学报》2007 年第 5 期，第 155 页。

③ 参见陈卫东、亢晶晶：《〈关于办理刑事赔偿案件适用法律若干问题的解释〉的理解与适用》，载《人民司法（应用）》2016 年第 13 期，第 33 页。

的合法诉求，被排除在国家赔偿的范围之外。“对间接损失不予赔偿，不符合侵权法的填平、补齐原则。”①

总而言之，我国的国家赔偿制度，有其显著的特色，具有浓厚的赔偿法定主义色彩。国家赔偿启动程序相对严格，国家赔偿标准相对较低，这对于赔偿请求权人来说，无论是启动国家赔偿程序还是最终获得赔偿，均极为不利。

① 最高人民法院研究室编：《最高人民法院司法研究重大课题报告——国家赔偿与司法救助卷》，人民法院出版社2019年版，第249页。

第五章
域外刑事诉讼财产权保护模式的考察

刑事诉讼财产权的保护因法系的不同而有所区别：英美法系刑事诉讼中对财产权保护的基本特点是强调正当程序和私人财产权。由此公权力在对公民的私人财产权进行干预时，判例和立法进行了非常精密化的规定。大陆法系国家一般均在刑法典和刑事诉讼法典中或多或少地规定了对私人财产权进行干预时的程序性规则。二者也存在诸多共同之处，如确立司法令状原则、非法证据排除规则、国家赔偿等。对上述内容比较研究可为完善我国刑事诉讼中财产权的保障提供借鉴。在本部分，笔者将对两个代表性国家（美国和德国）对于刑事诉讼财产权保护的制度加以梳理，并对其共性予以提炼，以期为我国相关制度的完善提供比较法上的经验支撑。

一、美国：强调正当程序，关注私人财产权的保障

美国宪法第五修正案和第十四修正案规定了正当法律程序条款，即“未经正当程序，任何人不得被剥夺生命、自由或财产”。宪法层面对私人财产权保障的强调，构成了刑事司法实践中对财产权保障的宪法渊源。在美国的刑事司法中，正当程序是尊重个人隐私的宪法保障，这些隐私植根于人民的传统与良知中，被视为最基本的权利，是有序自由概念的核心，因此禁止警方采用极端的震撼良知的手段取证。[①]

---

① See Rochin v. California, 342 U. S. 165 (1952).

（一）搜索扣押的对象

在美国刑事司法的语境下，可以搜索扣押的物品分为三种：一是犯罪所得，如赃物；二是犯罪的工具，如作案的刀具；三是违禁品，如毒品。① 从财产的形态上来看，其主要有不动产（土地上的附属物及生成物均包含在内）以及有形或无形的个人财产（包括权利、优先权、利益、主张和有价证券等）。② 在美国宪法第四修正案中规定的财产，包括汽车、行李及其他容器、衣物、武器甚至是犯罪的结果等。③ 需要明确的是，在 Katz④ 案以前，对于搜索扣押的对象，美国联邦最高法院更多关注的是其财产价值，但 Katz 案之后，学者以合理隐私期待作为判断搜索扣押行为合法性的标准。

此外，从美国的司法实践来看，其曾经还通过判例发展出一种非常有特色的制度，即单纯证据规则（mere evidence rule）。该规则最先在 Gouled v. United States⑤ 中得到较为清晰的表达。根据该项规则，特定物品，若非犯罪所得、犯罪工具、违禁品或逃跑的工具，而仅在刑事司法中作为证据使用，则侦查机关不得将其扣押。有学者认为，上述限制是必要的，其能确保搜查令不被作为进行随意搜查的借口，且能确保起诉并非基于对公民个人所有的文件中表述观点的剽窃。⑥ 从适用的证据样态来看，一开始单纯证据规则仅适用于个人的文件，而在 Gouled 案之后，其可以适用于所有非文件类的物品。而后，这一规则开始受到挑战，在 1967 年的 Warden v. Hayden⑦ 中，美国联邦最高法院对这一规则予以废除，开始适用隐私权是否受侵犯而判定侦查行为的合法性问题。在 Warden v. Hayden 的判决书中，法官详细对单纯证据规则的废除问题进行了阐述。在该案中，布坎南大法官认为警察被告知身

---

① 参见王兆鹏：《美国刑事诉讼法》（第 2 版），北京大学出版社 2014 年版，第 88 页。

② 21 USCS § 853,（b）.

③ 参见易延友：《非法证据排除规则的中国范式》，北京大学出版社 2022 年版，第 6 页。

④ Katz v. U. S. , 389 U. S. 347 （1967）.

⑤ 255 U. S. 298 （1921）.

⑥ See Meltzer, *Required Records*, *the McCarran Act*, *and the Privilege Against Self-Incrimination*, 18 U. Cm. L. Rev. 687 （1951）.

⑦ 387 U. S. 294 （1967）.

着浅色帽子和黑色夹克的抢劫犯进入房子，且符合上述特征的衣物在该房内的洗衣机中，在侦查人员知道涉案武器在该房子的另一地方时，被没有搜查令的侦查人员找到。在上述情形下，即便衣物单纯是证据且仅具有证明价值，它也应当被扣押，且在针对被逮捕的犯罪嫌疑人的审判中可以作为证据使用。

（二）搜索扣押的程序

就刑事诉讼中的财产权保护问题而言，在美国，对于财物的扣押，一般情况下需要法官签发扣押令状。如果法官认为，有合理的根据认为被扣押的财物可能在刑事诉讼中被没收，且限制令或中间命令不足以确保该财物的可得性，则法官必须签发令状授权对上述财物的扣押。[①]

具体而言，在对特定财物采取强制性措施的过程中，需要符合如下几个要件：第一，具备相当理由或合理根据。具备相当理由是启动扣押程序的前提性要件，这里涉及的问题是，何为“相当理由”。在 Illinois v. Gates 中，美国联邦最高法院认为“相当理由”是一个流动的法律概念，其并非一套僵化的法律规则，其需要依据个案事实从而做出可能性的评估。[②] 作为一个实务领域的概念，“相当理由”试图在对警察执法错误的容忍和普通公众的权利保障之间寻求妥协。[③] 从美国的判例和相关的研究来看，虽然理论界和实务界从未停止对“相当理由”判断依据具体化的努力，但在“相当理由”判定中的裁量权及先天的主观色彩是实践中难以回避的难题，故对其的判定仍然只能诉诸个案，在个案中由法官基于具体情况判断是否具备“相当理由”。

第二，财产限制令或中间命令无法实现财产保全的目的。在特定的情形下，财产所有权人考虑到即将发生的没收程序，会提前对争议财产进行处理或转移，此时就需要对财产加以保全。根据美国法律[④]的规定，法院可以签

---

① 7A Fed. Proc. Forms § 20：931.

② See 462 U. S. 213 (1983).

③ See Brinegar v. United States，338 U. S. 160，176 (1949).

④ 21 USCS § 853.

发财产限制令或中间命令，要求特定的人员提交保证金，或者采取其他的措施实现对财产的保全，从而确保对财产的没收可以实现。当然，财产限制令或中间命令的签发也需要具备一定的条件，一方面，检察机关在提交起诉状时，需要证明财产限制令或中间命令针对的财产可能在之后的刑事程序中被没收；另一方面，在提交起诉状之前，在给对财产有利害关系的个人发送通知后，法院认为法院有实质的可能性对财产予以没收，且未签发财产限制令或中间命令会导致财产被毁损、被转移或因其他原因导致不可没收。此外，法院在签发财产限制令或中间命令时，也需要进行利益的衡量。财产限制令或中间命令分为两种，常规的财产限制令或中间命令一般不得超过 90 天，除非法院因正当理由对其予以扩展；临时性的财产限制令则不得超过 14 天。① 从上述规定可以看出，美国对于搜索扣押程序的启动设置了较为严苛的条件，这也反映出美国整体上对搜索扣押程序启动较为慎重。

第三，由法官签发令状。作为“相当理由”的一种审查机制，司法令状原则是美国刑事司法的一项重要原则，其体现出司法对侦查活动的审前制约，具有一定的理论根据。一般认为，侦查人员通常面临巨大的破案压力，故其较难界定何为“相当理由”，若将“相当理由”的判断权全然交由侦查人员，必然会使普通公民的权利陷于动荡与不安的境地。故此，此时须由中立的司法官介入，从而实现对公众权利的保护。② 通常情况下，令状的签发需要具备四个要件，即相当理由、宣誓书、对扣押物品的描述、治安法官的签字。需要注意的是，与我国刑事司法实践中对扣押物品的笼统限定不同，在美国司法中，对扣押物品的描述要具备特定性，从而确保侦查人员在对物品进行扣押时不具有过多的裁量空间。例如，描述赃物时，不能仅在令状中

① 若法院决定签发临时性的限制令，则需有证据证明有合理理由相信受限的财产会在定罪之时被没收，且如果发送通知给相关的个人，可能导致财产不可得。临时限制令可以基于申请签发，且无须发送通知或提交起诉状。

② See Johnson v. U. S. , 333 U. S. 10, 13 – 14 (1948).

显示“赃物”一词，而需对赃物的具体形态加以描述，如被盗的电视机的尺寸等信息。[①] 对扣押物品的细致性描述，有助于确保被扣押物品与案件之间的相关性，防止被扣押物品范围的盲目扩大导致被追诉人及利害关系人财产权益的损害。

（三）刑事合规制度的适用

美国是刑事合规制度的发源地。整体而言，美国已经构建起了涉及《公司法》《海外反腐败法》等诸多领域的合规制度。从现有的刑事立法来看，《美国法典注释》等确立了暂缓起诉等机制以更好地实现对企业财产权的保护。在美国刑事合规制度的发展历史上，有若干里程碑式的事件，最终形成了美国刑事合规的现状。

20 世纪 60 年代之后的系列公司丑闻（尤其是 80 年代中期的系列国防工业舞弊丑闻）直接推动了合规理念的普及以及合规计划立法化的实现，如《反海外腐败法》（Foreign Corrupt Practices Act）的出台。该法于 1977 年制定，是目前在该领域最重要的立法。根据该法的规定，其目的在于禁止美国公司向外国政府的公职人员行贿。从内容上看，其包括会计条款、反贿赂条款、刑罚、国际反腐败网络、公司合规计划等。在《反海外腐败法》的框架下，合规项目对公司而言有诸多优势：一方面，合规计划可以阻止诉讼费用、罚金以及因为贿赂丑闻引发的负面公共名声；另一方面，合规计划可以促使公司在很多方面对可能的变化做出反应。比如，合规计划促使公司自愿向司法部或证券交易委员会披露信息以换取轻刑；合规计划可以为公司在涉及股东信托义务违反的诉讼中提供相应的免责机会；有效的合规计划可以减少公司可能面临的罚金等。[②]

1991 年，美国联邦量刑委员会发布了《联邦量刑指南》（Federal Sentencing Guidelines），为被联邦法院系统定罪的被告人设置了统一的量刑规

---

① See Rolando v. del Carmen, *Criminal Procedure*: *Law and Practice*, Brooks/Cole Publishing Company, 1987, p. 167.

② See Sarah Bartle et al., *Foreign Corrupt Practices Act*, 51 Am. Crim. L. Rev. 1265 (2014).

则。从效力层面来看，《联邦量刑指南》在出台之初具有强制适用的效力，而后其引发了合宪性的争议。在 United States v. Booker① 案中，美国联邦最高法院认为该量刑指南在出台之初就违反了美国宪法第六修正案陪审团审判权利的规定。对此可以采取的救济措施是将确立该指南是强制适用的条款删除。在 United States v. Booker 案之后，《联邦量刑指南》仅作为非强制性的建议规则。在内容层面，《联邦量刑指南》在第 8 章规定了“组织量刑指南”，由此开启了企业合规刑事化的新篇章。根据该指南第 8 章第 2.1 条的规定，有效的合规计划必须包含如下要素：一方面，组织应当行使勤勉义务阻止和侦查可能的刑事犯罪行为；另一方面，组织应当创设特定的组织文化，即鼓励有道德的行为以及培养遵守法律的观念。与此同时，上述有效的合规计划必须被合理地设计和实施，以确保相应的计划对于阻止和侦查刑事犯罪行为确实有效。《联邦量刑指南》虽无强制性的效力，但其对刑事合规的倡导，有助于为企业合规的推进提供良好的外部性激励机制。

2002 年，在安然公司、世界通信公司发生丑闻的背景下，美国发布《萨班斯法案》（Sarbanes-Oxley Act，又名《上市公司会计改革与投资者保护法案》），对在美国上市的公司提出了合规性要求。《萨班斯法案》主要在四个领域规定了新的改革举措，包括公司责任、刑事处罚、会计规章和新保护措施。虽然《萨班斯法案》整体内容较为复杂和冗长，但其对企业合规有关的规定主要集中在第 302 条、第 404 条和第 802 条。第 302 条要求企业的高级管理人员作出书面的承诺，即企业的经济报告符合证券披露条款的要求，且公平地呈现了在报告出示时企业的经济情况。若签署经济报告的管理人员明知报告有误仍签署，则需要承担刑事责任。第 404 条则规定了对企业内部管理机制的具体要求。根据该条规定的内容，企业的管理人员和审计人员需要确立内部控制机制和报告方式，以确保内部控制的准确性。其中，内部控制是指企业采用的方式、规则和程序用以确保经济报告和会计信息

① 543 U. S. 220（2005）.

的真实性，是预防欺诈的一种方式。第 802 条是关于记录的保管，包括记录的造假、记录需要保管的时间以及需要储存的记录时间。需要注意的是，《萨班斯法案》是对上市公司提出的合规要求，属于监管层面预防性质的法律规范。

在企业刑事合规领域，美国在司法中确立了暂缓起诉协议（Deferred Prosecution Agreement，DPA）和不起诉协议（Non-Prosecution Agreement，NPA）制度，用以替代原先司法实践中的起诉或不起诉制度。暂缓起诉协议制度是指检察官向法院提交暂缓起诉协议，该协议一直保留在法官的待审文件中，直到该条款的内容被履行，案件被撤销；不起诉协议是指不向法院提交刑事起诉书。[①] 从立法层面来看，DPA 这一制度可在《美国法典注释》中找到相应的立法根据。根据该法第 18 章第 3161 条第 h 款第 2 项的规定，在法院同意的期限内，基于政府代理人和被告人的书面协议起诉可以被暂缓，该期限用于被告人显示其个人良好品行。[②] 需要注意的是，暂缓起诉协议制度和不起诉协议制度不同于辩诉交易制度。辩诉交易制度会使得相关的被追诉人留下被刑事追诉的记录，但在暂缓起诉协议制度和不起诉协议制度的背景下，因涉案企业未经刑事审判流程，故其不会有任何的刑事犯罪记录。

从制度的发展历程来看，虽然暂缓起诉协议和不起诉协议作为政府可适用的合法手段已经多年，但其被政府大量适用于惩罚和改革企业犯罪也只有很短时间。数据显示，从 2000 年到 2005 年，联邦政府仅使用暂缓起诉协议和不起诉协议 36 次；从 2006 年到 2015 年，政府对这些协议的适用呈现指数级的上升，政府使用这些协议一共高达 384 次，在 2015 年一年就达到 100 次。[③] 从适用的对象来看，其中 2/3 是上市公司……[④]暂缓起诉协议和不起诉

---

① See Brandon L. Garrett, *The Public Interest in Corporate Settlements*, 58 B. C. L. Rev. 1483 (2017).

② 18 U. S. C. § 3161 (h) (2).

③ See Barr Benyamin, *Get Your Hands Off My Dpa! The Proper Scope of the Judicial Supervisory Power in Deferred Prosecution Agreements*, 54 Am. Crim. L. Rev. 571 (2017).

④ See Brandon L. Garrett, *The Public Interest in Corporate Settlements*, 58 B. C. L. Rev. 1483 (2017).

协议的整体适用，与全球化背景下企业的发展密切相关。但其最主要的诱因之一是，安达信会计师事务所事件致使成千上万无辜的劳动者失业；在此之后，美国司法部转向了对暂缓起诉协议的广泛适用。①

随着暂缓起诉协议制度的广泛适用，其在实践中也出现不少问题有待进一步解决。其中一个典型的问题是法院对暂缓起诉协议中条款的审查权限认定。从不少地区的案例来看，囿于法条层面规定得不明确，不少法院对于其是否可以基于司法审查的权限对暂缓起诉协议中的条款予以否定存在争议。在此前大量的刑事案件中，对于暂缓起诉协议中的条款，法院仅具有“橡皮图章”的功能，对其条款的效力全部认可或仅对文字作部分的修改，丝毫没有考虑到法院在此类案件中的审查权限。② 而后，随着暂缓起诉协议适用频次的增多，不少法官对法院在暂缓起诉协议中的功能进行了重新思考。如在 United States v. HSBC Bank USA，N. A. ③ 中，主审法官 John Gleeson 认为，法院基于司法监督权可以同意或者否决暂缓起诉协议中的条款。

（四）涉案财物没收程序

需要指出的是，在美国的刑事司法中，关于财产权保护问题，已经建立了相对精密和系统的程序。除上文提及的财物扣押程序和暂缓起诉程序外，还包括财产没收程序；对于财产的没收，既可以通过民事没收程序完成，也可在刑事案件定罪之后完成。从时间上来看，民事没收程序可以在刑事定罪之前启动，也可在刑事定罪之后启动，亦可在没有刑事指控的情况下启动。若政府决定启动民事没收程序，即可针对财产或财产所有人向法院提交起诉状；若政府决定启用刑事没收程序，则没收程序于刑事起诉之时启动，并在定罪事项完成后进行没收程序的审理。从实践层面来看，基于民刑案件证明

---

① See Brandon L. Garrett, *Too Big to Jail: How Prosecutors Compromise with Corporations*, Harrard University Press, 2014, p. 41.

② See Court E. Golumbic & Albert D. Lichy, *The "Too Big to Jail" Effect and the Impact on the Justice Department's Corporate Charging Policy*, 65 Hastings L. J. 1293 (2014).

③ United States v. HSBC Bank USA, N. A., No. 12-CR-763, 2013 WL 3306161, at *4 (E. D. N. Y. July 1, 2013).

标准的差异，[①] 检察人员通常倾向于使用民事没收程序，该程序具有较强的行政性因素。[②]

从没收的对象来看，其范围较为广泛，根据《美国法典》第 21 条的规定，在毒品犯罪案件中，可以没收的财产包括违禁品、违禁品的原料、用于盛放违禁品的容器、用于运输违禁品的交通工具、账册、金钱、有价证券以及不动产等。相比于扣押的对象，没收的对象更为广泛。在个案中正式确定没收的对象和范围是否过度时，通常采用“两步测试”的策略：第一步，称为工具性或联系性测验。该测验强调没收的财物与罪行之间的关系，此时需由政府机关承担相应的举证责任。第二步，称为平衡性测验。该测验重点比较罪行的严重性、制裁的严重程度以及申请者的可责性，基于各个要素之间的对比和权衡，从而确定没收的对象是否存在过度之嫌。需要注意的是，在平衡性测验中，显示没收过度的责任由申请者承担。[③]

从程序上来看，被扣押的财物，被视为由检察机关保管，对此，检察机关可以对财物进行密封保存，或将财物移送至由其指定的地方，或要求综合服务管理局（General Services Administration）对其予以保管。关于程序的优先性问题，在确定刑事案件或侦查是否与民事没收程序相关时，法官通常会考虑一系列的因素从而决定案件之间的相似性，包括当事人、证人、案件争议的事实、案件发生的情形等。与此同时，若民事没收程序被中止，则法官需要签发命令，确保财产的价值，保障利害关系人或留置权人的合法利益。

对于涉案财物的处置而言，检察机关可以采取多种方式：其一，其可以保留财产用于官方用途，亦可以将财产转移至直接参与财产扣押或没收的联

---

① 若检察机关启动刑事没收程序，则对财产性没收事项的证明亦需达到排除合理怀疑的证明标准。See N. Y. Penal Code §480. 10.

② 此外，从民事没收和刑事没收的范围来看，两者也存在不一致的地方。民事没收范围远大于刑事没收，只要是因某特定犯罪行为所得之物，无论是否为第三人所有，原则上均得为民事没收之客体，只有在财产所有人得举证证明“无辜所有人抗辩”（innocent owner defense）要件存在时，该财产方得例外免于没收。参见简士淳：《犯罪资产没收之法制架构与实务观察》，载《月旦法学杂志》2017 年第 6 期，第 198 页。

③ See United States v. 829 Calle de Madero，100 F. 3d 734（1996）.

邦机构或当地政府机构；其二，若根据法律，被没收的财物不需要被销毁，则检察机关可以通过公共拍卖或其他方式对财物进行出售；其三，要求综合服务管理局对财物予以妥善保管并依法处置；其四，将财物转交给专业的机构予以处理；其五，将没收的个人财产或财产性收益转移给直接或间接参与财产没收的国家。

可以看到的是，与我国部分地区的实践一致，在美国司法体制中，侦查机关的利益与财产没收亦直接相关。在一些州，没收的财产直接进入侦查机关的账户，若在财产没收过程中，检察人员有相应的费用支出，则该费用从没收财产中支出。对于没收的财产，侦查人员会将其变卖并使用其收益，但若特定的财产是机动车等，则侦查人员亦会选择直接使用该财产。① 而侦查机关本身利益与财产没收的挂钩机制的存在，亦引发了一系列不利的后果。根据美国司法部年度财政报告，2004 年司法部没收基金收入约为 5 亿 7000 万美元，到了 2014 年，则已扩展为将近 45 亿美元。② 强大的经济诱因，导致司法实践中执法秩序和财物处置的混乱。③

从利害关系人的权益保障来看，在政府部门对财产进行扣押、冻结并希冀对其没收时，对上述财产有权益主张的个人可以提交保证金、雇佣代理人并质疑没收的合法性。一方面，其可以主张特定的财产并非属于没收的范围；另一方面，其亦可以提出善意第三人的主张，从而实现对财产没收的豁免。当然，在善意第三人的界定上，联邦和州立法都已经发展出一系列的规则。如根据《统一违禁品法》第 505 条④的规定，善意第三人包括不知道特定行为会发生的个人，或其认为特定的行为可以阻止违法行为发生的个人。

---

① See Marc L. Miller & Ronald F. Wright, *Criminal Procedure: Cases, Statutes, and Executive Materials*, Aspen Law & Business, 1998, p. 1142.

② 参见简士淳：《犯罪资产没收之法制架构与实务观察》，载《月旦法学杂志》2017 年第 6 期，第 200 页。

③ See John L. Worrall & Tomislav v. Kovandzic, *Is Policing for Profit? Answers from Asset Forfeiture*, 7 Criminology & Pub. Pol'y 219 (2008).

④ Uniform Controlled Substances Act 505 (b) (c).

（五）程序救济

在美国的刑事司法中，若侦查行为涉及对财产的非法扣押，则相应的人员可以采取三种方式实现对自身权利的救济。

一是程序层面的救济，即要求非法证据排除。根据美国宪法第四修正案的规定，不得侵犯人民的人身、住宅、文件和财产不受无理搜查和扣押的权利。除依照合理根据，以宣誓或代誓宣言保证，并具体说明搜查地点和扣押的人或物外，不得发出搜查和扣押状。虽然从宪法本身条文来看，其并未直接出现非法证据排除规则的用语，但作为美国刑事诉讼中的一个典型制度，非法证据排除规则被视为宪法实施的救济措施，也是维护司法公正性的有效武器。从司法实践来看，通过非法扣押手段获得的证据，已经在不少案件中被排除；但基于非法证据排除本身的震慑效用，事实上很难评估。如有学者认为，从理论上来看，非法证据排除可以阻止非法扣押行为的发生，但其实际效用却难以衡量，因其功能在于导致特定事项的不发生。从实证研究的数据来看，超过 50% 的侦查人员明确表示其会严格遵守现有的程序规定，以防止特定的证据在法庭中被排除。① 在刑事诉讼财产权保护机制的运作过程中，非法证据排除作为兜底性条款，有利于对刑事程序的参与者形成一定的制约，确保程序法治化的实现。

二是行政性的救济措施。侦查机关作为政府公权力机构，其有义务确保侦查人员的行为符合现有法律的规定。从预防性的角度来看，不少侦查机关会雇佣法律从业者对侦查人员进行训练和指导，而若侦查机关收到不同的投诉，其亦会采取一些应对措施，其中一个重要的机制是警民内部事项审查委员会（Police-Civilian Internal Affairs Review Commission）。以明尼苏达州圣保罗市②为例，该委员会审查所有针对侦查行为的投诉事项。该委员会由 7 人组成，其中 5 人是普通的公民，2 人是当地警察协会的成员；7 人由当地的

---

① See Marc L. Miller & Ronald F. Wright, *Criminal Procedure: Cases, Statutes, and Executive Materials*, Aspen Law & Business, 1998, p. 399 – 400.

② St. Paul, Minnesota, Ordinances, § § 102. 01 – 102. 04.

市政府聘任并经议会批准。成员在正式履职前，需经过一系列的培训，主题涉及警察工作、侦查、相关法律等。对上述争议事项的审查，通常是书面审且不公开，但符合一定条件时，委员会也可以要求特定人员当面说明情况。基于对事件信息的审查和评议，委员会进行投票表决，并以多数决作为其结论。该类型的委员会基于对普通公众和专业人员的吸收，尝试对案件作出相对客观的判断，这一方式在美国不少地区被采用，如纽约等。此外，报纸及电视台等新闻媒体亦尝试对不端的侦查行为进行审查和报道，但囿于其获得信息能力的有限性及报道过程中的夸大性，曾引发侦查人员对新闻媒体的诉讼。①

三是侵权诉讼及刑事起诉。基于侦查人员的不当扣押行为，权利受侵害的当事人可以对此提出侵权之诉，侵权之诉既可以针对侦查人员个人，亦可以针对侦查机关。在联邦法律系统中，其可以依据的法律包括《美国法典》第 42 条②、《联邦侵权法》以及相关的先前案件判决。以《美国法典》第 42 条为例，该条款对普通公民的财产权及提起侵权诉讼的权利予以保障，但需要注意的是，根据该条规定，侦查人员享有相应的职务豁免权。事实上，从美国司法实践来看，不少案例亦显示，侦查人员因该豁免权而免除侵权责任。此外，从法条层面来看，根据《美国法典》第 18 条③的规定，侦查人员在扣押物品过程中，若行为涉及对他人财产权的不法侵害，则可由检察人员向法院提起诉讼，相关人员可能面临罚金，甚至有期徒刑的刑罚。

---

① See Costello v. Ocean County Observer, 643 A. 2d 1012 (N. J. 1994).

② 42 U. S. C. §1983. Every person who, under color of any statute, ordinance, regulation, custom, or usage, of any State or Territory or the District of Columbia, subjects, or causes to be subjected, any citizen of the United States or other person within the jurisdiction thereof to the deprivation of any rights, privileges, or immunities secured by the Constitution and laws, shall be liable to the party injured in an action at law, suit in equity, or other proper proceeding for redress, except that in any action brought against a judicial officer for an act or omission taken in such officer's judicial capacity, injunctive relief shall not be granted unless a declaratory decree was violated or declaratory relief was unavailable. For the purposes of this section, any Act of Congress applicable exclusively to the District of Columbia shall be considered to be a statute of the District of Columbia.

③ 18 U. S. C. §§241, 242.

总而言之，在美国刑事司法中，基于对搜索扣押对象的限定、搜索扣押程序的限定、刑事合规制度的适用、涉案财物没收程序的确立以及多元化救济程序的出台，对刑事诉讼中的财产权构筑了相对精密的程序性保护机制。这有利于为我国相关制度的构建提供比较法上的经验。

二、德国：对财产权干预的程序性规制

《德国刑事诉讼法》规定了较为完备的强制措施体系。大体而言，强制措施在德国刑事诉讼中的作用主要有六个方面：侦查犯罪、保全证据、确认诉讼前提、保障诉讼的进行、保障判决的执行和预防犯罪。① 在德国法的语境下，强制措施可以分为两大类，即对人的强制措施及对物的强制措施。其中，对物的强制措施主要包括扣押、没收犯罪工具等，《德国刑事诉讼法》对其设置特别程序予以规制；且在具体程序设置中，《德国刑事诉讼法》极为关注利害关系人的权益。

（一）类型：扣押和没收

从立法层面来看，《德国刑事诉讼法》将物的保全分为两类，即为保全证据的扣押，以及为确保刑罚执行的扣押，如追征、没收其财产权。对于确保刑罚执行的扣押，又可以分为两种情形：一种是保全没收之扣押，另一种是保全追征之假扣押。② 从立法体例来看，对于标的的保全和财产的扣押，主要在《德国刑事诉讼法》第一编“总则”部分予以规制；此外，《德国刑事诉讼法》第六编第三章（第 430 条至第 443 条）还规定了没收和扣押财产程序，将其作为五种特别程序之一。

具体来看，根据《德国刑事诉讼法》第 94 条的规定，在侦查中可以作为证据标的的财物，应当予以保管或以其他方式予以保全；若标的由特定人员保管，但其不愿在诉讼中交出时，则可对该标的予以扣押。从范围上来看，

---

① 参见宋英辉等：《外国刑事诉讼法》，北京大学出版社 2011 年版，第 306 页。

② 参见王士帆：《犯罪所得没收与追征之保全扣押》，载《月旦裁判时报》2016 年第 6 期，第 64 页。

根据《德国刑事诉讼法》第111条c的规定，扣押的标的主要包括动产、地产、权利、财产权等。需要注意的是，在德国刑事司法领域，收缴和没收的对象并不一致，收缴的对象包括就其行为所得的财产价值或由其行为所得的财产价值。[①] 没收的对象主要包括通过犯罪行为获得的物，或预备或实施犯罪行为使用或计划使用的物[②]，物不仅包括有形物，还包括权利。此外，根据《德国刑事诉讼法》第443条的规定，财产扣押的实施，还需要符合《德国刑法》《对外经济法》《德国麻醉品法》等法律规定的特定的罪名条件。需要明确的是，扣押还包括被指控人后来取得的财产。

从扣押的种类来看，分为两种，即扣押和假扣押。根据《德国民事诉讼法》第916条的规定，假扣押是指因金钱债权或者因转换为金钱债权的请求权而对动产或不动产进行强制执行的保全。需要注意的是，并非在所有条件下都可以实行对动产或不动产的假扣押。根据《德国刑事诉讼法》第111条d的规定，只有对被指控人作出了刑罚判决，才能为保全罚金和预计产生的费用命令假扣押。若只是为保全执行费用以及数目极少的款额，不得假扣押。与此同时，这也意味着，如果嫌疑人有足够的财产可供支配，则不存在法院保全追征执行的理由。从扣押的效力来看，财产一旦被扣押，则其就具有禁止转让的效力。从上述条文可以看出，德国立法对扣押和没收的范围、种类及其后果作出了较为明确的规定。

（二）审前程序

1. 审批权主体的设置

不同于我国扣押由侦查机关自行决定的立法，在德国刑事诉讼中，对于扣押的审批，采取了由第三方主体介入进行审批的机制。根据《德国刑事诉讼法》第443条的规定，在侦查程序中，对于扣押的核准权，采取法官相对保留，即原则上由检察官申请侦查法官核发扣押，如遭法院驳回，检察官可

---

① 参见《德国刑法》第73条。就其行为获得的财产价值主要是指其行为的报酬，而由其行为所得的财产价值，包括直接通过犯罪行为得到的物，以及由犯罪行为产生的好处。

② 参见《德国刑法》第74条。

提出抗告，但特殊情况下，检察官享有紧急权限可自行发动紧急扣押。[①] 与此同时，如果暂时命令未在 3 日内取得法官确认，则失去效力。扣押与假扣押的执行，应当由检察院通知在程序中已知的犯罪行为被害人。多元化审批主体的设立，一方面有助于扣押顺利开展，防止因审批不及时影响后续刑事诉讼流程的开展；另一方面亦可对不同审批主体的权限进行限制，敦促各主体在其法定职责内及时履职。

当然，与美国的立法类似，德国的法院在决定是否要对特定的财物进行保全时，亦需要具备一定的前提条件。如根据《德国刑事诉讼法》第 111 条 b 的规定，实施收缴或没收的证明标准是“有理由认为”，而在确定命令的持续时间时，若无重大理由，命令的持续时间不得超过 6 个月。其中，“重大理由”是指极有可能就该措施作出最终的收缴或没收命令。而决定是否对特定财产进行假扣押时，需“有理由认为财产刑的前提条件存在”，且在请求中包含为确定金额所必要的事实。[②] 前提条件的存在，有利于减少对财产施加强制性措施过程中的恣意性。

2. 利害关系人的确定和诉讼地位

不同于我国现有立法对利害关系人地位的粗疏规定，《德国刑事诉讼法》对利害关系人的确定及对其诉讼地位的认定作出了较为清晰的规定。根据《德国刑事诉讼法》第 431 条的规定，如果刑事程序中就没收标的作裁判，且符合以下两种情况之一：（1）标的属于被诉人以外的其他人所有，或者其他人对标的享有权利；（2）其他人对标的享有其他权利，该权利在没收情形中可能被命令消灭，则法院命令其他人参与涉及没收的程序。[③] 从该条文的规定可以看出，在德国，对于没收参与人的确定，遵循最低程度的利益相关原则，即只需要满足其对涉案标的享有相应的权利。

---

① 参见王士帆：《德国犯罪利得之扣押与假扣押》，载《月旦法学杂志》2015 年第 6 期，第 135 页。

② 参见《德国刑事诉讼法》第 111 条。

③ 参见宗玉琨译注：《德国刑事诉讼法典》，知识产权出版社 2013 年版，第 293 页。

在侦查程序中，如果某人可能为没收参与人，则侦查机关应当对其进行询问，对其的询问，适用被指控人的规定。从其功能来看，参与的作用在于使得犯罪行为以外承受没收效果的第三人，能够在没收的范围内，得到程序上若干权利的保障，使其了解没收的缘由，并获得影响法院判决的机会。[①]自开启审判程序起，没收参与人享有被告人的权利。确保没收参与人参与诉讼，有利于提高没收结果的可接受性，增强司法公信力。此外，根据《德国刑事诉讼法》第434条的规定，没收参与人可以在程序的任何阶段委托特定人员代理，若案情事实或法律情况复杂，或没收参与人不能自己维护权利，则法院可以为其指定代理人。这意味着，在德国的刑事诉讼中，对于没收参与人，亦适用法律援助制度，以更好地保障其程序性权利。

此外，关于利害关系人的权益保障，在德国刑事诉讼财产的紧急转让程序中亦有所体现。根据《德国刑事诉讼法》第111条的规定，命令紧急转让前，应当听询被指控人、所有权人和其他物上权利人。在可行的情况下，法院还应当向他们通知转让命令及相应的时间和地点。简而言之，德国刑事立法中赋予了利害关系人相对完善的程序性保障，既确认其诉讼地位，又尽可能确保其诉讼权益，以充分保障其在刑事诉讼中的财产权。

3. 保管义务与移送模式

在德国法上，基于国家对扣押物的持有，因此在国家和当事人之间产生公法层面的保管关系；在提起公诉后，扣押物交由法官处理。由此可见，在德国法上，对于涉案财物的处理，采取随案移送的模式，国家层面对于涉案财物具有妥善保管的义务。具体来看，德国对于扣押物的保管，设置了相对完善的程序性规制，建立了较为完善的涉案财物保管机制。如根据《德国刑事诉讼法》第109条的规定，对于扣押的标的物应当详细登记，并以官方印鉴或以其他方式适当标记，防止混淆。此外，根据《德国刑事诉讼法》的规定，只要该被扣押之物对诉讼程序之目的而言，已不具重要性时，

---

① 参见林钰雄：《德国刑事没收程序逐条释义》，载《法学严刊》2017年第2期，第6页。

即需立即撤销该项扣押。如果并无第三者提起相反的请求，则没收的动产需归还被害人。[①] 相对完善的涉案财物保管程序的设置，有利于在后续程序中减少不必要的纠纷。此外，涉案财物退出机制的确立，有利于更好地保障刑事案件被害人的合法权益。

在对涉案财产的保管过程中，还涉及对涉案财物的先行处置或紧急转让的问题。根据《德国刑事诉讼法》第111条i的规定，如果被扣押或假扣押的财产面临腐败变质或者价值重大减损的危险，或者保管、维护、保养的费用过大，则允许在判决作出前转让该财产。当然，具体执行命令的签发，因程序不同而主体各异。如在侦查程序中和判决生效后需要处置和转让，由检察院命令；如在提起公诉后需要先行处置或紧急转让，则由法院命令。但若情况紧急，在取得相应的命令前，标的物就面临腐败的风险，则相应的命令可分别由侦查人员或检察院作出。德国对涉案财物先行处置或紧急转让的条件，与我国相关的立法大体一致。但需要注意的是，我国对涉案财物的先行处置，并不需要第三方主体介入进行审批，而是由各阶段机关自行决定即可。

（三）审判程序

根据《德国刑事诉讼法》第436条的规定，没收参与人有权获得开庭的通知，但若其在法庭审理时并未到场，则可进行缺席审判，并将判决结果送达没收参与人。如果法院命令没收的依据是无须补偿没收参与人的情形，则没收参与人无权获得补偿。就财物处置的程序而言，审判程序具体包括两种类型的程序：一个称为法律救济程序，另一个则称为独立没收程序。

首先是法律救济程序。在该程序中，在开庭之时，法院重点审查对没收参与人的没收是否有正当理由，且审查的范围限于没收参与人提出异议的范围。仅当在先前程序中，因不可归责的原因没收参与人未被听询时，该程序才延伸至被提出异议的判决中的有罪宣告。[②] 不同于我国刑事诉讼中对于全

---

① 参见［德］克劳思·罗科信：《刑事诉讼法》（第24版），吴丽琪译，法律出版社2003年版，第329页。

② 参见《德国刑事诉讼法》第437条。

面审查原则的强调和重视，在该程序中，德国法院的审查遵循有限审查的原则，强调对异议范围的重点审查。

其次是独立没收程序。该程序由检察院和自诉人申请，而非由法院发动。独立没收程序的客体是命令没收的对象或等同于没收的附属效果。该程序实则属于对物的审查程序，在该程序中，被指控人的罪责问题只是被附带性地审查，且范围局限于与没收有关的范围。一般认为，这一客体程序规定及其适用，并不违反无罪推定原则或财产权保障。① 当然，启动独立没收程序的前提是根据侦查结果特定的财产预期被没收，该程序由对刑事案件进行管辖的法院进行审理，且审理程序参照没收和扣押财产程序的一般规定。德国法语境下的独立没收程序，事实上属于典型的对物之诉。

（四）救济程序

从救济程序的设置来看，主要包括两种类型：一是诉讼过程中的救济程序，二是事后的救济程序。就诉讼过程中的救济程序而言，根据《德国刑事诉讼法》第 111 条 c 的规定，对于扣押的动产，在缴纳相应的价款后，可以退还给所涉及的个人；或者在保留随时可以撤回的前提下，让所涉及人继续使用该动产直至程序的终结。当然，在此种情况下，相关人员须提供担保或履行一定的负担。上述规定，事实上借鉴了民事诉讼中的财产保全机制。上述退出机制的建立，为刑事诉讼中财产权的保护提供了新的路径和可能性。

如果在刑事诉讼中，特定标的已经被没收，且某人释明：（1）在判决确定时，其对标的享有权利，且该权利被裁判所侵害或不复存在；（2）其既未能在第一审程序，又未能在上诉程序中行使没收参与人的权利，则其可在事后程序中主张对其没收无正当理由。② 需要注意的是，这一申请应当在裁判确定之后的 1 个月内申请。同时，如果申请人主张的权利未被证明，则申请被视为无理由。对于没收的单独救济机制的建立，有利于有效防止刑事诉讼中对财产执行的错误发生。

---

① 参见林钰雄：《德国刑事没收程序逐条释义（续）》，载《法学严刊》2017 年第 3 期，第 13 页。

② 参见《德国刑事诉讼法》第 439 条。

除此之外，还涉及刑事案件中证据的排除问题。在德国证据法上，证据禁止主要包括两大类：一类是举证禁止（Beweiserhebungsverbote），另一类是证据力禁止（Beweisverwertungsverbote）。举证禁止是针对证据能力方面的问题，是对证据收集方面的要求；证据力禁止则涉及证明力的大小问题，是对证据在具体适用方面的限制。需要注意的是，从德国的理论和实务来看，举证禁止并不一定意味着证据的使用禁止，即违法所得的证据并非一定会被排除；特定证据是否需要排除，仍然需要结合个案的具体情况进行利益分析和权衡。① 在刑事诉讼过程中对于财物的不当扣押，根据克劳思·罗科信教授的观点，属于相对性的举证禁止的范畴，其理由在于“如果对犯罪行为之侦查不设任何限制，则将隐藏许多破坏社会的及个人的价值观的危险”。程序性制裁措施的存在，为侦查人员的取证以及对财产扣押行为的实施，施加了外部性的压力，有利于确保侦查行为符合法律程序的规定。

（五）企业刑事合规制度

在德国，企业刑事合规制度亦受到制度设计者的高度重视。德国刑事合规制度起源于20世纪70年代的证券行为，而后在西门子商业贿赂案件发生后引发了学术界广泛的讨论。西门子商业贿赂案件让西门子公司的高级管理人员及其他管理人员意识到，公司做不到刑事合规，不仅会影响公司的生死存亡，也会影响公司管理人的刑事责任。② 德国的合规制度不仅仅限于刑事合规，其在公司法、行政法等诸多领域均有所体现，形成了一套综合的合规体系。

在2001年，《德国公司治理法典》出台。《德国公司治理法典》适用于所有列出的德国公司，但对于未列明的公司，其也推荐参照适用。《德国公司治理法典》的主要目的是确保公司能够构建良好的组织框架和治理结构。

---

① 参见［德］克劳思·罗科信：《刑事诉讼法》（第24版），吴丽琪译，法律出版社2003年版，第214页。

② See Karl Sidhu, *Anti-Corruption Compliance Standards in the Aftermath of the Siemens Scandal*, 10 German L. J. 1343 (2009).

《德国公司治理法典》主要包括七章内容：前言；股东和全体大会；管理委员会和监督委员会的协作；管理委员会；监督委员会；透明度；年度经济报表的报告和审查。① 需要进一步指出的是，从该法典的表述来看，对于其在该法典中列出的对公司提出的建议，公司应当遵守；而对于未在法典中列明的对公司提出的建议，则是属于“软性建议”（soft suggestions）的范畴，公司可以采纳。在德国合规制度发展过程中，一个比较有意思的现象是大量的德国企业逐步基于公司治理的惯例出台各自的行为准则。上述公司治理行为准则背后的理念是为公司确立良好的管理和监督标准，使得企业能够宣称其符合企业合规的要件。②

从德国企业合规的法律框架来看，其主要分为三种类型：第一种是公司及职工应当遵守的法律法规及公司内部规范；第二种是公司的内部流程和准则，即要求公司及职工的行为具有合规性；第三种是公司内部关于合规的职责分配及组织安排等。③ 从上述框架可以看出，德国企业在推进合规建设中，一方面注重对规则的制定，强调发挥规则对企业员工行为的引导作用；另一方面注重对组织结构和任务的分配，以确保企业合规能够落地。

在刑事合规建设中，有效的刑事合规计划的存在在特定情形下可以实现责任的划分与切割。但是刑事合规计划必须符合几个要件：首先，刑事合规计划必须能够鉴别和评价刑事责任风险，并且包括应对刑事责任风险的策略；其次，刑事合规计划必须能持续地监控企业及员工的刑事犯罪行为；最后，企业的执行委员会必须设立起“吹哨人制度”鼓励企业员工报告其刑事犯罪行为。④ 在德国，设有合规管理人。在法院看来，合规管理人的职责是防止公司对法律的违反，尤其是防止公司的犯罪行为。上述合规管理人定期根据

---

① 参见 http://www.ebundesanzeiger.de/download/kodex2.pdf，最后访问日期：2022 年 6 月 24 日。

② See Lutz-Christian Wolff, *Law As A Marketing Gimmick-the Case of the German Corporate Governance Code*, 3 Wash. U. Global Stud. L. Rev. 115 (2004).

③ 参见王东光：《组织法视角下的公司合规：理论基础与制度阐释——德国法上的考察及对我国的启示》，载《法治研究》2021 年第 6 期，第 19 页。

④ See Malte Wilke & Alisdair MacPherson, *Liability of Banks for Aiding Tax Evasion: A Comparative Analysis of German and UK Law*, 10 Eur. J. Risk Reg. 148 (2019).

《德国刑法》第13条（过失犯罪）的规定履行职责。[①] 故此，从不少公司的合规计划的内容来看，其通常包括合规标准和程序、合规管理人、训练、动因和控制机制等要素。[②] 合规计划是企业实现责任切割的重要前提和依据。

在2007年的西门子商业贿赂案件后，公司内部的合规调查成为常态。这意味着，当公司内部的犯罪被发现后，公司必须启动内部的调查。在不少案件中，外部的律师或咨询人员亦被强制规定进行公司的内部调查，调查费用由公司自行承担。从各地的实践来看，公司内部调查的证据通常在后续刑事诉讼中作为证据适用。由此引发了争议，即侦查机关是否应当被允许从公司的上述行为中获利，因为公司在内部调查中投入的大量时间、精力和资源，是侦查机关在调查时没有办法企及的。[③] 这里涉及刑事侦查私人化的问题，涉及公司内部取证与刑事侦查取证的衔接机制的构建。

在刑事实体法领域，合规计划会直接影响刑事责任的轻重。根据《德国刑法》第46条的规定，确定刑事责任取决于行为人的主观罪责、行为的不法程度、行为人的弥补能力和配合调查的程度等要素。在刑事合规领域，如果企业积极参与合规计划的制定，则其不仅会降低高层过失罪责，而且可以基于树立的良好形象带来对企业有利的量刑结果。[④]

三、共性与借鉴

从域外经验来看，对物的强制性措施，代表性国家均将其纳入司法令状的范畴。司法令状的签发，实则体现出法官对侦查活动的事先制约。在刑事财产权保护领域，美、德等代表性国家均注重从立法层面构建企业刑事合规

---

① See Bundesgerichtshof ［BGH-Federal Court of Justice］, Case No. 5 StR 394/08, 54 Entscheidungen Des Bundesgerichtshofes In Strafsachen ［BGHST］ 44, paras. 27 – 28 (July 17, 2009).

② See Cornelia Inderst, Das Compliance-Rahmenprogramm-Grundlagen, Prinzipien, Prozesse, Verantwortlichkeiten, in Compliance 103 (Helmut Görling, Cornelia Inderst & Britta Bannenberg eds., 2010).

③ See Marc Engelhart, *Development and Status of Economic Criminal Law in Germany*, 15 German L. J. 693 (2014).

④ 参见张远煌等编著：《企业合规全球考察》，北京大学出版社2021年版，第249页。

机制，且发展已经相对完善。从美国与德国相关的制度来看，虽然不尽一致，但仍然存在一些共性的地方。上述不少共性，对于我国在构建具体制度之时，亦具有相应的借鉴作用。

（一）强调第三方主体对侦查权的制约，设立独立的对物之诉

从两个国家的立法中可以看出，不同于我国，两个国家在决定对特定财产采取强制性措施时，均涉及第三方主体的审批。美国治安法官对命令的签发，德国法官签发命令或紧急情况下“检察官签发命令＋法官事后确认”的操作模式，实质上均是强调司法权对于侦查权力的事先制约，防止侦查权的滥用导致的对公民合法财产权的不当侵犯。

从程序的设置来看，在常规的刑事诉讼程序外，美国和德国均设立了独立的对物之诉。刑事对物之诉是与刑事对人之诉相并列的概念，主要是指检察机关代表国家对被告人违法犯罪所得提起的追缴之诉，它与附带民事诉讼的提起具有实质性的区别。[①] 美国的民事没收程序和德国的独立没收程序，其审理的对象原则上均仅限于有争议的财产性事项，而不涉及被告人的定罪量刑问题。对物之诉的设立，可以有效防止因刑事诉讼的延迟而导致的对利害关系人财产权的侵害，亦有助于刑事案件审理过程中对特定事实的厘清。此外，基于对物之诉审理对象的特殊性，其在具体的诉讼构建、证明责任、证明标准等的设立方面，具有不同于传统刑事诉讼的相关特性。

（二）利益衡量原则贯穿于始终

在刑事诉讼财产权保护问题中，始终存在被告人财产权的保护、国家刑罚权的实现、被害人财产权保护以及利害关系人财产权的保护等多种相互冲突的权益间的平衡问题。“法律关系实质上也是一种利益关系，是一种权威化了的利益关系。”[②] 从美国和德国的立法中可以看出，在确定对特定财产采

---

① 参见陈瑞华：《刑事对物之诉的初步研究》，载《中国法学》2019 年第 1 期，第 206 页。

② 梁上上：《利益的层次结构与利益衡量的展开——兼评加藤一郎的利益衡量论》，载《法学研究》2002 年第 1 期，第 56 页。

取强制性措施时，立法试图在财产保全与利害关系人财产权利的保障之间寻求均衡点，尽可能地减少强制性措施的采取对财产权主体可能造成的损害。这主要体现在以下两个方面：第一，在对相应财产采取强制性措施时比例原则的适用。如根据《德国刑事诉讼法》第111条p的规定，如果认为根据预期判处的财产刑幅度，财产的个别部分足以保障财产刑的执行，则应当将扣押限于财产的个别部分。通过对财产份额的厘定，尽可能限缩被采取强制性措施的财产范围。只有在极个别的情况下，符合特定罪名时，[①] 才认可对被告人的全部财产进行扣押的正当性。在该种情况下，其目的在于防止被告人在诉讼程序中将其财产继续作为不利国家之用。[②] 从实践层面来看，德国联邦宪法法院已经在一系列的判例中明确表示：扣押财产应用于程序任何阶段均须遵守比例原则，于任何案件应审酌国家保全利益与相对人之财产状况。[③] 在美国，在对财产进行搜查和扣押时，令状上也必须具备对财产的特定描述，实现财产的“特定化”，以充分确保被扣押财产与案件之间的相关性，防止过多的财物进入刑事诉讼范畴。第二，对扣押时间的严格限定。无论是美国还是德国，均强调对物采取强制性措施的时间界点。如根据《德国刑事诉讼法》的规定，扣押的状态最迟于判决效力确定时结束，且如果扣押物品对于诉讼程序而言已经不具重要性时，则需立即撤销该项扣押。美国亦对常规和临时性的财产限制令分别规定了90天和14天的时间上限。基于对扣押物品范围和时间的限制，从而确保尽可能减少侦查行为对财产的不当影响，防止司法对公民个人私有财产的过度干预。

（三）对财产利害关系人和被害人权利保障的关注

无论是美国还是德国，均强调在涉案财物处置过程中，对利害关系人和被害人权利的保障。以美国为例，其对利害关系人财产权益的保障，主要从

---

① 参见《德国刑事诉讼法》第443条。

② 参见［德］克劳思·罗科信：《刑事诉讼法》（第24版），吴丽琪译，法律出版社2003年版，第601页。

③ 参见王士帆：《犯罪所得没收与追征之保全扣押》，载《月旦裁判时报》2016年第6期，第68页。

三个维度进行[①]：其一，是没收通知的送达。在签发对财产的没收令后，法官需要公布没收通知及其对财产的处置手段。对于任何已知的对财产权益有主张的个人，法院应当向其送达书面的通知。其二，是出庭权利的保障。除被告人以外的利害关系人，在接收通知后的30日内，可以向法院申请对其在财产中的利益进行审理；该审理由法院处理，陪审员无须介入。在申请中，申请者需阐明其在财产中的权利、权属和利益，获得上述权利、权属和利益的时间、情形，以及任何其他可以支持其主张或救济的事项。该申请一般在其提出后的30日内处理。其三，是对财产强制性措施的移除。如果法院在审理后，认为申请者已经提供了优势证据，证明申请者对涉案财产有合法的权利、权属和利益，且该财产的权利、权属和利益归属于申请者，或申请者在其中的权利、权属和利益优先于被告人，则对财产的没收全部或部分失效。此外，如果申请者是善意第三人，且在购买时无法预见财产会成为没收的对象，法院应当修正没收令。基于“通知送达—申请主张—没收更改”的机制设置，美国刑事司法对利害关系人的权利保障提供了法律层面的可能性。

在德国刑事立法中，对被害人权利的保障一直是财产处置程序设置中的重要立足点。如《德国刑事诉讼法》第111条g规定了优先清偿被害人的请求权，第111条h规定了地产假扣押时优先清偿被害人的请求权。此外，在德国刑事诉讼立法中，无论是利害关系人抑或是被害人，若其能对财产提供相应的担保或履行一定的负担，则即便是在刑事诉讼过程中，立法也允许权利主体继续持有或者使用该财产。通过上述制度的设置，德国刑事立法希冀尽可能地避免刑事诉讼可能对财产权主体造成的侵害，从而最大限度地保障利害相关人的财产权。值得一提的是，在刑事没收程序中，对于未委托诉讼代理人的没收参与人，立法层面为其规定了强制法律援助制度，从而更好地实现对没收参与人诉讼权益的保障。

（四）强调在权利被侵害时的救济

从两国的规定来看，违法扣押行为的负面性评价机制的设立，亦为两国

---

① 21 USCS § 853，(n).

刑事立法中的一大亮点。从证据规则的角度来看，在刑事诉讼中对财物扣押的一大目的在于实现其证明价值。德国的举证禁止规则、美国的非法证据排除规则，均是非法扣押行为的一种事后救济举措，从对证据效力的根本否定来遏制侦查人员违法取证的动因。从财产权侵害的救济路径来看，美国立法确定的“民事＋行政＋刑事”的三重救济机制，目的在于从各个维度出发赋予当事人救济权的选择，从而实现对侦查人员违法取证的外在震慑；而德国刑事立法中，诉讼过程中救济渠道的畅通，可以尽可能地减少对财产权造成的侵害，并实现对侵害的实时有效救济。

（五）将企业合规作为重要的出罪事由，实现对企业的保护

从上文的分析可以看出，无论是英美法系的代表性国家美国，还是大陆法系的代表性国家德国，均极为注重企业合规在整体刑事法律程序中的作用，将其作为企业出罪的重要事由，实现对企业的保护。虽然两个国家对于企业合规具体的制度设定存在差异，但其仍存在一些共性。

首先，两个国家在制度设计过程中，除将企业合规作为出罪事由外，还注重发挥其预防犯罪的功能。美国通过《反海外腐败法》《联邦量刑指南》等构建起关于企业合规的一整套制度，注重对企业犯罪行为的预防。德国则通过《公司治理法典》《德国刑法》等的规定，促使公司内部出台有效的合规计划，实现公司合规制度的落地。具体来看，各个法律的基本立足点和侧重点不一。美国的《反海外腐败法》和德国的《公司治理法典》的侧重点在于对企业内部治理结构的完善，减少企业犯罪的可能性；美国的《联邦量刑指南》和《德国刑法》，则注重在企业犯罪行为发生后，如何从司法层面基于主观恶意的判断，减轻对企业的处罚。在此，还需要指出的是，无论美国还是德国，在合规领域，其目标并不仅仅局限于刑事合规这一层面；合规还涉及公司治理、行政监管等多个领域的问题。故此，我国在后续合规制度构建过程中，除关注狭义的刑事合规制度外，还应当进一步扩大研究范围，将行政合规等都纳入研究的范畴，以构建起综合性的合规监管机制。

其次，企业合规作为一项综合性的制度，其在运作过程中，涉及不同制

度和不同主体之间的衔接。例如，在美国，在刑事合规制度运作过程中，法院和检察院之间的关系有待进一步厘清。无论是暂缓起诉协议抑或是不起诉协议，事实上都会涉及法院和检察院之间的权限划分，涉及起诉权和审判权之间的界限问题。上述两种制度在运作过程中，一定程度上存在检察权对审判权的“僭越”，整体的制度设计存在违宪之嫌。又如，在德国，刑事合规制度运作过程中的一个显著的问题则涉及不同取证方式之间的衔接。在公司内部调查成为企业合规必要要件的前提下，对企业内部调查报告如何定性就成为一个现实的问题。在刑事侦查过程中，公司内部取证制度如何与刑事案件取证制度相衔接，涉及取证领域的公私合作，有待进一步探索。

从美国和德国两国的立法实践可以看出，基于“事前审批—事中衡量—事后救济”一系列相配套的举措的设立，其对于刑事诉讼中的财产权保障问题，已经作出了相对完善的制度框架设置，且其中不少的制度设置对我国刑事诉讼相关体系的建立具有一定的借鉴和启示意义。当然，这并不是意味着，上述两个国家对于刑事诉讼中财产权的保障制度的设计，已经趋于完美。例如，以德国的对物强制措施为例，虽然立法层面作出了不少探索，但理论上仍然引发不少的争议，如学术界认为德国刑事诉讼中的独立没收程序，存在宪法上的疑虑，且其能否实现预设的目的，创设法的安定性并实现对剥夺漏洞的填补，有待实证数据的进一步补充。[①] 在美国刑事司法中，侦查机关自身利益与财物没收价值的直接挂钩，亦引发了执法层面一系列的乱象，导致侦查机关选择性执法现象的凸显。故此，我国刑事诉讼财产权保障机制的设立，需要以中国现有制度的问题为出发点，适当地以域外立法和实践为借鉴，并结合中国现有的司法现状，有针对性地展开制度设计与规划。

① 参见［德］Petra Wittig：《德国财产剥夺之新法》，恽纯良译，载《科技法学论坛》2018 年第 12 期，第 16 页。

第六章
完善刑事诉讼中财产权保障的对策路径

要落实在刑事诉讼中对财产权的保护，需要从实体、程序、救济和衔接等层面入手，对刑事诉讼中财产权的保障机制进行系统建构。从具体制度的设置来看，涉及对刑民关系的准确定位，对刑法干预经济活动界限的设定，对刑民优先性问题的厘清，同时需切实发挥检察机关的法律监督职能，切断部门利益并建立常态化的产权案件纠错机制。本部分系对我国刑事诉讼中财产权保障对策路径的探究。

一、实体层面：刑民关系的准确定位

刑民关系的准确定位，是刑事诉讼中财产权保护的前提性和基础性问题。该问题既涉及理论层面对罪与非罪问题的界分，也涉及实务操作层面对刑民交叉案件关系的厘清。

（一）罪与非罪的理论界分

刑民关系的准确定位，涉及罪与非罪之间的界限。虽然对罪与非罪的界定问题，难以用清晰的规则加以界分，但仍有一系列的原则可以作为刑民划分的依据。“法律原则并不直接构成人们据以行为的理由，也不直接构成裁判者的裁判理由，它所提供的是一种‘证成性理由’。”[①] 主要包括：一是罪

① 舒国滢：《法哲学沉思录》，广西师范大学出版社2021年版，第208页。

刑法定原则。作为刑法的帝王条款，罪刑法定原则要求对于特定行为是否构成犯罪的认定，应当以刑法条文的明确规定为依据。刑法条文的明文规定是行为入罪的前提，故此，这一原则理应成为界分刑民案件的“分界岭”。罪刑法定原则派生出四个相关的原则，即排斥习惯法、排斥绝对不定期刑、禁止有罪类推以及禁止重法溯及既往。[①] 在此需要注意的是，虽然从功能层面来看，司法解释有利于弥补立法的不足，但相较于法律，司法解释出台过程相对简单，且司法解释条款中部门利益的体现更为明显；若司法解释本身突破了刑法条文的限制，对刑法条文作出了扩张性的解释，则在司法实践中不能用司法解释替代刑事法律。具体而言，在对民营企业家及民营企业的特定行为定性时，若涉及行为的入罪，需要严格遵守罪刑法定原则，对其作出从严的限制性解释；若涉及行为的出罪，则应当从宽把握，借助司法解释等条款进行综合考量，实现特定行为的非罪化处理。

二是刑法的谦抑性原则。刑法的谦抑性是指刑法要适当控制其处罚范围和处罚程度，借助其他手段可以抑制违法行为实现对权益的保护时，就不要将其规定为犯罪。[②] 基于刑法的谦抑性原则，对于特定的违法行为，若基于民事责任和行政处罚就能实现其目的，则不必要动用刑事手段予以制裁。刑法的谦抑性原则在市场经济背景下尤为重要。在现代社会，有学者明确指出，对于一个产业社会而言，公正的前提条件主要有三项，即自由竞争的市场、长期雇用的企业、温情干预的政府。[③] 市场经济的发展和民营企业的创新与进步在一定程度上有赖于对现有秩序的突破。在此背景下，政府对于市场经济的过度介入，会导致市场的作用无法充分发挥。故此，在市场经济背景下，刑法对经济活动的干预，应当有其限度。在坚守刑事底线的前提下，刑法应当保持谦抑性，刑事手段不应过度插入经济活动和纠纷。但与此同时，需要

---

① 参见贾宇主编：《刑法学（上册·总论）》，高等教育出版社 2019 年版，第 59 页。

② 参见张明楷：《论刑法的谦抑性》，载《法商研究（中南政法学院学报）》1995 年第 4 期，第 55 页。

③ 参见季卫东等：《宪法的理念与中国实践》，上海人民出版社 2017 年版，第 36 页。

明确的是，刑法的谦抑性亦非其不作为的挡箭牌。若特定市场主体的行为显然已经触及了刑法的底线，则仍应动用刑事手段对其加以制裁，实现对国家经济秩序的维护。

除上述原则外，就民营企业的财产权保护问题而言，还应当以历史和发展的眼光看待民营经济在特定历史时期经营过程中的不规范问题。在对民营企业家“罪”与“非罪”的判断过程中，应结合当时的历史背景，作出适当的评价。如特定历史时期民营企业的“补贴”“挂靠”等行为，究竟是属于不规范的经营行为、行政违法行为抑或是刑事犯罪行为，需要进行审慎地判定。“财富最大化不仅事实上是普通法审判的指南，而且是一种真正的社会价值，是法官这个位置能很好地促进的唯一价值，因此它提供的不仅是精确描述法官应当如何行为的关键，而且也提供了批评改革的正确基准点。”① 在司法实践中，司法机关应当防止将民营企业在特定时期的不规范行为，作为民营企业家的原罪。即便特定历史时期的行为已经构成犯罪，仍不宜“一刀切”地对其进行刑事处罚，而应考虑到其他因素，包括特定历史时期行为的普遍性、特定行为的社会危害性、刑事追诉的必要性和可能性等，进一步明确对其的处罚。

（二）罪与非罪的实务操作

以非法集资类案件为例，我国刑法规制非法集资类行为，主要是因为此类行为破坏了国家金融监管秩序、妨害正常企业资金需求以及干扰金融市场的自我调控。② 该类案件中的民刑交叉认定问题，是理论界和实务界共同的难题。在案件处理过程中，首先，若刑法完全不介入非法集资案件，将其作为单纯的民事案件进行处理，无疑会放纵犯罪，无法实现对国家金融秩序的有效维护。从本质上来看，刑法与民法的区别在于侵害法益的不同及法益侵害严重程度的差异，犯罪本质上就是侵权行为的一种。非法集资类案件，在客观上会严重扰乱国家的金融秩序，且在大量个人牵涉其中的案件中，出现

---

① ［美］理查德·波斯纳：《法理学问题》，苏力译，中国政法大学出版社1994年版，第453页。

② 参见郭华：《非法集资的认定逻辑与处置策略》，经济科学出版社2021年版，第61页。

不少个人因无法取回本金而自杀的情形；上述严重后果的出现，并非民事法所能应对，且民事法律未具备刑事法律特有的特殊预防和一般预防功能。在此种情况下，若刑法坚持不作为，势必会进一步加剧金融秩序的混乱。故此，当行为人的特定行为符合刑罚构成要件时，刑法的作为，是处理该问题的前提。这也是社会对此类行为所能容忍的底线。

其次，由于政策等方面的原因，民营企业的融资存在天然的困境。在现有的经济环境下，在合法的融资渠道基本被堵塞后，民间借贷成为中小型民营企业必然的选择。但民间借贷与非法集资的模糊界限使刑法的适用问题突出。对此，有学者一针见血地指出，刑法并非单纯的“法益保护”，它是为了这样的法益保护而存在的，即通过最严厉的法律制裁的刑罚加以保护是适当的，而通过刑罚之外的手段则不能充分地予以保护。[①] 需要注意的是，对于一般的民间借贷行为和合同纠纷而言，民事法律对于相对人经济权益的保障，更甚于刑法。从相对人损失填补的角度来看，刑法仅着眼于损失的弥补，即“实报实销”；民事法律还支持利息的支付，即“还本付息”。在本金数额达到一定数额的情况下，利息亦是一笔巨大的收益。在司法实践中，不少借贷合同的当事人倾向于选择民事救济途径维护自身的合法权益。故此，在罪与非罪的界限难以准确把握的前提下，可以考量如下两个因素，进而决定是否应当将特定行为入罪：一是被害人的报案行为；二是实际损失的不可弥补。事实上，若在无被害人报案，且实际损失可预期可弥补的前提下，公权力机关仅因特定的融资行为扰乱金融秩序，贸然启用刑罚，极易造成两败俱伤的场景。一方面，刑事被追诉人及相关企业会遭受灭顶之灾。对企业管理人员采取强制措施，会使企业的生产经营活动受到重创，造成资金链的断裂。而企业的倒闭，会牵连不少无辜的劳动者，致其失业。另一方面，其会使相对人的债权难以得到有效保障。对特定人员行为进行入罪化的处理，不仅使得债权人无法通过民事救济途径主张自己的合法权益，亦会增加其难以收回本

---

① 参见付立庆：《论刑法介入财产权保护时的考量要点》，载《中国法学》2011 年第 6 期，第 143 页。

金的可能性。

二、程序层面：刑事诉讼涉案财物处理和强制措施体系的进一步优化

设计良好的程序是防止恣意的最佳武器。为在刑事诉讼中实现对财产权的保护，一方面需要对涉案财物处置程序加以细化，对模糊的概念予以厘清；另一方面则需要优化强制措施的适用，尤其是在涉产权刑事案件中对于民营企业家强制措施的适用，尤需慎重。此外，在审判中心主义制度的改革背景下，需要从源头着手，防止对涉案财物的不当先行处置。

（一）前提层面：严格限定涉案财物的范围

刑事涉案财物的概念和范围不清，极易导致后续处置过程中的乱象，故此，应当对其进行严格限定。严格限定“涉案财物”的范围，需要从两个层面加以理解：第一，涉案财物的范围不能过大，应使其限于与案件有直接关联的主体及其财物。对作为证据的涉案财物采取强制措施时，应当首先满足相关性的要求。从证据法的一般原理来看，证据的相关性是指具有该证据与没有该证据相比，使得某事实更可能存在或者更不可能存在的任何趋向，且该事实对于确定诉讼具有重大意义。[①] 故此，若需对上述涉案财物采取强制措施，需要满足主体相关性和客体相关性的要求。主体相关性，是指特定的涉案财物属于被追诉人所有或者是在被追诉人控制之下，且其对特定案件中的事实能起到一定的证明作用。在满足主体相关性的情况下，对于客体相关性的证明，要达到优势证据的证明标准；而在不满足主体相关性的情况下，对于客体相关性的证明，则需更高的证明标准。在此前提下，进一步细化涉案财物搜查、扣押、保管、移送、返还、救济、处置程序，将证据和贵重物品的保管与一般涉案财物相区别。

第二，对于与本案有关财物的限定，亦不能过窄。若对于特定财物采取

---

① 参见《美国联邦证据规则》第401条。

强制性措施的目的在于确保刑罚权的实现和财产刑的执行，此时则涉及对财产的保全程序。我国《刑事诉讼法》和《最高法解释》对刑事附带民事诉讼中的财产保全程序作出了规定，且规定具体措施的采取适用《民事诉讼法》关于保全的规定。从《刑事诉讼法》的规定来看，采取保全措施的对象仅限于被告人的财产，并未涉及与案件相关的非被告人的财产。[①] 在刑事财产保全程序中，对于财产范围过严的限定，事实上不利于实现财产保全制度的初衷，不利于对利害关系人权益的保障。从民事诉讼的相关规定来看，所谓“与本案有关的财物”，是指本案的诉争标的物，或者当事人在诉讼请求中没有直接涉及，但是与本案日后生效裁判强制执行相牵连的财物。[②] 民事诉讼中关于财产保全的范围，以“相牵连”作为判定的依据，范围大于刑事诉讼中财产保全的范围。故此，对于刑事诉讼中涉案财物的判定，应当不局限于被告人所有，而应进一步扩展至被告人所能实际控制的范畴。

（二）将对物的强制性措施纳入司法审查范围，建立独立的刑事对物之诉

在涉案财物处置程序中，立法层面还应该积极探索将对物的强制性措施纳入司法审查范围，实行司法令状主义。之所以采取上述制衡机制，理由在于警察基于破案的动机，在衡量是否采取特定侦查行为与保护个人的合法权益时，可能缺乏充分的客观性。[③] 侦查机关作为程序主导者，且与程序本身有直接的利害关系，其难以对案件信息进行全面审视并作出相应的决定。此时，司法机关的介入，可以在一定程度上弥补客观性的缺失。具体而言，若侦查人员决定对特定的财物采取强制性措施，则应当履行相应的审批手续，由司法机关审查并决定适用相关措施。在审批过程中，司法机关应当严格遵

---

① 我国《刑事诉讼法》第102条规定，人民法院在必要的时候，可以采取保全措施，查封、扣押或者冻结被告人的财产。附带民事诉讼原告人或者人民检察院可以申请人民法院采取保全措施。人民法院采取保全措施，适用民事诉讼法的有关规定。

② 参见肖建国、张宝成：《财产保全标的物特定化之反思》，载《国家检察官学院学报》2017年第3期，第145页。

③ See Steagald v. United States，451 U. S. 204，212（1981）.

守比例原则，要考虑措施的必要性、及时性、妥当性和最小损害性。当然，在提交司法机关审批时，侦查人员须说明采取上述强制性措施的理由，符合“有证据证明”具有相关性这一前提性要件。

我国现有的违法所得没收程序，从本质上来看，属于对物之诉的范畴，其仅处理与犯罪有关的财产问题，而不涉及被告人的定罪量刑问题。在条件成熟的情况下，适当扩大现有违法所得没收程序的适用范围，设立独立的刑事诉讼对物之诉，从而在刑事诉讼中形成对人之诉与对物之诉适当分离的制度。建立独立于以人为主体，以追究被告人刑事责任为核心的刑事诉讼程序的对物之诉，有助于降低刑事涉案财物处置工作的行政化色彩。[①] 从具体的程序设置来看，首先，从对象上来看，对物之诉的审理对象是违法所得及涉案财物，其功能在于对涉案财物进行处置，并确定其最终的权属问题。其次，从案件范围上来看，应当不局限于犯罪嫌疑人、被告人逃匿或者死亡的案件，而应当以是否有对涉案财物进行处置的必要性为依据，将其扩展至涉及涉案财物处置的刑事案件。再次，从提起对物之诉的主体来看，不仅限于人民检察院，与待处置的涉案财物有利害关系的主体均可以申请启动该程序。与此同时，在证明利害关系及相关性的过程中，遵循“谁主张，谁举证”的基本原则。最后，从制约性机制来看，若特定人员申请启动的对物之诉造成了权利人财产权益的损失，则申请启动该程序的人员应承担相应的不利后果。

此外，有学者建议，“庭审中，应当将犯罪资产的处置纳入庭审内容，允许控辩双方对被扣财产的性质，查封、扣押行为的合法性、必要性及合理性等进行调查、讯问、举证及辩论，最后由合议庭评议后统一作出裁定”。[②] 从现有立法来看，《最高法解释》第279条对上述问题进行了回应，根据该条内容的规定，法庭审理过程中，应当对查封、扣押、冻结财物及其孳息的权属、来源等情况，是否属于违法所得或者依法应当追缴的其他涉案财物进

---

① 参见李玉华主编：《中国刑事涉案财物制度改革发展报告》，社会科学文献出版社2021年版，第37页。

② 李林：《黑社会性质组织犯罪司法认定研究》，法律出版社2013年版，第168页。

行调查，由公诉人说明情况、出示证据、提出处理建议，并听取被告人、辩护人等诉讼参与人的意见。但从规定本身来看，仍然存在进一步完善的空间，如利害关系人的程序参与权仍未得到立法的确认；且在认罪认罚制度适用的背景下，庭审实质化的空间进一步被限缩。

（三）对民营企业家慎用强制措施

对于不少民营企业而言，民营企业家起到绝对的主导性作用，构成企业精神的“核心”。在很多情况下，民营企业家个人事实上决定了该民营企业的命运和走向。在该种情形下，为更好地保护民营企业的财产权，在刑事诉讼审前阶段，尤其是强制措施的采取方面，对于涉罪的民营企业家，可以至少采取如下几种方式，以实现犯罪惩罚与财产权保护的平衡。

第一，对于涉罪的民营企业家，慎用羁押性强制措施。从我国强制措施的体系来看，取保候审和监视居住属于非羁押性强制措施的范畴，而逮捕则属于典型的羁押性强制措施。根据《刑事诉讼法》的规定，若对特定的犯罪嫌疑人、被告人采取取保候审不致发生社会危险性，则对可能判处有期徒刑以上刑罚的人员可以采取取保候审；即便特定的人员符合逮捕的条件，但“因为案件的特殊情况或者办理案件的需要，采取监视居住措施更为适宜的”，则对该犯罪嫌疑人、被告人可以监视居住。但对于何为“案件的特殊情况”或“办理案件的需要”，立法和司法解释层面均未作出明确的限定。这就意味着，从现有规范层面来看，即便特定的涉罪企业家符合逮捕条件，对其采取非羁押性的强制措施也不存在立法层面的桎梏。

对涉罪的民营企业家采取非羁押性的强制措施，在实现刑事强制措施目的的情况下，可以保障其对企业日常经营活动的监管，尽可能地减少因民营企业家人身自由的受限而导致的对企业的影响。与此同时，为更好地保障司法活动的公信力，减少因规范模糊而可能导致的“暗箱操作”，若公安司法机关决定对特定的民营企业家采取非羁押性强制措施，则需对其进行集中宣告，并邀请新闻媒体记者等到场予以监督。集中宣告机制的确立，可以实现社会监督权、强制措施威慑力、民营企业财产权的保障这三种功效的有机统一。

第二，在不得不采取羁押性强制措施的情况下，适当扩大涉罪的民营企业家的会见和通信的时间和对象。对于民营企业家慎用羁押性强制措施，并不意味着不得对民营企业家采取羁押性强制措施。《刑事诉讼法》第 39 条第 1 款规定，辩护律师可以同在押的犯罪嫌疑人、被告人会见和通信。其他辩护人经人民法院、人民检察院许可，也可以同在押的犯罪嫌疑人、被告人会见和通信。根据该条的规定，犯罪嫌疑人、被告人会见的对象具有特定性，但立法层面未对其通信的内容作出限制性的规定。在现有的法律框架内，对于涉罪的民营企业家，一方面，可以借助律师会见权的行使，让辩护律师代为转达其关于企业发展的战略思想与决策；另一方面，可以借助通信权的行使，让涉罪的民营企业家与企业的管理人员实现事实上的对话，使其有机会对民营企业的进一步发展作出规划与部署。

此外，从现有的规定来看，立法层面事实上对于特定主体的会见和通信权已经作出突破性的规定。如根据《公安部规定》第 370 条第 2 款的规定，在公安机关侦查羁押期间，经公安机关批准，外国籍犯罪嫌疑人可以与其近亲属、监护人会见、与外界通信。在民营企业家涉罪的案件中，能否出台相应的规定尝试性地将民营企业家的会见和通信对象进一步扩大，如适当扩展至民营企业的高级管理人员或部门负责人，有待实践层面的探索和立法层面的完善。根据笔者的调研，从深圳等地的司法实践来看，无论是对民营企业家非羁押性措施的集中宣告机制，抑或是对被羁押的民营企业家在法定框架内的适度赋权机制，都已经在司法机关进行实践，并取得了良好的社会效果和法律效果。

第三，对民营企业家慎用强制措施，亦符合现有司法实践中倡导的“少捕慎诉慎押”的刑事司法政策。“少捕”是指尽量少逮捕犯罪嫌疑人，使非羁押诉讼成为常态；“慎诉”是指从严掌握刑事案件进入审判的程序和实体条件；“慎押”是指尽量缩短审前羁押期限，减少审前羁押人数。[①]“少捕慎诉慎押”刑事政策的出台，是制度设计者基于以往实践中审前羁押率过高的

---

① 参见庄永兼、孙长永等：《少捕慎诉慎押刑事司法政策的内涵功能及其落实》，载《人民检察》2021 年第 15 期，第 38 页。

现状而采取的应对措施。从全国范围来看，2021 年，全国检察机关不批捕 38.5 万人、不起诉 34.8 万人，比 2018 年分别上升 28.3% 和 150.0%，诉前羁押率从 2018 年的 54.9% 降至 2021 年的 42.7%。[①]

在大数据、人工智能技术不断发展的背景下，各地检察机关借助现代科技的力量，研发了不少新型应用，典型如杭州等地的“非羁押码”，以更好地降低审前羁押率，实现刑事诉讼权利保障的目的。“非羁押码”全称为非羁押强制措施数字监控系统。从“非羁押码”的功能来看，其可以对被监管人的移动路径进行实时监控，一旦被监管人员离开特定区域，系统可以实现自动报警。从“非羁押码”的运行机制来看，主要是借助 GPS 和人脸识别等技术，实现精准定位、智能管控等目的。在新冠肺炎疫情大背景下，非羁押码的适用，有力地缓解了看守所在疫情期间无法充分收押犯罪嫌疑人的现实困境。从适用的效果来看，“适用的 1607 名犯罪嫌疑人无一脱管，逮捕率大幅下降”。[②] 虽然非羁押码在实践过程中仍然存在一些问题，如对于不实时打卡的被监管人员缺乏相应的惩罚措施等，不少基层司法实务人员亦对非羁押码的适用存在质疑，但从长远的功能来看，非羁押码可以为强制措施的适用提供一种新的可能替代路径。在民营企业家涉案的情况下，借助非羁押码等功能的适用，减少羁押性强制措施的适用，有助于实现司法与企业“双赢”的局面。

（四）进一步规范刑事合规制度的适用

在刑事合规改革试点进一步扩展的背景下，有必要总结和提炼相关经验，在立法层面进一步规范刑事合规制度的适用。刑事合规制度的进一步适用，涉及刑事立法的修改，涉及法院与检察院之间的权限厘定，还涉及刑事立法与行政法规之间的衔接。

---

① 参见张军：《最高人民检察院工作报告》，载中华人民共和国最高人民检察院网：https://www.spp.gov.cn/spp/gzbg/202203/t20220315_549267.shtml，最后访问日期：2022 年 6 月 23 日。

② 陈海鹰等：《运用数字监控手段降低审前羁押率——以浙江省杭州市检察机关实行“非羁码”为视角》，载《人民检察》2020 年第 23 期，第 59 页。

第一，立法层面的明确界定，将合规不起诉制度在立法层面进一步明确。首先，应当在《刑事诉讼法》中将合规不起诉作为不起诉制度的一种形式予以明确，从源头上减少对其正当性的可能质疑。在现有的背景下，将合规不起诉作为附条件不起诉的类型，缺乏规范层面的依据；将合规不起诉作为酌定不起诉的一种类型，又与合规不起诉的本质属性相违背。故此，在后续《刑事诉讼法》修改中，有必要进一步扩大附条件不起诉的适用范围，将企业合规不起诉作为其适用的一种情形。从具体的期限设置来看，现有的附条件不起诉的期限为6个月至1年；但在企业合规不起诉的背景下，上述的考验期过短，无法充分显示企业合规改革的成效，故此有必要根据企业的特定情况，将附条件不起诉的考验期调整为1年至4年。其次，在刑事实体法领域，明确地区分单位责任和个人责任。在我国传统的刑法研究中，对于单位犯罪与个人犯罪的切割研究不多；在刑事诉讼层面，单位参与人如何参与刑事诉讼，现有的规定亦不明确。① 企业合规作为切割单位责任与个人责任的重要机制，在实体法层面需要相关理论的支撑。从司法实践来看，对于单位归责机制，亦采取较为粗疏的规定方式。例如，根据《全国法院审理金融犯罪案件工作座谈会纪要》的规定，以单位名义实施犯罪，违法所得归单位所有的，是单位犯罪。在该归责模式之下，强调客观行为的重要性，单位的意志以及单位的内部治理结果均无法作为相应的免责事由。在这一单位犯罪理论模式之下，合规制度并无适用的空间。为更好地实现合规计划与单位刑事归责之间的衔接，有学者对单位归责问题进行了新的理论探索并指出，对单位进行归责时，应当重点考虑两个方面的因素，一是单位对特定义务的违反；二是危害结果与单位行为建立起紧密的关联。② 基于该理论，对单位进行归责时，需要考虑单位内部的治理结构，即单位犯罪行为的发生是基于内部治理不善。单位内部的治理结构和模式反映出单位的主观意志。这一理论为单

---

① 我国《最高法解释》第340条和第344条对涉及单位犯罪案件中，单位犯罪和自然人犯罪如何审理和区分的问题作出了相关的规定。

② 参见时延安：《合规计划实施与单位的刑事归责》，载《法学杂志》2019年第9期，第27页。

位合规计划的实施提供了新的可能性。

第二，在合规制度运作过程中，应妥善处理检察机关和法院的关系。刑事合规制度构建过程中，需要从立法、司法与执法等多个环节全程发力并参与实施。[①] 从现有的司法实践来看，无论是不起诉决定的作出，抑或是借助第三方机制对企业进行合规考察，检察机关在此过程中均起到主导性的作用。在刑事合规制度的运作过程中，检察机关不起诉决定的作出，直接终结了案件的刑事流程。在此模式下，检察机关的权限过大，而法院几乎对检察机关的权限没有相应的制约机制。“在刑事诉讼中，检察机关将诉讼监督权与公诉权集中于一身，垄断了国家的公诉资源，造成了公诉权的普遍滥用。”[②] 故此，一方面，应当建立司法机关内部之间的监督机制，对于检察机关作出的合规不起诉决定，法院应当定期进行审查；另一方面，还应当充分发挥外部制度的功能，借助特邀检察员、听证员等制度，确保刑事合规在法治框架内运作。从比较法的视角来看，德国在刑事诉讼中设有中间程序，其目的在于监督检察官的起诉权力，防止起诉权滥用。[③] 在合规制度运作过程中，可以借鉴德国的中间程序，建立由法官对检察机关的不起诉决定进行审查的机制，以实现对检察权的限制。此外，还需要进一步明确的是，如果涉案企业在审查起诉阶段没有提出合规计划，而是在审判阶段提出合规整改承诺，则是否应当允许企业享有相应的量刑优惠。在我国现有的试点制度下，刑事合规制度主要由检察机关主导，审判阶段的刑事合规机制尚未涉及。但从国家治理现代化以及民营企业保护的全局来看，刑事合规制度的适用范围不应过窄。对此，有学者提出，在法院审判阶段，只要企业愿意进行刑事合规，国家就不应堵塞这种渠道。[④] 企业刑事合规制度构建中，可以参照认罪认罚从宽制

---

① 参见杜方正：《国有企业刑事合规制度研究》，法律出版社2021年版，第4页。

② 陈瑞华：《论侦查中心主义》，载《政法论坛》2017年第2期，第11页。

③ 参见陈卫东：《初论我国刑事诉讼中设立中间程序的合理性》，载《当代法学》2004年第4期，第25页。

④ 参见卢勤忠：《企业刑事合规实践探索的适用问题研析》，载《中州学刊》2022年第3期，第46页。

度的相应机制，将其的适用范围扩展至侦查、起诉和审判各个阶段。

第三，将刑事合规制度与行政合规制度有效衔接。企业的合规问题在很大程度上是属于行政合规的范畴。从理论层面来看，“即便行政机关与企业没有达成和解协议，合规计划的建立，也可以成为行政机关对企业减轻、免除行政罚款或者作出其他宽大处罚的重要依据”。[①] 刑事合规制度运作过程中，一个基本的问题就是合规协议的互认机制的建构。如上所述，从最高人民检察院发布的典型案例来看，关于行政合规和刑事合规的衔接问题，已经有检察院对此进行了探索，但成熟的机制尚未建立，衔接机制有待进一步完善。在我国现有执法体制之下，当行政处罚与刑事处罚发生竞合时，如果是先行后刑，同质罚相折抵；如果是先刑后行的情况，则同质罚不再罚。[②] 对此，在后续刑事合规机制建构过程中，应当建立行政机关和刑事司法机关之间合规计划的互认机制，明确在前一阶段已形成的合规计划及已取得的合规成果，可以在下一阶段予以适用。这里又涉及两个基本问题：一是对涉罪企业进行监管过程中的行刑衔接；二是合规计划完成后合规协议的互认。就对涉罪企业进行监管的问题，2021 年 6 月 3 日，《关于建立涉案企业合规第三方监督评估机制的指导意见（试行）》发布。该意见对第三方评估委员会的选任和评估的操作等问题进行了规定，是该领域具有里程碑意义的文件。但该意见仍然存在不足之处，如其对监管主体的法律地位如何认定、检察机关如何在企业合规后期监管中发挥主导作用、监管机构和第三方监管人员的权力和职责等问题仍然未加以明确。[③]

（五）坚持以审判为中心的诉讼制度，冤错案件重在从源头开始预防

坚持以审判为中心的诉讼制度是近年来刑事司法制度改革的一大热点，也是刑事诉讼中实现财产权保护的重要支点和抓手。以审判为中心的诉讼制

---

① 陈瑞华：《企业合规基本理论》，法律出版社 2020 年版，第 12 页。

② 参见黄小伦、罗关洪：《区别情形处理行政处罚与刑事处罚竞合适用》，载《检察日报》2017 年 6 月 26 日，第 3 版。

③ 杨宇冠：《企业合规与刑事诉讼法修改》，载《中国刑事法杂志》2021 年第 6 期，第 150－151 页。

度改革，基于对以往侦查、起诉、审判职能及其相互关系的反思，实际上要重构三者之间的关系，其核心在于构建一个科学、合理的诉讼构造，以实现法官作为居中裁判者以及案件最终决定者，审判作为侦查、起诉审查的最终把关阶段功能，并以此促使侦查机关规范执法以符合司法审查的要求。[①] 从现有涉案财物处置程序来看，侦查阶段对于涉案财物的先行处置问题突出，处置程序本身带有浓厚的侦查中心主义的色彩。现有的涉案财物处置程序与目前所确定的以审判中心的制度改革背道而驰，制度本身在整体大框架下显得格格不入。在案件尚未判决之时，侦查机关对涉案财物的先行处置，在客观上给法官无罪判决施加了前置性的压力，从而导致涉产权案件冤假错案的频发。就总体上而言，现有的处置模式不仅有悖于无罪推定这一刑事诉讼的基本原则，而且使刑事诉讼中的财产权保护面临极为困难的境地。

坚持以审判为中心的诉讼制度，在刑事诉讼财产权保护层面，可以从如下几个方面展开：第一，除符合法定情形对涉案财物作出的先行处置外，未经法院依法判决，任何个人和组织不得对涉案财物作出实质性和终局性的处置。由此防止因涉案财物的不当处置而导致的冤假错案。对于作为证据的涉案财物，法院应当享有最低限度的知情权，具体包括涉案财物的范围、涉案财物的处置情况、涉案财物所需证明的具体事项；从法理层面来看，只有在审判阶段，法院才能综合考量刑罚实现可能性等诸多因素，进而判断其目的是否能实现，从而对涉案财物处置作出最终的决定。在审判阶段，法院至少应当对涉案财物的如下情况进行审查，一是涉案财物的关联性，即对于作为证据的涉案财物，其是否能对案件事实起到实质性的证明作用。若经过庭审的实质性审查，其与案件事实不具备最基本的关联性，则应当解除对其的强制性措施。二是涉案财物的权属问题。法院在审判程序中对涉案财物的利害关系人、被害人、善意第三人的权益问题展开充分调查，进而确保对涉案财

---

① 陈卫东：《以审判为中心：当代中国刑事司法改革的基点》，载《法学家》2016 年第 4 期，第 4 页。

物的处置能最低限度地减少其负外部性，确保司法的规范化。

第二，严格落实现有法律和司法解释的规定，法官在对刑事案件作出判决时，需要同时在判决书中注明对涉案财物及其孳息的处置。“在法院怠于行使裁判权的情况下，实际上将刑事涉案财物的处置权转交给其他的主体。”① 若法院在判决书中未对涉案财物处置的情况进行说明，事实上变相认可了审前程序中侦查机关和检察机关对涉案财物的处置，抑或将涉案财物处置的权限让渡给执行机关。执行机关对权属不明的涉案财物的处置，在一定程度上会加剧涉案财物处置过程中的乱象。如上所述，如若严格要求法院在判决书中对涉案财物处置情况进行说明，一方面，在刑事诉讼程序终结之时，可以敦促司法机关及时对涉案财物作出处置，防止因处置拖延而造成相对人的经济损失；另一方面，在涉及国家赔偿时，也有利于利害关系人及时确认赔偿义务机关，启动刑事赔偿程序。从程序性后果层面来看，对于法院未在判决书中注明涉案财物处置的情况，需要将其作为程序性瑕疵的一种情形，借由检察机关审判监督职能的实施，实现对上述行为的纠正。

第三，在认罪认罚从宽制度不断被推进的当下，有必要将刑事案件涉案财物处置与认罪认罚从宽制度相结合，将被追诉人对涉案财物处置方式的认可作为“认罚”的一种表现。认罪认罚从宽制度的运作，为以审判为中心诉讼制度的改革提供了良好的前提性支撑。在涉案财物处置领域，司法实践中可以尝试探索在认罪认罚具结书中添加对涉案财物进行处置的内容。从现有认罪认罚具结书的内容来看，除被追诉人的基本信息外，还包括被追诉人的认罪态度及其对定罪罪名和量刑轻重的认同。从广义上来看，对涉案财物的处置，会影响被追诉人财产性权益，对其的处分涉及对其权益的减损；在此背景下，被追诉人对涉案财物处置结果的认同，不仅是对其知情权的保障，也会在实质上影响其定罪量刑。在认罪认罚的案件中，法院对认罪认罚具结书内容的审查，是法院行使审判权的重要体现。该机制的运作，可以在司法

① 方柏兴：《刑事涉案财物处置程序的诉讼化及其限度》，载《兰州大学学报（社会科学版）》2019 年第 1 期，第 54 页。

效率与司法公正之间寻找一个均衡点。

三、救济层面：建立有效的内部追责、外部监督和惩罚机制

从救济层面来看，对于刑事诉讼中的财产权保护，需要建立有效的内部追责、外部监督和惩罚机制，同时赋予公民、法人等主体充分的救济权，包括审查程序启动权、申辩权和赔偿权；应该将对公民财产权的侵害纳入诉讼的范围，并建立常规化的涉产权案件的纠错机制。

（一）检察机关监督职能的发挥

强制处分，具有对人民自由或财产等基本权的干预作用，必须受到法律保留原则的拘束，亦即对于人民权利之干预或限制，必须有法律之依据存在，且仅能依据法律或是依法律之授权。① 故此，在程序法方面，对物的强制性措施必须受到正当程序原则的约束，需要有第三方主体的介入，对涉案财物处置程序的运作加以监督。在一些英美法系国家，司法令状制度已经得到确立，这一职能大多由治安法官承担；但在我国现有的法律框架下，这一职能由检察机关发挥更为适宜。

首先，我国缺乏治安法官或侦查法官的制度建构。自 1979 年《刑事诉讼法》发布以来，虽经历多次修改，但我国的法官从职能定位上来看，仅限于审判法官。我国现行《法官法》第 2 条亦明确规定，法官是依法行使国家审判权的审判人员。故此，无论是英美等国的治安法官制度，还是德国的侦查法官制度，均未在我国现有的制度土壤中萌芽。为刑事诉讼中财产权的保障问题而设置特定的法官序列，势必会引发《刑事诉讼法》《法官法》等一系列法律更改的连锁反应，亦会造成司法实践中的波动。故此，对制度的改革或优化设计，应当依据中国现有的制度框架，在现有的框架内寻找可能的解决路径。

其次，从宪法层面来看，检察机关是我国的法律监督机关。我国《宪

① 参见柯耀程：《扣押问题的定性与思辩》，载《高大法学论丛》2011 年第 2 期，第 21 页。

法》第134条明确规定，中华人民共和国人民检察院是国家的法律监督机关。根据《刑事诉讼法》的规定，检察机关在刑事活动中的监督，主要包括立案监督、侦查监督、审判监督和执行监督。刑事诉讼中的财产权保障，涉及从立案到执行的各个阶段，可为检察机关的诉讼监督所覆盖，亦可作为检察机关行使监督权的一种具体样态和载体。从检察机关内设机构的设置来看，最高人民检察院的第一检察厅至第四检察厅,① 均包含对各自负责的案件进行诉讼监督的职能，故其可对侦查阶段涉案财物处置的规范性问题进行监督，对物的强制性措施适用进行审批。故此，由检察机关承担涉案财物处置过程中的监督职责，并不存在制度层面的桎梏。

再次，从现实层面来看，职务犯罪侦查权的转隶，使检察机关在涉案财物处置程序中，可以保持更为中立的态度。在以往刑事诉讼中，检察机关具有职务犯罪侦查权，而职务犯罪侦查过程中的涉案财物处置不规范现象，亦时常为人诟病。在职务犯罪侦查权转隶后，检察机关仅保留14个罪名的侦查权，且大多限于非法拘禁、刑讯逼供、非法搜查等侵犯公民权利、损害司法公正的犯罪。从全国犯罪数量来看，此类案件的数量较为有限。最高人民检察院的工作报告显示，2021年全国检察机关立案侦查司法工作人员利用职权实施侵犯公民权利、损害司法公正犯罪的有2253人。② 且在大量此种类型的职务犯罪案件中，并不涉及涉案财物的处置。在贪污犯罪等职务犯罪的起诉过程中，检察机关不再直接享有涉案财物先行处置的权利，其面临的问题也更多在于与监察机关的衔接。故此，检察机关在涉案财物处置程序中的相对抽离，能够赋予其诉讼监督更高的公信力。

复次，从现有规定来看，《人民检察院刑事诉讼规则》对刑事裁判涉财

---

① 自机构改革后，最高人民检察院的第一检察厅至第四检察厅分别负责普通案件检察、重大犯罪检察、职务犯罪检察及经济犯罪检察。从具体职责来看，第一检察厅的职责是负责对法律规定由最高人民检察院办理的除第二、三、四检察厅承办案件以外的刑事案件的审查逮捕、审查起诉、出庭支持公诉、抗诉，开展相关立案监督、侦查监督、审判监督以及相关案件的补充侦查，办理最高人民检察院管辖的相关刑事申诉案件。

② 参见张军：《最高人民检察院工作报告》，载中华人民共和国最高人民检察院网：https://www.spp.gov.cn/spp/gzbg/202203/t20220315_549267.shtml，最后访问日期：2022年6月25日。

产部分执行监督设专节予以规定，其中第646条第2款明确规定，公安机关不依法向人民法院移送涉案财物、相关清单、照片和其他证明文件，或者对涉案财物的查封、扣押、冻结、返还、处置等活动存在违法情形的，人民检察院应当依法提出纠正意见。《人民检察院刑事诉讼规则》第559条亦对产权保护的刑事立案监督作出了规定。该条规定，对于有证据证明公安机关可能存在违法动用刑事手段插手民事、经济纠纷，或者利用立案实施报复陷害、敲诈勒索以及谋取其他非法利益等违法立案情形，尚未提请批准逮捕或者移送起诉的，人民检察院应当要求公安机关书面说明立案理由。当然，在此仍然会存在一些问题，问题主要集中于如何改变检察机关柔性监督软弱无力的现状，从而不至于使检察机关的监督沦为一纸空文。对此，有学者认为，应当在法律层面规定有关机关落实检察监督的义务、反馈期限、提出异议的程序以及拒不纠正违法行为和错误决定的责任。[①] 程序性违法后果的确立有利于从制度层面确保检察机关检察建议的落实，切实发挥检察机关的诉讼监督职能。

最后，从检察机关本身的立场和态度来看，其积极参与对民营经济的保护，将此作为检察机关参与基层社会治理的重要立足点。从实践层面来看，从2019年7月开始，最高人民检察院开展了“涉非公经济案件立案监督和羁押必要性审查”专项活动，内容主要涉及越权管辖，违规立案，撤销案件，违规采取强制措施或者不及时解除、变更强制措施，违规查封、扣押、冻结等方面。[②] 此类专项活动的开展，反映出各级检察机关对刑事诉讼中财产权保护问题，尤其是民营经济财产权保护问题的作为与担当。在新冠疫情的背景下，2020年10月29日，最高人民检察院发布4起保障民营企业合法权益监督侦查机关撤案典型案例；2022年5月5日，最高人民检察院选编《检察

---

① 参见朱孝清：《国家监察体制改革后检察制度的巩固与发展》，载《法学研究》2018年第4期，第13页。

② 参见郭其钰：《浙江检方开展涉非公经济案件立案监督专项审查》，载中国新闻网丨浙江：http://www.zj.chinanews.com/jzkzj/2019-08-21/detail-ifzniivw4269569.shtml，最后访问日期：2019年12月1日。

机关依法办理民营企业职务侵占犯罪典型案例》，旨在从严打击民营企业腐败犯罪，进一步提升民营企业司法保护质效。从涉及的行业来看，包括银行保险、电商、电子产品、快消品、轮胎制造等经济领域。检察机关本身对该问题的积极态度，有助于进一步发挥其在民营经济保护中的主观能动性。

（二）部门利益的切割

我国刑事涉案财物处置中的乱象和公权力对财产权的侵害，从表面上来看，是由于司法审查机制的缺失，但究其根由，在于部门利益与涉案财物处理相挂钩。司法机关参与利益角逐必然影响司法公正和司法效率。[①] 这一点，在美国等国的刑事司法实践中亦可得以验证。如有不少学者对此明确提出批评，认为执法活动并非交易，而是对司法正义的追求，但没收制度的存在，致使不计其数的执法机构背离该理念。[②] 从一个更为严重的后果来看，财政返回机制的存在极易导致侦查资源分配的不均，促使侦查机关将侦查资源更多地投入有经济收益的犯罪侦查活动中。[③] 对此，在我国现有的司法语境下，可能的应对方式主要有两种：涉案财物集中管理系统的建立和推广以及财政返还机制的转变。此外，借助现代科技等的适用，还可以进一步完善网络司法拍卖制度，以提升司法的公信力和透明度。

首先，是涉案财物集中管理系统的建立和推广。《公安机关涉案财物管理若干规定》明确提出要建立涉案财物集中管理信息系统，对涉案财物信息进行实时、全程录入和管理，并与执法办案信息系统关联。在物联网、云计算、人工智能等现代科技与司法不断结合的背景下，涉案财物集中管理系统的建立具备现实可能性。从各地实践来看，涉案财物集中管理信息系统已在

---

① 参见尹伊君：《检法冲突与司法制度改革》，载《中外法学》1997 年第 4 期，第 39 页。

② See Jerome H. Skolnick, *Policing Should Not Be for Profit*, 2 Criminology & Public Policy 257 (2008).

③ 如在美国，实证研究发现，立法层面允许侦查人员保留特定份额的扣押财产，其使得毒品犯罪案件的逮捕率在所有案件的逮捕率中上升 20%，毒品案件的逮捕率已经达到 18%。See Rob Poggenklas, *Reform Virginia's Civil Asset Forfeiture Laws to Remove the Profit Incentive and Curtail the Abuse of Power*, 50 U. Rich. L. Rev. 75 (2016).

北京、浙江、山东、江苏等地的不少公安机关、检察院投入使用。基于对涉案财物的编号、涉案财物信息的录入、涉案财物调用信息的留存，可以在很大程度上确保涉案财物处置过程的透明性。“建立跨部门的涉案财物集中管理信息平台，不仅有助于对涉案财物进行系统、规范、高效管理，以及对涉案财物信息进行采集、共享、分析和运用，而且有助于对涉案财物管理进行流程管控和透明监督。”[①] 但涉案财物集中管理平台的建立，仅能从信息层面确保涉案财物流转的可视化，涉案财物保管的场所、机制和人员涉及大量的规划和投入。就制度层面而言，涉案财物集中管理场所因涉及多部门之间的衔接，需要由各地的政法委统一协调；对于作为证据的涉案财物和作为保全的涉案财物，需要予以明确并设立不同移送标准；对于法院的判决书中未作出判决的涉案财物，应当如何处置。上述问题，均有待理论层面的进一步解答和实践层面的经验积累。对于涉案财物管理平台应当设置何种规则，现有立法仍未明确。

其次，是财政返还机制的转变。财政返还机制的弊端早已为人所意识，但由于办案经费的不足，不少地区特别是中西部地区的“收支两条线”难以真正落实。[②] 但若完全切断，则会挫伤侦查人员对涉案财物扣押、查封的积极性，最终导致刑事案件被害人及相关利害关系人的财产权无法得到有效保障。对此，一方面需要切实发挥检察机关的监督职能，对侦查机关应当扣押、查封涉案财物却不作为的行为及时提出纠正意见，并确保检察建议的执行力。另一方面，赋予刑事被害人或者相关的利害关系人相应权利，使其可基于附带民事诉讼或者民事诉讼的提起，保护自己的合法财产权益，以实现对侦查机关不作为的监督。在现有的制度框架内，作为一种过渡性的措施，经由涉案财物处置获得的财政返还，可由公、检、法三机关均分，由此可以在公安

---

① 李玉华主编：《统一涉案财物管理中心建立的论证与设计》，中国法制出版社 2021 年版，第 157 页。

② 参见《最高人民检察院关于开展规范执法行为专项整改情况的报告》，载中国人大网：http://www.npc.gov.cn/wxzl/gongbao/2006-12/08/content_5355039.htm，最后访问日期：2018 年 8 月 17 日。

司法机关的作为与相对人权利保障的两个光谱之间寻求暂时性的均衡点。

最后，借助现代科技，建立完善的网络司法拍卖制度，减少司法拍卖过程中的权钱交易，提高司法的透明度和公信力。2016年，《最高人民法院关于人民法院网络司法拍卖若干问题的规定》发布，其是“为了规范网络司法拍卖行为，保障网络司法拍卖公开、公平、公正、安全、高效，维护当事人的合法权益”。从具体的操作来看，网络司法拍卖由执行法院主导，利用法院自设或他人提供的网络技术平台，按预设程序，将执行标的以网络竞价的方式进行拍卖。① 相较于线下拍卖，网络拍卖机制的设立对于更好地保障当事人的财产权益无疑是更优的选择。网络司法拍卖自2017年1月1日起全面推行。相应的统计数据显示，2017年全国网络拍卖25万余次，成交额为1690亿元，标的物成交率为87.38%，溢价率为65.55%。② 但从司法实践来看，网络拍卖亦存在一系列的问题有待进一步解决，如对于网络拍卖参与人的资格设定相对随意，现有法律未规定如果法院未通知优先购买权人参与网络司法拍卖可能产生的法律后果，以及被遗漏的权益主体的权益救济路径不明确等。此外，在现有的制度中，规则层面缺少对竞买人的失信行为进行监督的机制，且缺乏对竞买人、案外人提供可操作性的网络司法拍卖救济权的相关规定。③ 故此，有必要在后续规则修订过程中，对司法实践中显现的问题予以解决。

（三）利害关系人救济权的保障，建立诉讼中间救济程序

“与行政立法相比，刑事立法关于将涉案财物返还权利人的规定过于原则，对于善意第三人财产的返还、合法占有财物的返还均缺乏明确规定。”④ 给予当事人程序上的救济权是程序正义的一种体现，也是更广泛的民主权利

① 参见马登科：《审执分离运行机制论》，载《现代法学》2019年第4期，第176页。

② 参见刘贵祥：《人民法院执行工作现状与分析》，载《中国应用法学》2018年第1期，第3页。

③ 参见李晓慧、陈志宏：《我国网络司法拍卖制度的建构》，载《法律适用》2016年第12期，第60页。

④ 刘艾涛、黄有湘：《涉案财物处置的行刑衔接》，载《行政法学研究》2021年第1期，第102页。

的体现，是程序法治民主化的体现。[①] 对于利害关系人救济权的保障，从原则层面来看，应当保障利害关系人在刑事诉讼涉案财物处置程序中的救济权。如在美国的刑事财产权保护体系中，如果财产在刑事案件中被没收，其不得被处置直至刑事诉讼程序终结，且所有潜在的第三方均有权对没收提出抗辩。[②] 从救济权的具体设置来看，一方面可以借鉴民事诉讼中的司法救济，另一方面可以借鉴执行程序中的司法救济。在此，有必要建立诉讼中间救济程序，以更好地保障利害关系人的救济权。

首先，需要明确的是，从一些地方性规定来看，在部分涉案财物处置程序中，利害关系人已享有一定程度的救济权。如《青海省涉案财物价格认定管理办法》第 27 条规定，案件当事人对价格认定结论有异议的，可以向办案机关提出重新认定或者复核的书面申请。办案机关认为理由成立的，可以提出重新认定或者复核要求；办案机关认为理由不成立的，应当书面告知案件当事人，并说明理由。相比于《涉案物品价格鉴定复核裁定管理办法》（现已失效），上述规定增加了办案机关书面告知理由这一程序，并赋予了案件当事人提出重新认定或复核裁定的权利，这在客观上限制了办案人员的恣意。但上述规定的缺陷也是显而易见的，一方面，若办案机关未书面告知理由，其会产生何种程序性后果，上述规定并未明确；另一方面，即便办案机关提出重新认定要求，价格认定结论实质上仍可能未进行任何修改。因此，虽说上述规定仍难免沦为摆设的命运，但至少其开始意识到在程序中对利害关系人救济权的设置。

其次，诉讼中的司法救济主要是指财产保全和财产担保制度的设立。我国《民事诉讼法》第 104 条第 1 款规定，利害关系人因情况紧急，不立即申请保全将会使其合法权益受到难以弥补的损害的，可以在提起诉讼或者申请仲裁前向被保全财产所在地、被申请人住所地或者对案件有管辖权的人民法

---

① 参见张卫平：《民事诉讼：回归原点的思考》，北京大学出版社 2011 年版，第 335 页。

② See Stefan D. Cassella, *Overview of Asset Forfeiture Law in the United States*, 55 U. S. Att'ys Bull. 8 (2007).

院申请采取保全措施。申请人应当提供担保，不提供担保的，裁定驳回申请。对于刑事诉讼中的涉案财物，若利害关系人提出保全要求，则侦查机关可以参照民事诉讼中的相关规定，要求其提供相应的担保。在我国台湾地区的刑事活动中，规定了保全执行扣押制度。“为了确保没收或追征宣告终局裁判于未来执行的可能性，实现剥夺犯罪物或不法所得的实体法宗旨，程序法上必须规划暂时性的保全措施，先行将没收或追征标的置于国家的实力支配之下，以防止标的在追诉程序中途被不当处分或贬值。”① 此外，在刑事案件判决之前，若涉案财物权属不明，且涉案财物对利害关系人财产权的实现极为重要，也可参照德国刑事诉讼的相关规定，由利害关系人提供相应的担保，作为允许其继续持有或使用特定涉案财物的对价。

再次，从执行程序中的司法救济权的设置来看，我国《刑事诉讼法》对财产执行的主体作出了规定，但对于执行程序中利害关系人的救济权问题，规定并不明确。《刑事诉讼法》第 272 条规定，没收财产的判决，无论附加适用或者独立适用，都由人民法院执行；在必要的时候，可以会同公安机关执行。与此同时，我国《民事诉讼法》第 231 条第 1 款规定，发生法律效力的民事判决、裁定，以及刑事判决、裁定中的财产部分，由第一审人民法院或者与第一审人民法院同级的被执行的财产所在地人民法院执行。在对财产部分进行执行过程中，我国《民事诉讼法》对利害关系人的异议权作出了规定。《民事诉讼法》第 234 条明确规定，执行过程中，案外人对执行标的提出书面异议的，人民法院应当自收到书面异议之日起十五日内审查，理由成立的，裁定中止对该标的的执行；理由不成立的，裁定驳回。故此，对于执行程序中利害关系人的救济权，可以按照《民事诉讼法》的相关规定进行设置，赋予利害关系人相应的异议权，并允许被执行人提供相应的担保。

最后，在后续立法中，可以借鉴一些国家的中间救济（interim relief）制度，实现对刑事诉讼中财产权的保护。中间救济制度作为民事诉讼中的一种

---

① 林钰雄：《2019 刑事程序法裁判回顾：没收新制之实务发展观察》，载《台大法学论坛》2020 年第 11 期，第 1671 页。

重要程序，其目的在于保障后续诉讼的顺利进行，使错误的成本最小化。① 在美国的司法实践中，不同州法院和联邦法院，对于授予中间救济的标准通常不一。一般情况下，州法院授予中间救济的可能性大于联邦法院授予中间救济的可能性。② 传统上，诉讼中间禁令的发布需要符合四个标准：无法弥补的损害的出现；依法正确申请的可能性；基于公平原则的权衡；对公共利益的考量。③ 在现有的司法实践中，大多数联邦巡回法官转而采用另一种标准，包括：申请者表示有无法弥补的损害出现；错误的命令可能对申请者造成的伤害；诉讼中间命令的签发不会影响到公共利益。④ 在我国后续刑事诉讼立法中，可以借鉴中间救济制度的相关精髓，实现诉讼程序保障以及财产利害关系人权益保障的双重目的。在具体制度建构中，无法弥补的损害的可能性、对第三人权益的影响以及公共利益，是需要重点考量的因素。

（四）常态化纠错机制的建构

从实践中来看，涉产权刑事错案的形成，有些是历史原因，有些是人为原因，还有些是地方行政部门和司法部门基于自身利益而对经济纠纷的不当干预。当然，在对涉产权案件纠错之时，更为重要的是探索建立防范冤假错案的长效机制，防止当下有的地方司法机关一边纠错一边形成新的错案。从现有产权案件的纠错机制来看，不少案件的纠错需要最高人民法院的介入。在现有司法体系下，常态化纠错机制的构建，可从以下层面入手。

首先，最高人民法院不应成为产权案件纠错的主力军。从最高人民法院的定位来看，其功能主要在于监督各级人民法院的工作、发布司法解释并受理相关上诉、抗诉及再审案件。对于具体案件的审理，不应成为最高人民法院的主要工作。从美国联邦最高法院的司法实践来看，其虽每年会收到数千

---

① See Daniel M. Gonen, *Judging in Chambers: The Powers of A Single Justice of the Supreme Court*, 76 U. Cin. L. Rev. 1159（2008）.

② § 8：2. Access to court：a delay，distance，and interim relief，1 Section 1983 Litigation in State and Federal Courts § 8：2.

③ See Morgan Stanley D. W.，Inc. v. Frisby，163 F. Supp. 2d 1371，1374（N. D. Ga. 2001）.

④ See City of Chanute v. Kansas Gas and Elec. Co.，754 F. 2d 310，314（10th Cir. 1985）.

份上诉请求，但其一年审理的案件，一般稳定在70件左右。[①] 从功能上来看，联邦最高法院过多地审理案件，不仅会降低这一国家最高裁判机构的判决质量，而且会减弱其在多元的民主社会中所能发挥的效应。[②] 从我国最高人民法院的设置来看，虽设立了巡回法庭，但根据巡回法庭案件审理的规定，其审理的案件主要是跨行政区域重大行政和民商事等案件，审理范围有限，故其亦不宜成为产权案件纠错的主要力量。[③] 在我国现有的司法体制下，各地方高级人民法院应成为产权案件纠错的主体。一方面，在现有的司法管辖制度下，高级人民法院距离纠纷发生地相对更近，在我国再审全面审查的制度设计下，当地高级人民法院的介入，有利于更好地对事实问题作出认定；另一方面，基于其级别的设置，相较于中级人民法院，其更可在一定程度上减少地方性因素的干预，实现司法公正。由各地高级人民法院介入对产权案件进行纠错，在节约司法资源的同时可以更好地提升司法公信力。

其次，确保司法本身救济渠道的畅通。由于地方利益的纠葛、案外因素的介入、涉案财物的先行处置、既得利益者的阻碍，产权案件的纠错显得尤为困难。一般刑事案件的纠错机制主要遵循“冤案发生—司法救济失败—媒体的曝光—司法救济再次介入—平反”的救济路径。但在涉产权案件的纠错过程中，即便当事人意图借助舆论和媒体的力量获得再审的机会，也仍然很难如愿。在顾雏军案中，顾雏军在2012年出狱后即召开媒体见面会，并通过头戴“草民完全无罪”白帽的行为艺术引起公众的关注，但截至2017年年底，最高人民法院才决定重审顾雏军案，使得该案获得重审的机会。涉产权案件的重审和纠错，最大的推力来自制度顶层设计者对产权保护的关注。若

---

① 参见美国联邦最高法院网：https://www.supremecourt.gov/orders/grantednotedlists.aspx，最后访问日期：2018年8月17日。

② See William T. Coleman, Jr., *The Supreme Court of the United States: Managingits Caseloadto Achieveits Constitutional Purposes*, 52 Fordham L. Rev. 1 (1983).

③ 《最高人民法院关于巡回法庭审理案件若干问题的规定》第3条对巡回法庭审理案件的范围进行了列举，具体包括全国范围内重大、复杂的第一审行政案件；在全国有重大影响的第一审民商事案件；刑事申诉案件；依法定职权提起再审的案件；最高人民法院认为应当由巡回法庭审理或者办理的其他案件；等等。

非制度顶层设计者对于产权案件纠错的强调，张文中、顾雏军等案件的平反，遥遥无期。在现有产权保护日益受关注的大背景下，司法机关应当建立常态化的产权案件纠错机制，尽可能地减少制度运作过程中的偶然和人为因素。

最后，国家赔偿制度的完善。“国家赔偿是以法律的形式确立的一种救济制度，对于那些受到国家机关在行使社会管理职权过程中作出的不法行为侵犯的个体利益给予补救和保护。”① 基于国家赔偿启动困难、赔偿程序僵化、赔偿标准过低等问题，就产权案件而言，国家赔偿制度的完善，需要从以下三个方面进行：（1）从启动层面来看，请求权人仅需提供初步的证明，证明财产侵害行为的发生。在不少案件中，如马占奎案，由于侦查机关未出具相应的扣押文书，致使赔偿请求权人无法在规定的期限内提交文书，导致国家赔偿程序无法启动。侦查机关因程序违法而获得程序层面的利益，这显然有悖诉讼法原理。故此，因国家机关的违法行为导致请求权人无法提供证明文件，则应视为其已经完成证明责任。在此种证明情形下，请求权人仅需要提供证据，证明存在国家机关违法行为这一前提性要件。（2）就赔偿程序而言，可借鉴刑事诉讼立案程序的相关规定，由不同机构实行内部案卷材料的转移。一方面，由于判决书中经常缺乏对涉案财物处置的判决，致使被告人、被害人或者相应的利害关系人无法准确界定赔偿义务机关，但因涉案财物违法处置主体多元化而产生的不利后果，不宜由财产受害人承担；另一方面，就可得性和便利性的角度而言，相较于财产权益受侵害的当事人，司法机关能更为有效地鉴别赔偿义务机关。由司法机关实行内部案卷材料的转移，并基于对申请人书面通知的发送，从而尽可能地减少申请人的诉累。（3）就赔偿标准而言，采用损失填平原则，而非仅着眼于抚慰性标准。由此，一个简单的推论是，申请人因财产侵害行为而产生的相关费用，应由国家予以赔偿。从司法实践来看，不少地区已经支持对差旅费的赔偿。如在于洋申请国家赔偿案②中，内蒙古自治区高级人民法院对部分差旅费进行了支持。当然，

① 江必新：《审判监督与国家赔偿的理念、政策与机制》，人民法院出版社2019年版，第317页。

② 内蒙古自治区高级人民法院国家赔偿委员会国家赔偿决定书，（2018）内委赔1号。

在对“相关性”证明过程中，应当由申请人承担相应的证明责任，且达到优势证据的证明标准即可认定。在刑事赔偿程序标准设置中，基于对赔偿标准的提升，进一步实现国家赔偿制度对被侵权人的救济功能。

四、衔接层面：加强《刑事诉讼法》与《民事诉讼法》、《监察法》、《行政强制法》的衔接

刑事诉讼中财产权保护问题的研究，还涉及《刑事诉讼法》与《民事诉讼法》、《监察法》、《行政强制法》等的衔接问题，如《监察法》和《行政强制法》中均涉及对物的强制性措施，而民事诉讼则涉及与刑事诉讼的刑民优先性问题。故此，对衔接问题应当有更加严格的程序保障性规定，并与《刑事诉讼法》之间形成无缝对接。对此有大量的问题需要进一步研究，如在哪些情况下应当先刑后民，哪些情况下应当先民后刑，哪些情况下应当民刑同时。正是这类问题的存在，使得刑事诉讼中的财产权保护需要跨学科研究。

（一）刑事诉讼与民事诉讼的衔接：先刑后民的原则及反思

民事诉讼与刑事诉讼的衔接，涉及“先刑后民”这一原则的适用。该原则在当时的历史背景中有其合理之处。然而，随着民事产权制度复杂化程度的增加，该原则需要反思。《最高人民法院关于在审理经济纠纷案件中涉及经济犯罪嫌疑若干问题的规定》第10条规定，人民法院在审理经济纠纷案件中，发现与本案有牵连，但与本案不是同一法律关系的经济犯罪嫌疑线索、材料，应将犯罪嫌疑线索、材料移送有关公安机关或检察机关查处，经济纠纷案件继续审理。但这样的解释，还不足以应对财产权复杂的刑民交织在一起的案件，因为在这样的案件中，往往需要先正确处理民事问题（如股权及相关权益的归属等），才能正确解决刑事问题。

在诉讼程序的选择方面，先刑后民原则缺乏制定法上的依据，刑事诉讼相较于民事诉讼，亦不一定具备绝对性优势。刑事诉讼虽以国家公权力作为其强大后盾，在证据调取和收集方面具有其天然优势，但在大量财产权复杂的刑民交织在一起的案件中，则需先处理民事问题。如对于财产所有权的认

定，民事诉讼相较于刑事诉讼，有更为完备的程序设置；民事法官相较于刑事法官，亦更具相关领域的经验。在现有刑民交叉案件审理中，对于不少知识产权纠纷、借贷纠纷等问题，刑事法官迫切需要民事法官专业技能的支撑。

在处理刑事诉讼和民事诉讼的优先性问题时，笔者认为可以综合考虑如下几个原则：一是可操作性原则，从立法层面来看，对于民刑优先性问题的表述，条文用语应当具有一致性，且相应的表述应当便于一线实务人员的理解，防止因表述不清而导致实践操作层面的混乱；二是结果依据性原则，亦即以先诉与后诉之间是否存在先决关系作为区分刑民优先性的重要标准，若民事诉讼结果对刑事诉讼结果具有先决关系，则民事诉讼应当优先，反之亦然；三是受害人权益优先保护原则，在选择民事优先还是刑事优先时，应当将被害人的损失填补作为程序选择考量的一个要点，防止因程序的久拖不决而引发被害人财产损失的加重；四是不能让违法犯罪人从中获利原则，防止违法犯罪人基于民刑程序衔接的不畅而达成不法目的，如个别人员为逃避民事担保责任而意图启动刑事程序；五是统一法秩序原则，即在判决作出过程中，如何尽可能地减少因民事诉讼和刑事诉讼程序的不同而出现的判决差异，尽可能地实现在现有法治体系内，民事判决和刑事判决的一致性。当然，上述原则本身可能存在冲突，如受害人权益保障和统一法秩序等原则，可能无法在同一案件中得到实现。故此，在具体适用过程中，需要结合案件的具体情况予以考量，对相应的原则进行排序。

在上述原则中，采用《民事诉讼法》的立场，将结果依据性作为认定刑民优先性的关键，具有极大的现实意义。首先，在我国，诉讼标的的理论并不发达。对于“同一事实”“同一法律关系”的认定标准，理论界尚未达成统一认知。如根据民事诉讼法学代表性学者的观点，案件的相同或同一性主要是前诉案件与后诉案件在主体和客体两个方面的同一性，主体的同一即当事人的同一，客体的同一即诉讼标的的同一。[①] 若以该理论作为刑事诉讼与

---

① 参见张卫平：《重复诉讼规制研究：兼论“一事不再理”》，载《中国法学》2015 年第 2 期，第 53 页。

民事诉讼同一事实的认定，显然不具有可行性，因民事诉讼与刑事诉讼的当事人双方不一，且基于诉讼目的的不同，诉讼标的存在较大差异。在民事诉讼领域，基于同一事实或同一法律关系，可以形成数个请求权，成立数个诉。[①] 基于刑民目的的差异，即便理论界对于同一事实的认定标准已无争议，但同一事实，可以同时包含民事法律关系和刑事法律关系，如非法集资案件中，既包括出资人与集资人之间的纠纷，也包括担保人、出资人、集资人之间的纷争，其属于同一事实，但属于不同的法律关系，若一定先审理刑事诉讼，则会导致民事诉讼的拖延，导致相关人的财产权得不到有效保障。故此，虽然刑事诉讼中的诉讼标的理论已在德、日等国的刑事诉讼法理论中发展得较为完善，但我国对诉讼标的的研究仍然处于起步阶段，理论方面的准备相对不足。相较于诉讼标的理论，结果依据性或先决关系理论更易被实务界人士认可和接受。

其次，从司法实践层面来看，这一立场，亦为最高人民法院的判例所认可。在中国铁路物资沈阳有限公司与天津市长芦盐业总公司买卖合同纠纷案[②]中，最高人民法院认为，在审判实践中，无论是先刑后民，还是先民后刑，都不应当绝对化和扩大化，有些民事案件的审理确实需要以刑事案件的结果为前提，而有些刑事案件却必须以民事案件为依据，也有些民事案件与刑事案件的审理可以各自独立，互不关涉。在民商事案件审理中，重要的是运用民事审判规则分析相关证据进而认定相关事实，如果能够依据相关事实和法律进行审理，并非一定要等待刑事案件的处理结果。因此，在审理刑民交叉案件时，应当坚持具体案件具体分析的实事求是的态度予以判定。故此，情境分析的总体原则加之结果依赖性的判定，成为人民法院处理该类型案件的思维方式。从司法实践来看，最高人民法院的判例和观点，对于下级人民法院在案件审理过程中起到重要的指导性作用。2010 年最高人民法院颁布的《关于案例指导工作的规定》第 7 条明确规定："最高人民法院发布的指导性

① 参见袁琳：《基于"同一事实"的诉的客观合并》，载《法学家》2018 年第 2 期，第 150 页。

② 最高人民法院民事判决书，(2015) 民二终字第 335 号。

案例，各级人民法院审判类似案例时应当参照。”从指导性案例的具体作用来看，“作为糅合了判例法系遵循先例思想而又不致违背大陆法系遵循成文法规则的制度，指导性案例充分体现了学者们的法治情怀和制度缔造者们的创新精神”。[①]“应当参照”的表述，为指导性案例进行司法实践提供了现实性的路径。

此外，从域外立法来看，先决性立场亦为一些国家的刑事诉讼法所认可。如《德国刑事诉讼法》第262条规定，行为的可罚性取决于民法法律关系的评判时，刑事法院依照对本案程序和刑事案件证明所适用的规定，作出裁判。但是，法院有权中断调查并对其中一名参与人指定提起民事诉讼的期限，或者等待民事法院作出判决。[②] 在案件刑民交叉的情况下，德国刑事法官具有选择权，其一方面可以选择适用刑事程序对民事关系加以审理，另一方面可以中止刑事案件的审理以等待民事案件的处理结果。从立法层面的表述来看，《德国刑事诉讼法》原则上认可在刑事诉讼中对民事法律关系的处理应当依据刑事诉讼程序，并采用刑事证明标准。

在此，存在的问题是，刑民同时进行的情况下，若刑事诉讼与民事诉讼对同样的案件事实作出截然不同的认定，是否有损司法的公正性和权威？有学者明确指出，在我国，从根本层面上来看，司法公信力不高的一个主要原因是司法依附于政府，而非诉讼规则层面的设置。[③] 事实上，因刑事诉讼和民事诉讼证据规则与证明标准的不一，两者对于事实认定和证据审查的差异，得到各国立法层面的确认，亦得到不少国家民众的认可。从我国司法实践来看，公众对于刑民之间的不同，亦有所认知。如在非法集资案件的审理过程中，基于民事诉讼与刑事诉讼对于财产性权益的保障不同，不少集资参与人声称自己并非被害人，希望通过民事诉讼途径加以解决。[④] 故此，刑民的差

---

① 彭中礼：《司法判决中的指导性案例》，载《中国法学》2017年第6期，第142－143页。

② 参见宗玉琨译注：《德国刑事诉讼法典》，知识产权出版社2013年版，第207页。

③ 参见何家弘：《如何提升司法公信力》，载《国家检察官学院学报》2014年第5期，第159页。

④ 参见冯姣：《非法集资案件中集资参与人的诉讼地位认定》，载《金融理论与实践》2018年第5期，第85－86页。

异性，在我国已有一定的国民性基础，刑民判决结果的不同并不必然会损害司法的公信力。

最后，关于在先判决的既判力问题，一般学术界认为，民事既判事由并不必然具有对刑事案件的既判力，但刑事既判事由对于民事案件的既判力问题，已经在不少国家得到认可。如在法国，有判例明确提出：不准许民事法官无视刑事法官就构成民事诉讼与刑事诉讼共同基础的犯罪事实等问题作出的决定。① 当然，在确认既判事由的效力时，还需要受到一系列条件的限制，如受既判力约束的民事诉讼包括“以本义上的民事诉讼为标的”的诉讼，以及因犯罪引起的与“具有民事诉讼性质的诉讼”有关的诉讼，且刑事既判事由对民事诉讼既判力的范围仅限于肯定与必要的具有刑事性质的认定事由。② 当然，在中国的语境下，也有学者提出，在考虑刑事案件的既判力的范围时，还需考虑受刑事判决既判力约束的人的范围，将其限缩在参与刑事审判的当事人之间，以及充分尊重民事案件审判的独立性和专业性。③ 故此，在确认民事诉讼对刑事诉讼的既判力时，需要综合考虑受拘束的主体、受拘束的范围等事项。

（二）《刑事诉讼法》与《监察法》的衔接

作为国家反腐败机制设计的重要成果，《监察法》的出台对刑事诉讼法体系造成了一定程度的冲击。关于《监察法》和《刑事诉讼法》的衔接问题，理论层面已经有不少的成果，涉及管辖衔接、立案衔接、调查措施衔接、强制措施衔接、证据适用衔接等诸多方面。④ 从总体上来看，《监察法》与《刑事诉讼法》虽然程序不一，但是在证据上实行“证据一体”，两者确立了

---

① 参见［法］贝尔纳·布洛克：《法国刑事诉讼法》，罗结珍译，中国政法大学出版社 2009 年版，第 567 页。

② 参见［法］贝尔纳·布洛克：《法国刑事诉讼法》，罗结珍译，中国政法大学出版社 2009 年版，第 569－570 页。

③ 参见纪格非：《刑民交叉案件的诉讼问题》，载《法律适用》2019 年第 16 期，第 11 页。

④ 参见王秀梅、黄玲林：《监察法与刑事诉讼法衔接若干问题研究》，载《法学论坛》2019 年第 2 期，第 135 页。

相同的证据制度，在取证规则、证据制度、证明标准方面遵循一致的规则。[1]

就财产权保护领域，从《监察法》的具体规定来看，其不仅对涉案财物的范围作出了规定，还对涉案财物处置程序进行了规制。从涉案财物的范围来看，《监察法》第 25 条、第 46 条、第 48 条和第 52 条等条文均对此作出了规范。其中，第 25 条是对具有证据价值的涉案财物范围的规定，第 46 条是对一般涉案财物范围的限定及处置，第 48 条是对违法所得没收程序的规定，第 52 条则是对反腐败国际追逃追赃的规定。根据第 46 条的规定，监察机关经调查，对违法取得的财物，依法予以没收、追缴或者责令退赔；对涉嫌犯罪取得的财物，应当随案移送人民检察院。从上述规定可以看出，监察机关对于在监察阶段取得的涉案财物，具有实质性的处分权。监察机关对于“违法”与“犯罪”的界限，可以自行判断，并有权限基于此对相应的涉案财物作出截然不同的处分。在法理层面，《监察法》中的违法所得可以分为三种类型：原物型违法所得、转化型违法所得和等值型违法所得。[2] 各种类型分别针对不同的涉案财物，如根据《监察法实施条例》第 209 条第 2 款的规定，涉案财物无法找到、被他人善意取得、价值灭失减损或者与其他合法财产混合且不可分割的，可以依法追缴、没收其他等值财产。此即为等值型违法所得的四种样态。

从规则层面来看，《监察法》中亦对涉案财物的强制性措施作出了规定。根据《监察法》第 25 条的规定，监察机关在调查过程中，可以调取、查封、扣押用以证明被调查人涉嫌违法犯罪的财物、文件和电子数据等信息。查封、扣押的财物、文件经查明与案件无关的，应当在查明后 3 日内解除查封、扣押，予以退还。基于《监察法》第 25 条的立法表述，监察机关对涉案财物的界定，主要着眼于其证据价值，而非财产性价值。至于在监察阶段，如何

---

① 参见朱孝清：《刑事诉讼法与监察法衔接中的若干争议问题》，载《中国刑事法杂志》2021 年第 1 期，第 4 页。

② 参见王勇：《论〈监察法〉中的违法所得：界分及其类型》，载《当代法学》2022 年第 1 期，第 68 页。

对后续可能影响判决执行的财物进行保全，并未纳入《监察法》规制的视野，而这事实上是刑事立法的一大立足点，故此为《监察法》规定之“缺”。但从对涉案财物的保管来看，相较于《刑事诉讼法》，《监察法》作出了更为细致的规定，其突出强调在对财物保管过程中，需要“严格履行交接、调取手续”，对于价值不明的财物需要及时鉴定并专门封存保管。对于保管程序性制度的规定，是《监察法》相较于《刑事诉讼法》规定的进步之处。

从衔接层面来看，《监察法》第46条规定，监察机关经调查，对违法取得的财物，依法予以没收、追缴或者责令退赔；对涉嫌犯罪取得的财物，应当随案移送人民检察院。“随案移送”一词即体现出《监察法》与《刑事诉讼法》的衔接。与此同时，结合《刑事诉讼法》第170条的规定，可以发现《监察法》与《刑事诉讼法》两法之间的具体衔接程序，仍然存在一些不畅之处：首先，虽然《监察法》对涉案财物的移送问题作出了初步设置，但《刑事诉讼法》却对此问题只字未提。在涉及刑事诉讼法与监察法的衔接问题时，《刑事诉讼法》第170条仅对强制措施的衔接及证据补充核实的衔接问题进行了规定，对于监察机关移送的涉案财物如何处理，刑事诉讼尚未作出成熟的框架设计。若监察机关对涉案财物属性的判定发生错误，应当如何救济，立法层面留下了空白。其次，更进一步的问题在于，即便人民检察院顺利完成对涉案财物的接收，但在审查起诉过程中，认为案件应当退回监察机关补充调查，则涉案财物是否应该一并退回监察机关，此亦为一个极具现实性的问题。监察机关移送的大量案件系属职务犯罪类案件，该类案件涉及大量的金钱往来和财产纠纷，且《监察法》对涉案财物证据价值的强调，使涉案财物本身对于案件事实的认定起着极为重要的作用。此时，检察机关是否需要将涉案财物退回监察机关，本质上是个两难的问题。① 最后，纵观

① 根据《人民检察院刑事诉讼规则》第343条第2款的规定：需要退回补充调查的案件，人民检察院应当出具补充调查决定书、补充调查提纲，写明补充调查的事项、理由、调查方向、需补充收集的证据及其证明作用等，连同案卷材料一并送交监察机关。从条文来看，检察机关移送的案卷材料，是否包括涉案财物，仍需明确。

《监察法》全文，其仅提及对涉案财物的妥善保管，并未对涉案财物的先行处置问题作出规定。在监察阶段，对于不宜长期保存的物品，特定人员是否可以申请对其先行处置，需要进一步明确。在监察机关移送的案件中，因未对涉案财物先行处置而造成的利害关系人损失，应当由哪个机关承担相应的赔偿责任，立法层面需对此进行规制。

在涉案财物处置和财产权保护领域，《刑事诉讼法》和《监察法》的衔接有待进一步优化。首先，《刑事诉讼法》第170条的规定需要进一步完善，补充对涉案财物处置问题的审查。在监察机关向检察机关移送案件时，检察机关除审查证据和强制措施适用情况外，还应当对监察机关对涉案财物的处置情况进行审查。具体的审查标准可以参照《刑事诉讼法》第186条的规定，由检察机关对监察机关移送的案件进行形式性的审查，确保其在文书中注明涉案财物处置的具体情况，为后续争议的解决提供制度层面的依据。其次，若涉案财产的利害关系人的合法权益在监察阶段受到了侵害，应当赋予其在刑事诉讼中享有相应的救济手段。《监察法》对财产权益受损的利害关系人的救济权的保障，几乎只字未提，仅在《监察法》第67条规定："监察机关及其工作人员行使职权，侵犯公民、法人和其他组织的合法权益造成损害的，依法给予国家赔偿。"在两法衔接领域，若涉案财产利害关系人的权益在监察阶段受损，应当赋予其在刑事诉讼中享有的救济权，将利害关系人在监察阶段受到的权益侵犯视同在侦查阶段受到的权益侵犯。

(三)《刑事诉讼法》与《行政强制法》的衔接

行政强制执行作为保障行政决定实施的重要举措，在行政法体系中具有重要作用。"如果世界上没有行政强制执行制度，那么，任何行政决定都会失去效力，从而导致政府管制的失灵。"① 在行政执法领域，扣押财物、冻结存款等涉及财产的执行方式，在不少国家和地区被采用。行政执法与刑事司法的衔接及存在的问题，也日益受到制度设计者的重视。从理论层面来看，

---

① 胡建淼：《论作为行政执行罚的"加处罚款"——基于〈中华人民共和国行政强制法〉》，载《行政法学研究》2016年第1期，第65页。

行政执法与刑事司法需要衔接的前提在于我国行政责任与刑事责任的设置与追究分属于完全不同的两个体系。①半个多世纪以来，立法层面对行刑衔接问题作出了诸多尝试和努力，但成效较为有限。

《中共中央关于全面推进依法治国若干重大问题的决定》明确提出，健全行政执法和刑事司法衔接机制，完善案件移送标准和程序，建立行政执法机关、公安机关、检察机关、审判机关信息共享、案情通报、案件移送制度，坚决克服有案不移、有案难移、以罚代刑现象，实现行政处罚和刑事处罚无缝对接。从该决定的表述中可以看出，行刑衔接问题涉及信息共享、案件移送、罚刑相抵等多个方面。在刑事诉讼财产权保护机制的建构中，有必要进一步加强刑事立法与行政强制法之间的衔接。

行政强制包括行政强制措施和行政强制执行，行政强制措施不仅包括对公民人身自由的暂时限制，也包括对公民和组织等财物的暂时性控制。如根据我国《行政强制法》第 9 条的规定，我国行政强制措施的种类包括：限制公民人身自由；查封场所、设施或者财物；扣押财物；冻结存款、汇款；其他行政强制措施。从《行政强制法》的总体立法来看，在对特定财物控制时，《行政强制法》对控制财物的时间、保管、范围等问题作出了较为明确的规定。从时间来看，查封、扣押的期限不得超过 30 日；情况复杂的，经批准可以延长，但延长期限不得超过 30 日。从范围上来看，《行政强制法》强调相当性原则，其明确冻结存款、汇款的数额应当与违法行为涉及的金额相当，且明确规定不得重复冻结。②从保管上来看，《行政强制法》强调行政机关可以委托第三人保管，且明确因查封、扣押发生的保管费用由行政机关承担。故此，就涉案财物处置程序的规范来看，相较于《刑事诉讼法》,《行政强制法》的规定更为清晰，具有明显的实践操作层面的优势。

当然，就涉案财物的处置而言，《行政强制法》也存在与《刑事诉讼法》

① 参见练育强：《行政执法与刑事司法衔接制度沿革分析》，载《政法论坛》2017 年第 5 期，第 167－168 页。

② 参见《行政强制法》第 29 条规定，冻结存款、汇款的数额应当与违法行为涉及的金额相当；已被其他国家机关依法冻结的，不得重复冻结。

衔接的问题。《行政强制法》第 21 条规定，违法行为涉嫌犯罪应当移送司法机关的，行政机关应当将查封、扣押、冻结的财物一并移送，并书面告知当事人。纵观《行政强制法》全文，行政机关对查封、扣押、冻结的财物范围的界定，主要着眼于其证明价值。如根据《行政强制法》第 23 条和第 28 条的规定，查封、扣押和冻结的对象仅限于涉案的财物；若查封、扣押的场所、设施或者财物与违法行为无关，则应当解除查封、扣押。在立法目的方面，《行政强制法》亦明确指出采取行政强制措施的一大目的即在于防止证据损毁。上述强调证据价值的立场，对《行政强制法》本身立法目的的实现，并不存在诟病之处；但一旦涉及与《刑事诉讼法》条文的衔接，则会引发问题。从行政强制体系来看，其未规定相应的保全性措施。从司法实践来看，行政执法机关采取的执法手段，可能会使行政相对人对财产采取转移、隐匿等措施，从而导致刑事判决的目的难以实现。

从涉案财物证明价值的角度来看，其本质在于行政执法中获得的证据在刑事诉讼中的适用。“证明对象的重叠性、行政程序的先行性、程序运行的保障性决定了行政执法证据可以在刑事诉讼中使用。”[①] 对于该问题，现有《刑事诉讼法》已经作出了初步的规定。《刑事诉讼法》第 54 条第 2 款规定，行政机关在行政执法和查办案件过程中收集的物证、书证、视听资料、电子数据等证据材料，在刑事诉讼中可以作为证据使用。“可以”意味着行政执法证据在刑事诉讼中适用的可能性。在学理上，一般认为，上述规定仅是对证据资格的规定，而非对证明力的直接确认，其后续还涉及司法机关对行政机关提交证据的审查环节。

关于行政执法与刑事诉讼中涉案财物的衔接，则需分情况加以厘定：首先，若特定的涉案财物仅具有证明价值，则可参照适用《刑事诉讼法》第 54 条的规定，对证据的合法性、相关性和真实性加以审查，从而判定涉案财物能否在刑事诉讼中作为证据使用。从审查标准来看，行政诉讼与刑事诉讼遵

---

① 谢登科：《论行政执法证据在刑事诉讼中的使用——基于典型案例的实证分析》，载《华东政法大学学报》2016 年第 4 期，第 147 页。

循不同的证明标准。从具体审查模式来看，则包括单一审查模式和分段审查模式，而分段审查模式更具备法理层面的合理性。① 故此，行政机关在行政执法和查办案件中收集的涉案财物，法院在对相应的涉案财物进行审查过程中，需分别依据《行政强制法》和《刑事诉讼法》的规定，对涉案财物收集的合法性、与待证事实的相关性以及涉案财物的真实性问题加以审查。若作为证据使用的涉案财物通过“三性”审查，则其可在后续的刑事案件中作为证据使用。其次，行政执法机关移送的案件，公安机关需要进行审查，并作出是否立案的决定。② 在公安机关立案决定作出之前，行政执法机关是否需要对涉案财物进行移送，现有规范并不明确。根据本书的观点，在特定的案件定性不明的情况下，为了防止涉案财物移送过程中的灭失和毁损，行政执法机关应当在公安机关明确作出立案决定后，才对涉案财物进行移送。从移送的文书来看，行政执法机关向公安机关移送的文书中，需要注明其在行政执法阶段对相应涉案财物的处置情况，防止涉案财物权属不清引发后续实践中的混乱。再次，涉及行政强制措施与刑事强制性措施的衔接问题。《公安部规定》第63条规定，公安机关接受或者依法调取的行政机关在行政执法和查办案件过程中收集的物证、书证、视听资料、电子数据、鉴定意见、勘验笔录、检查笔录等证据材料，经公安机关审查符合法定要求的，可以作为证据使用。在此过程中，对于在行政执法阶段查封、扣押的物证和书证，应当根据《刑事诉讼法》的规定予以处理。最后，涉及行政处罚与刑事处罚的折抵问题。从立法层面来看，《行政处罚法》第35条第2款规定：“违法行为构成犯罪，人民法院判处罚金时，行政机关已经给予当事人罚款的，应当折抵相应罚金；行政机关尚未给予当事人罚款的，不再给予罚款。”行政处罚

---

① 参见冯俊伟：《行政执法证据进入刑事诉讼的规范分析》，载《法学论坛》2019年第2期，第126－127页。

② 根据《公安部规定》第180条第1款的规定，对行政执法机关移送的案件，公安机关应当自接受案件之日起3日以内进行审查，认为有犯罪事实，需要追究刑事责任，依法决定立案的，应当书面通知移送案件的行政执法机关；认为没有犯罪事实，或者犯罪事实显著轻微，不需要追究刑事责任，依法不予立案的，应当说明理由，并将不予立案通知书送达移送案件的行政执法机关，相应退回案件材料。

与刑事处罚的折抵，主要是指刑罚吸收行政处罚的情形，“吸收是在处罚的法效果相同的情况下，以刑罚吸收行政处罚的方式对违反行政法义务的行为课予刑罚而不再单独进行行政处罚，已经受过的行政处罚在刑罚中予以折抵”。[①] 具体而言，如果行政处罚先行，则在判处相应的刑罚时，应当折抵行政处罚的数额；如果刑罚先行，则相应的行政处罚不再执行。当然，适用此种折抵情形的前提是行政处罚和刑事处罚的法效果相同。如果行政处罚与刑事处罚针对同一行为采取的制裁措施具有截然不同的法效果，则两种处罚可以同时进行。

---

① 张红：《行政处罚与刑罚处罚的适用衔接——析一起证券行政处罚案件》，载《行政法学研究》2011 年第 4 期，第 112 页。

结　语

美国著名人类学家摩尔根曾经指出：“人们以财产代表积累的生活资料而对它产生占有支配的欲望，这在蒙昧社会是完全没有的事，但由无到有，到今天则已成为支配文明种族心灵的主要欲望。”① 有恒产者有恒心。对公民个人和企业合法财产的法律保障，是现代法治国家的应有之义。刑事诉讼中的财产权保障，涉及从刑事立案到执行的全过程，涉及宪法学、刑事诉讼法学、刑法学、民法学、民事诉讼法学、行政法学、监察法学等多个学科的内容。我国刑事诉讼中长期以来“重人身、轻财产”的观念，使整个刑事诉讼的立法框架和制度设计对财产权的保障存在先天不足。侦查中心主义的现实状况以及部门利益挂钩的机制设置，更是加剧了刑事诉讼中财产权被侵害的风险。与此同时，刑事合规机制发展的不健全以及单位犯罪理论研究的孱弱，使得法律层面合规出罪机制的建构困难重重。

“我们不应该轻描淡写克服各种障碍的难度，但是也不应该害怕去克服这些障碍。”② 在产权保护日益得到顶层重视的背景下，经由法条分析、案例研究、实证调研等方式仔细审视刑事诉讼财产权保护的问题，借由理论和实践的良性互动，进而反哺于立法，是完善刑事诉讼财产权保障的有效路径。

---

① ［美］路易斯·亨利·摩尔根：《古代社会》，杨东莼等译，商务印书馆 1977 年版，第 6 页。

② ［加］L. W. 萨姆纳：《权利的道德基础》，李茂森译，中国人民大学出版社 2011 年版，第 195 页。

司法实践中如火如荼展开的企业刑事合规改革，为刑事财产权的保障提供了一种新的视野和可能性；以审判为中心的诉讼制度改革，亦为刑事诉讼中财产权保障提供了良好的制度环境。在刑事诉讼立法中加强对财产权的保护，是刑事诉讼对现代财产型社会的司法回应，亦体现出刑事诉讼在现代社会的应有担当。

参考文献

一、中文著作

［1］陈春龙：《中国国家赔偿论》，中国社会科学出版社 2015 年版。

［2］陈军：《个体要素和社会要素的再平衡》，法律出版社 2015 年版。

［3］陈瑞华：《司法体制改革导论》，法律出版社 2018 年版。

［4］陈瑞华：《刑事程序的法理》（上、下卷），商务印书馆 2021 年版。

［5］陈瑞华：《企业合规基本理论》，法律出版社 2020 年版。

［6］戴建国：《宋代法制研究丛稿》，中西书局 2019 年版。

［7］戴长林主编：《刑事案件涉案财物处理程序》，法律出版社 2014 年版。

［8］邓子滨：《刑事诉讼原理》，北京大学出版社 2019 年版。

［9］杜方正：《国有企业刑事合规制度研究》，法律出版社 2021 年版。

［10］杜仪方：《国家赔偿相关概念辨析与制度实践》，中国法制出版社 2018 年版。

［11］郭华：《非法集资的认定逻辑与处置策略》，经济科学出版社 2021 年版。

［12］郭夏娟：《公共管理伦理：理论与实践》，浙江大学出版社 2010 年版。

［13］何帆编著：《刑法注释书》（第 2 版），中国民主法制出版社 2021

年版。

［14］何海波：《行政诉讼法》，法律出版社 2022 年版。

［15］何勤华主编：《法律文明史》（第 7 卷），商务印书馆 2019 年版。

［16］胡铭：《刑事诉讼法学》，法律出版社 2016 年版。

［17］季卫东：《法律程序的意义》，中国法制出版社 2004 年版。

［18］季卫东等：《宪法的理念与中国实践》，上海人民出版社 2017 年版。

［19］贾宇主编：《刑法学（上册·总论）》，高等教育出版社 2019 年版。

［20］金承东：《经济行政法：以民营经济为视角》，法律出版社 2005 年版。

［21］李长坤：《刑事涉案财物处理制度研究》，上海交通大学出版社 2012 年版。

［22］李林：《黑社会性质组织犯罪司法认定研究》，法律出版社 2013 年版。

［23］李玉华主编：《统一涉案财物管理中心建立的论证与设计》，中国法制出版社 2021 年版。

［24］李玉华主编：《中国刑事涉案财物制度改革发展报告》，社会科学文献出版社 2021 年版。

［25］沈大明：《〈大清律例〉与清代的社会控制》，上海人民出版社 2007 年版。

［26］舒国滢：《法哲学沉思录》，广西师范大学出版社 2021 年版。

［27］宋英辉等：《外国刑事诉讼法》，北京大学出版社 2011 年版。

［28］孙长永主编：《刑事诉讼法学》，法律出版社 2013 年版。

［29］孙笑侠：《程序的法理》，商务印书馆 2005 年版。

［30］陶凯元主编：《救济损害重塑公正：人民法院国家赔偿 20 年》，人民法院出版社 2015 年版。

［31］童建明主编：《检察改革面面观（2018—2021）》，中国检察出版社

2022 年版。

［32］王敏远等：《重构诉讼体制：以审判为中心的诉讼制度改革》，中国政法大学出版社 2016 年版。

［33］王敏远等：《刑事诉讼法修改后的司法解释研究》，中国法制出版社 2016 年版。

［34］王铁雄：《财产权利平衡论——美国财产法理念之变迁路径》，中国法制出版社 2007 年版。

［35］王泽鉴：《民法思维》，北京大学出版社 2009 年版。

［36］王兆鹏：《美国刑事诉讼法》，北京大学出版社 2014 年版。

［37］吴汉东：《无形财产权基本问题研究》，中国人民大学出版社 2013 年版。

［38］吴旅燕：《论我国私有财产权的宪法保护》，中国政法大学出版社 2013 年版。

［39］向燕：《刑事经济性处分研究》，经济管理出版社 2012 年版。

［40］《刑事诉讼法学》编写组：《刑事诉讼法学》（第 3 版），高等教育出版社 2019 年版。

［41］《学习时报》编辑部编：《落日的辉煌》，中共中央党校出版社 2001 年版。

［42］叶巍：《刑事诉讼中的私有财产权保障》，法律出版社 2009 年版。

［43］易延友：《非法证据排除规则的中国范式》，北京大学出版社 2022 年版。

［44］应松年主编：《国家赔偿法研究》，法律出版社 1995 年版。

［45］张明楷：《刑法学》，法律出版社 2011 年版。

［46］张卫平：《民事诉讼：回归原点的思考》，北京大学出版社 2011 年版。

［47］张文显主编：《法理学》，高等教育出版社 2018 年版。

［48］张远煌等编著：《企业合规全球考察》，北京大学出版社 2021 年版。

［49］周俊强：《无形财产权的类型化与体系化研究》，北京大学出版社 2018 年版。

［50］周伟、万毅等：《刑事被告人、被害人权利保障研究》，中国人民大学出版社 2009 年版。

［51］朱拥政：《刑事诉讼中的财产权保障》，中国人民公安大学出版社 2009 年版。

［52］［德］费希特著、梁志学主编：《费希特著作选集（卷二）》，商务印书馆 1994 年版。

二、中文译著

［1］［德］黑格尔：《法哲学原理》，范扬、张企泰译，商务印书馆 1961 年版。

［2］［德］克劳思·罗科信：《刑事诉讼法》，吴丽琪译，法律出版社 2003 年版。

［3］［德］克里斯托夫·默勒斯：《德国基本法：历史与内容》，赵真译，中国法制出版社 2014 年版。

［4］［德］托马斯·达恩史戴特：《失灵的司法——德国冤错案启示录》，郑慧芬译，法律出版社 2017 年版。

［5］［德］托马斯·魏根特：《德国刑事诉讼程序》，岳礼玲、温小洁译，中国政法大学出版社 2004 年版。

［6］［法］贝尔纳·布洛克：《法国刑事诉讼法》，罗结珍译，中国政法大学出版社 2009 年版。

［7］［法］卢梭：《社会契约论》，何兆武译，商务印书馆 2005 年版。

［8］［加］L. W. 萨姆纳：《权利的道德基础》，李茂森译，中国人民大

学出版社 2011 年版。

［9］［美］理查德·波斯纳：《法理学问题》，苏力译，中国政法大学出版社 1994 年版。

［10］［美］路易斯·亨利·摩尔根：《古代社会》，杨东莼等译，商务印书馆 1977 年版。

［11］［美］马修·H. 克莱默：《客观性与法治》，王云清译，浙江大学出版社 2022 年版。

［12］［日］田口守一：《刑事诉讼法》，张凌等译，中国政法大学出版社 2010 年版。

［13］［日］田中成明：《现代社会与审判》，郝振江译，北京大学出版社 2016 年版。

［14］［日］小山刚：《基本权利保护的法理》，吴东镐、崔东日译，中国政法大学出版社 2021 年版。

［15］［英］戴维·M. 沃克：《牛津法律大辞典》，李双元等译，法律出版社 2003 年版。

［16］［英］洛克：《政府论（下篇）》，叶启芳、瞿菊农译，商务印书馆 1996 年版。

三、中文期刊论文

［1］白雅丽：《侵犯财产权的刑事赔偿问题探析》，载《法律适用》2015 年第 9 期。

［2］陈光中等：《刑事诉讼法制建设的重大进步》，载《清华法学》2012 年第 3 期。

［3］陈海鹰等：《运用数字监控手段降低审前羁押率——以浙江省杭州市检察机关实行“非羁码”为视角》，载《人民检察》2020 年第 23 期。

［4］陈浩：《自然与契约的彼岸——黑格尔“抽象法”中的人格财产权概念》，载《哲学动态》2018 年第 4 期。

［5］陈景辉：《比例原则的普遍化与基本权利的性质》，载《中国法学》2017 年第 5 期。

［6］陈瑞华：《论企业合规的基本价值》，载《法学论坛》2021 年第 6 期。

［7］陈瑞华：《论侦查中心主义》，载《政法论坛》2017 年第 2 期。

［8］陈瑞华：《企业合规不起诉制度研究》，载《中国刑事法杂志》2021 年第 1 期。

［9］陈瑞华：《刑事对物之诉的初步研究》，载《中国法学》2019 年第 1 期。

［10］陈思翀等：《美国对华科技制裁的反向市场冲击——以华为事件为例》，载《国际经济评论》2022 年第 2 期。

［11］陈卫东：《初论我国刑事诉讼中设立中间程序的合理性》，载《当代法学》2004 年第 4 期。

［12］陈卫东：《以审判为中心：当代中国刑事司法改革的基点》，载《法学家》2016 年第 4 期。

［13］陈卫东：《刑事诉讼法学的系统论趋向》，载《法商研究》2005 年第 1 期。

［14］陈卫东、程雷：《刑事程序合法性原则论纲》，载《法律科学（西北政法学院学报）》2004 年第 1 期。

［15］陈卫东、亢晶晶：《〈关于办理刑事赔偿案件适用法律若干问题的解释〉的理解与适用》，载《人民司法（应用）》2016 年第 13 期。

［16］陈卫东、李响：《论违法所得没收特别程序中的利害关系人》，载《政法论坛》2015 年第 1 期。

［17］陈学权：《论刑事诉讼中被追诉人的财产权保护》，载《学术研究》2005 年第 12 期。

［18］陈永生：《证据保管链制度研究》，载《法学研究》2014 年第 5 期。

[19] 丁亮华：《误封误卖案外人财产之权利救济——基于强制拍卖性质与第三人请求权体系之检讨》，载《人大法律评论》2010 年第 1 辑。

[20] 杜方正：《民营企业权益保障的制度化与刑事合规》，载《人民论坛》2019 年第 29 期。

[21] 方柏兴：《刑事涉案财物处置程序的诉讼化及其限度》，载《兰州大学学报（社会科学版）》2019 年第 1 期。

[22] 方柏兴：《刑事涉案财物的先行处置》，载《国家检察官学院学报》2018 年第 3 期。

[23] 冯姣：《非法集资案件中集资参与人的诉讼地位认定》，载《金融理论与实践》2018 年第 5 期。

[24] 冯俊伟：《行政执法证据进入刑事诉讼的规范分析》，载《法学论坛》2019 年第 2 期。

[25] 付立庆：《论刑法介入财产权保护时的考量要点》，载《中国法学》2011 年第 6 期。

[26] 葛琳：《刑事涉案财物管理制度改革》，载《国家检察官学院学报》2016 年第 6 期。

[27] 郭志京：《善意取得制度的理性基础、作用机制及适用界限》，载《政治与法律》2014 年第 3 期。

[28] 韩耀元、吴峤滨：《〈关于办理非法集资刑事案件适用法律若干问题的意见〉解读》，载《人民检察》2014 年第 9 期。

[29] 何家弘：《如何提升司法公信力》，载《国家检察官学院学报》2014 年第 5 期。

[30] 胡建淼：《论作为行政执行罚的“加处罚款”——基于〈中华人民共和国行政强制法〉》，载《行政法学研究》2016 年第 1 期。

[31] 胡铭：《程序法视域中的争议性死刑案件——吴英案引发的程序法思考》，载《南京大学法律评论》2013 年秋季卷。

[32] 纪格非：《刑民交叉案件的诉讼问题》，载《法律适用》2019 年第

16 期。

［33］纪格非：《刑事涉案财物处置程序中的案外人权利保护》，载《法学杂志》2020 年第 8 期。

［34］贾宇：《民营企业内部腐败犯罪治理的体系性建构》，载《法学》2021 年第 5 期。

［35］简士淳：《犯罪资产没收之法制架构与实务观察》，载《月旦法学杂志》2017 年第 6 期。

［36］蒋红珍：《比例原则适用的范式转型》，载《中国社会科学》2021 年第 4 期。

［37］柯耀程：《扣押问题的定性与思辩》，载《高大法学论丛》2011 年第 2 期。

［38］柯耀程：《没收、追征、追缴与抵偿制度之运用与检讨》，载《法令月刊》2008 年第 6 期。

［39］孔令勇：《刑事合规与认罪认罚从宽的融合企业合规从宽制度研究》，载《中外法学》2022 年第 3 期。

［40］李本灿：《刑事合规制度改革试点的阶段性考察》，载《国家检察官学院学报》2022 年第 1 期。

［41］李大勇：《论司法政策的正当性》，载《法律科学（西北政法大学学报）》2017 年第 1 期。

［42］李奋飞：《论企业合规检察建议》，载《中国刑事法杂志》2021 年第 1 期。

［43］李晓慧、陈志宏：《我国网络司法拍卖制度的建构》，载《法律适用》2016 年第 12 期。

［44］李永升、胡冬阳：《P2P 网络借贷的刑法规制问题研究——以去了近三年的裁判文书为研究样本》，载《政治与法律》2016 年第 5 期。

［45］李玉华：《论独立统一涉案财物管理中心的建立》，载《法制与社会发展》2016 年第 3 期。

[46] 李玉华：《企业合规本土化中的“双不起诉”》，载《法制与社会发展》2022 年第 1 期。

[47] 练育强：《行政执法与刑事司法衔接制度沿革分析》，载《政法论坛》2017 年第 5 期。

[48] 梁根林：《罪刑法定原则：挑战、重申与重述——刑事影响力案件引发的思考与检讨》，载《清华法学》2019 年第 6 期。

[49] 梁上上：《利益的层次结构与利益衡量的展开——兼评加藤一郎的利益衡量论》，载《法学研究》2002 年第 1 期。

[50] 林来梵：《论私人财产权的宪法保障》，载《法学》1999 年第 3 期。

[51] 林钰雄：《裁判宪法诉讼新制——刑事诉讼法作为应用宪法的新挑战》，载《月旦法学杂志》2022 年第 3 期。

[52] 林钰雄：《从基本权体系论身体检查处分》，载《台湾大学法学论坛》2004 年第 5 期。

[53] 林钰雄：《德国刑事没收程序逐条释义》，载《法学严刊》2017 年第 2 期。

[54] 林钰雄：《德国刑事没收程序逐条释义（续）》，载《法学严刊》2017 年第 3 期。

[55] 林钰雄：《2019 刑事程序法裁判回顾：没收新制之实务发展观察》，载《台大法学论坛》2020 年第 11 期。

[56] 刘艾涛、黄有湘：《涉案财物处置的行刑衔接》，载《行政法学研究》2021 年第 1 期。

[57] 刘贵翔：《人民法院执行工作现状与分析》，载《中国应用法学》2018 年第 1 期。

[58] 刘品新、张艺贞：《虚拟财产的价值证明：从传统机制到电子数据鉴定机制》，载《国家检察官学院学报》2017 年第 5 期。

[59] 刘权：《比例原则的精确化及其限度——以成本收益分析的引入为

视角》，载《法商研究》2021 年第 4 期。

［60］刘权：《目的正当性与比例原则的重构》，载《中国法学》2014 年第 4 期。

［61］刘宪权：《刑法严惩非法集资行为之反思》，载《法商研究》2012 年第 4 期。

［62］柳经纬：《从权利救济看我国法律体系的缺陷》，载《比较法研究》2014 年第 5 期。

［63］卢勤忠：《企业刑事合规实践探索的适用问题研析》，载《中州学刊》2022 年第 3 期。

［64］马登科：《审执分离运行机制论》，载《当代法学》2019 年第 4 期。

［65］潘剑锋：《论建构民事程序权利救济机制的基本原则》，载《中国法学》2015 年第 2 期。

［66］裴显鼎等：《违法所得没收程序重点疑难问题解读》，载《法律适用》2017 年第 3 期。

［67］彭冰：《非法集资行为的界定——评最高人民法院关于非法集资的司法解释》，载《法学家》2011 年第 6 期。

［68］彭中礼：《司法判决中的指导性案例》，载《中国法学》2017 年第 6 期。

［69］秦前红、苏绍龙：《党内法规与国家法律衔接和协调的基准与路径——兼论备案审查衔接联动机制》，载《法律科学》2016 年第 5 期。

［70］施鹏鹏、尚晶：《违法所得特别没收程序的构造与完善》，载《人民检察》2014 年第 7 期。

［71］时延安：《合规计划实施与单位的刑事归责》，载《法学杂志》2019 年第 9 期。

［72］孙国祥：《刑事诉讼涉案财物处理若干问题研究》，载《人民检察》2015 年第 9 期。

[73] 孙笑侠：《司法的政治力学——民众、媒体、为政者、当事人与司法官的关系分析》，载《中国法学》2011 年第 2 期。

[74] 孙之智：《涉嫌犯罪的民事纠纷之程序救济》，载《人民司法》2010 年第 10 期。

[75] 唐彬彬：《检察机关合规不起诉裁量权限制的三种模式》，载《法制与社会发展》2022 年第 1 期。

[76] 田宏杰：《刑民交叉问题的实体法立场与分析方法》，载《政治与法律》2021 年第 12 期。

[77] 田圣斌等：《完善我国财产性强制措施立法的思考》，载《理论月刊》2014 年第 4 期。

[78] 万毅：《“先刑后民”原则的实践困境及其理论破解》，载《上海交通大学学报（哲学社会科学版）》2007 年第 2 期。

[79] 王东光：《组织法视角下的公司合规：理论基础与制度阐释——德国法上的考察及对我国的启示》，载《法治研究》2021 年第 6 期。

[80] 王士帆：《德国犯罪利得之扣押与假扣押》，载《月旦法学杂志》2015 年第 6 期。

[81] 王士帆：《犯罪所得没收与追征之保全扣押》，载《月旦裁判时报》2016 年第 6 期。

[82] 王卫国：《现代财产法的理论建构》，载《中国社会科学》2012 年第 1 期。

[83] 王秀梅、黄玲林：《监察法与刑事诉讼法衔接若干问题研究》，载《法学论坛》2019 年第 2 期。

[84] 王勇：《论〈监察法〉中的违法所得：界分及其类型》，载《当代法学》2022 年第 1 期。

[85] 温小洁：《我国刑事涉案财物处理之完善》，载《法律适用》2017 年第 13 期。

[86] 文姬：《单位犯罪中罚金刑罪刑均衡立法实证研究》，载《中国刑

事法杂志》2018 年第 1 期。

［87］吴光升：《刑事诉讼财产保全制度论要》，载《中国刑事法杂志》2016 年第 4 期。

［88］吴宏耀：《刑事搜查扣押与私有财产权利保障》，载《东方法学》2010 年第 3 期。

［89］向燕：《刑事涉案财物处置的实证考察》，载《江苏行政学院学报》2015 年第 6 期。

［90］肖建国、张宝成：《财产保全标的物特定化之反思》，载《国家检察官学院学报》2017 年第 3 期。

［91］谢登科：《论行政执法证据在刑事诉讼中的使用——基于典型案例的实证分析》，载《华东政法大学学报》2016 年第 4 期。

［92］谢立斌：《论宪法财产权的保护范围》，载《中国法学》2014 年第 4 期。

［93］邢永杰：《涉案物品价格鉴定的规范》，载《中国司法鉴定》2010 年第 4 期。

［94］熊秋红：《刑事诉讼涉案财物处置程序检视》，载《人民检察》2015 年第 13 期。

［95］闫永黎：《刑事诉讼中的财产权考辨》，载《湖南警察学院学报》2013 年第 5 期。

［96］杨立新：《我国刑事特别没收程序的司法适用及其完善》，载《江苏行政学院学报》2013 年第 6 期。

［97］杨宇冠：《企业合规与刑事诉讼法修改》，载《中国刑事法杂志》2021 年第 6 期。

［98］易延友：《司法权行使的正当性——由回避制度看刑事诉讼程序之弊病》，载《北大法律评论》2004 年第 1 辑。

［99］尹伊君：《检法冲突与司法制度改革》，载《中外法学》1997 年第 4 期。

[100] 袁琳：《基于“同一事实”的诉的客观合并》，载《法学家》2018 年第 2 期。

[101] 张栋：《刑事诉讼法中对物的强制措施之构建》，载《政治与法律》2012 年第 1 期。

[102] 张红：《财产权损害的国家赔偿标准》，载《国家检察官学院学报》2007 年第 5 期。

[103] 张红：《行政处罚与刑罚处罚的适用衔接——析一起证券行政处罚案件》，载《行政法学研究》2011 年第 4 期。

[104] 张明楷：《论刑法的谦抑性》，载《法商研究（中南政法学院学报）》1995 年第 4 期。

[105] 张卫平：《重复诉讼规制研究：兼论“一事不再理”》，载《中国法学》2015 年第 2 期。

[106] 张卫平：《民刑交叉诉讼关系处理的规则与法理》，载《法学研究》2018 年第 3 期。

[107] 张新宇：《涉案财物灭失刑事赔偿标准的法律认定》，载《行政法学研究》2017 年第 5 期。

[108] 张艳丽：《对企业法人财产权问题再议》，载《法学杂志》2003 年第 5 期。

[109] 张远煌等：《中国企业家腐败犯罪报告（2014—2018）》，载《犯罪研究》2020 年第 6 期。

[110] 张泽涛：《行政违法行为被犯罪化处理的程序控制》，载《中国法学》2018 年第 5 期。

[111] 郑春燕：《必要性原则内涵之重构》，载《政法论坛》2004 年第 6 期。

[112] 周建军：《中国民营企业犯罪治理的刑事政策研究》，载《政治与法律》2012 年第 7 期。

[113] 庄永廉、孙长永等：《少捕慎诉慎押刑事司法政策的内涵功能及

其落实》，载《人民检察》2021 年第 15 期。

［114］朱孝清：《国家监察体制改革后检察制度的巩固与发展》，载《法学研究》2018 年第 4 期。

［115］朱孝清：《违法所得没收程序的几个问题》，载《人民检察》2014 年第 15 期。

［116］朱孝清：《刑事诉讼法与监察法衔接中的若干争议问题》，载《中国刑事法杂志》2021 年第 1 期。

［117］左卫民：《刑事诉讼法再修改与被追诉人财产权的保护》，载《现代法学》2012 年第 1 期。

［118］左卫民、吴玉馨：《略论赃款赃物的处理》，载《云南法学》2000 年第 1 期。

［119］［德］迪特·格林：《宪法实施四人谈：司法审查制度设计的比较》，季卫东、郑戈等译，载《交大法学》2017 年第 1 期。

四、英文文献

［1］Barr Benyamin，*Get Your Hands Off My Dpa！The Proper Scope of the Judicial Supervisory Power in Deferred Prosecution Agreements*，54 Am. Crim. L. Rev. 571（2017）.

［2］Brandon L. Garrett，*The Public Interest in Corporate Settlements*，58 B. C. L. Rev. 1483（2017）.

［3］Bryan A. Garner，*Black's Law Dictionary*，West Group，1999.

［4］Court E. Golumbic & Albert D. Lichy，*The "Too Big to Jail" Effect and the Impact on the Justice Department's Corporate Charging Policy*，65 HASTINGS L. J. 1293（2014）.

［5］Daniel M. Gonen，*Judging in Chambers：The Powers of A Single Justice of the Supreme Court*，76 U. Cin. L. Rev. 1159（2008）.

［6］David Pimentel，*Forfeiture Procedure in Federal Court：An Overview*，

183 F. R. D. 1 (1999).

[7] David Pimentel, *Forfeitures Revisited: Bringing Principle to Practice in Federal Court*, 13 Nev. L. J. 1 (2012).

[8] Douglas Kim, *Asset Forfeiture: Giving Up Your Constitutional Rights*, 19 Campbell L. Rev. 527 (1997).

[9] Emily Sherwin, *Three Reasons Why Even Good Property Rights Cause Moral Anxiety*, 48 Wm. & Mary L. Rev. 1927 (2007).

[10] F. E. Guerra-Pujol, *On the Origin of Property Rights*, 47 Rev. Der P. R. 1 (2007).

[11] Heather J. Garretson, *Federal Criminal Forfeiture: A Royal Pain in the Assets*, 18 S. Cal. Rev. L. & Soc. Just. 45 (2008).

[12] Jerome H. Skolnick, *Policing Should Not Be for Profit*, 2 Criminology & Public Policy 257 (2008).

[13] John L. Worrall & Tomislav V. Kovandzic, *Is Policing for Profit? Answers from Asset Forfeiture*, 7 Criminology & Pub. Pol'y 219 (2008).

[14] Karl Sidhu, *Anti-Corruption Compliance Standards in the Aftermath of the Siemens Scandal*, 10 German L. J. 1343 (2009).

[15] Lutz-Christian Wolff, *Law As A Marketing Gimmick-the Case of the German Corporate Governance Code*, 3 Wash. U. Global Stud. L. Rev. 115 (2004).

[16] Malte Wilke & Alisdair MacPherson, *Liability of Banks for Aiding Tax Evasion: A Comparative Analysis of German and Uk Law*, 10 Eur. J. Risk Reg. 148 (2019).

[17] Marc Engelhart, *Development and Status of Economic Criminal Law in Germany*, 15 German L. J. 693 (2014).

[18] Marc L. Miller and Ronald F. Wright, *Criminal Procedure: Cases, Statutes, and Executive Materials*, Aspen Law & Business, 1998.

[19] Maureen E. Brady, *Penn Central Squared: What the Many Factors of Murr v. Wisconsin Mean for Property Federalism*, 166 U. PA. L. Rev. Online 53 (2017).

[20] Meltzer, Required Records, *The McCarran Act, and the Privilege Against Self-Incrimination*, 18 U. Cm. L. Rxv. 687 (1951).

[21] Miriam Hechler Baer, *Governing Corporate Compliance*, 50 B. C. L. Rev. 949 (2009).

[22] Note, *Declaratory Relief in the Criminal Law*, 80 Harv. L. Rev. 1490 (1967).

[23] Rob Poggenklas, *Reform Virginia's Civil Asset Forfeiture Laws to Remove the Profit Incentive and Curtail the Abuse of Power*, 50 U. Rich. L. Rev. 75 (2016).

[24] Robert P. Merges, *A Transactional View of Property Rights*, 20 Berkeley Tech. L. J. 1477 (2005).

[25] Rolando v. del Carmen, *Criminal Procedure: Law and Practice*, Brooks/Cole Publishing Company, 1987.

[26] Sarah Bartle et al., *Foreign Corrupt Practices Act*, 51 Am. Crim. L. Rev. 1265 (2014).

[27] Stefan D. Cassella, *Overview of Asset Forfeiture Law in the United States*, 55 U. S. Att'ys Bull. 8 (2007).

[28] William T. Coleman, Jr., *The Supreme Court of the United States: Managingits Caseloadto Achieveits Constitutional Purposes*, 52 Fordham L. Rev. 1 (1983).

五、报刊资料

[1] 白阳、朱国亮：《“钱宝网”非法集资案调查》，载《人民日报》2018 年 1 月 21 日，第 4 版。

[2] 郭芳：《赵玉南合同诈骗案：漫长的申诉》，载《中国经济周刊》

2016 年第 45 期。

［3］韩伟：《中国传统法如何保护财产权》，载《人民法院报》2013 年 4 月 25 日，第 5 版。

［4］贾宇：《优化司法服务，切实保障民营企业的生存权、发展权》，载《检察日报》2019 年 7 月 9 日，第 3 版。

［5］黄小伦、罗关洪：《区别情形处理行政处罚与刑事处罚竞合使用》，载《检察日报》2017 年 6 月 26 日，第 3 版。

［6］李蒙：《马少华案：这一杯苦咖啡应该怎么喝?》，载《民主与法制》2018 年第 2 期。

［7］凌雨：《无罪获释，悲情李途纯命运跌宕》，载《民主与法制时报》2012 年 2 月 20 日，第 B03 版。

［8］刘武俊：《发挥张文中案改判的司法保护产权示范效应》，载《人民法院报》2018 年 6 月 6 日，第 2 版。

［9］卢义杰、王景烁：《最高法决定立案审理吉林“涉黑典型”国家赔偿案》，载《中国青年报》2018 年 1 月 31 日，第 3 版。

［10］罗书臻：《最高法通报北鹏公司申请刑事赔偿案有关情况》，载《人民法院报》2018 年 1 月 31 日，第 1 版。

［11］万茵：《对吴英案财产处置的三点思考》，载《华夏时报》2014 年 5 月 29 日，第 18 版。

［12］谢煜楠、王景烁：《58 公斤黄金被扣 18 年 当事人获 1100 万元国家赔偿》，载《中国青年报》2017 年 8 月 17 日，第 4 版。

［13］邢东伟、翟小功、方茜：《海南省高院再审宣判一起合同诈骗案公司老总诈骗七千七百万元被判无期》，载《法制日报》2017 年 12 月 16 日，第 8 版。

［14］叶飚等：《祸“水”与暗渠：吴英案的资产处理》，载《南方周末》2012 年 2 月 9 日，第 A03 版。

后　记

2017 年 6 月，我从浙江大学法学院博士毕业后，入职浙江财经大学法学院。而后，在 2018 年 4 月，我进入浙江大学法学院开展博士后研究，并于 2020 年 4 月顺利出站。在职做博士后的时光，虽然忙碌，但也充实。

本书在我的博士后出站报告的基础上修改完成，也是王敏远教授主持的国家社科重大项目“刑事诉讼中的财产权保护系统研究”的研究成果。本书的写作和出版，得益于诸多师长的指导和帮助。

感谢博士后合作导师王敏远教授。王敏远教授近年来极为关注刑事诉讼中的财产权保护这一主题，相继主持了“刑事涉案财物处置程序研究”“刑事诉讼中的财产权保护问题研究”“刑事诉讼中的财产权保护系统研究”等国家级重大项目和重点项目。刑事诉讼财产权保护的三部曲，见证着王老师学术思想脉络的变化过程。本书是第二部曲阶段性研究成果的展现。从选题确定到具体内容写作，王老师都给予了细致的指导，在此对王老师的付出表示感谢。王老师日常待人十分随和，但在学术问题上却异常严谨，并能一针见血地点明问题所在；每次与王老师的交流，都能得到很多知识上的收获。在博士后研究的两年时间里，王老师的风趣、谦逊与严谨，都给我留下了深刻的印象。

谢谢李占荣副校长。谢谢浙江财经大学法学院的领导和同事。浙江财经大学法学院是一所年轻的法学院，学院领导层极为关注和支持青年老师的发展；法学院设立了浙江财经大学法学文库，为学术专著的出版搭建了良好的平台，也为本书的出版提供了经费支持。同系的郝艳兵老师、王俊老师等同事，在系里开展学术沙龙时，从各自学科的角度出发，为本书初稿的完善提供了大量极具建设性的建议，在此一一谢过。

从2019年年末到现在，这三年，注定是不平凡、为历史所铭记的时光。写下这篇后记时，新冠疫情尚未终结，不少公众焦虑的情绪仍在空中飘浮。在这次疫情中，不少人付出了生命的代价，也有不少民营企业面临破产的困境。在此背景下，对民营企业的保护日益受到关注，国家层面也相继出台了不少扶持民营企业的举措。在对个人和民营企业财产权保护不断强调的时代浪潮中，作为“宪法测震器”的刑事诉讼法，应当有进一步的作为。这亦使我深信，本书的研究具有时代价值和意义。

一路走来，要感谢的人太多，无法一一列举。感谢一切积极的人和事，愿疫情早日散去，大家能走上街头，自由地呼吸新鲜的空气！

冯　姣

2022年12月16日于浙财学涯湖畔